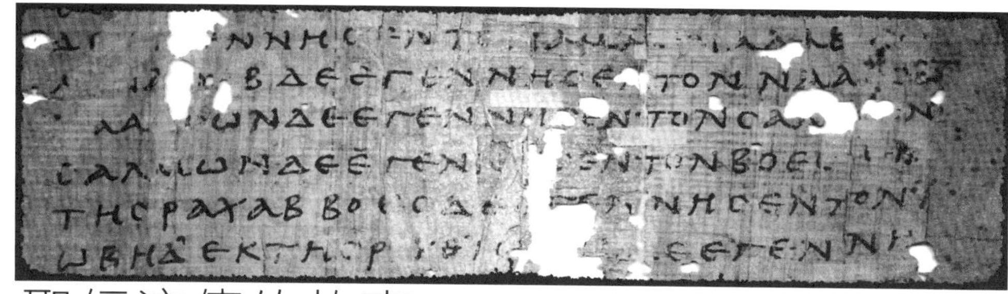

聖經流傳的故事

聖言千載

蔡錦圖◎著

▼

神學及歷史通識叢書

聖言千載

聖經流傳的故事

Book of Thousands Year

Stories of Bible Transmission

作者
蔡錦圖
Choi Kam-to Daniel

責任編輯
文肖玲

裝幀設計
奇文雲海．設計顧問

■

出版／發行
基道出版社
香港沙田火炭坳背灣街26號富騰工業中心1011室
LOGOS PUBLISHERS
Unit 1011, Fo Tan Ind. Centre, 26 Au Pui Wan St., Shatin, Hong Kong
電話：(852)2687-0331 傳真：(852) 2687-0281
網址：http://www.logos.com.hk

承印
基業印刷廠有限公司

●

2/2011 初版
Cat. No. LP176
ISBN 978-962-457-411-1

Printed in Hong Kong

本書內所有圖片均由蔡錦圖提供。

刷次	10	9	8	7	6	5	4	3	2	1
年份	2020	2019	2018	2017	2016	2015	2014	2013	2012	2011

梁家麟序

錦圖弟兄完成了一部非常重要的著述，關乎聖經的成書、流傳與翻譯。這是聖經誕生與延續的故事，也是人們如何領受和傳誦上帝的啟示的故事。

絕大多數基督徒都宣認聖經是上帝對人的默示，在歷史裏進行，在歷史裏傳播，也形塑社會和教會的歷史的發展。有人說，二千年的神學思想史基本上是聖經詮釋的歷史，這話略嫌簡化，卻不無相當道理；我們也可以說，二千年的基督教歷史乃是聖經的傳遞與傳講的歷史，同樣是略為簡化，卻亦說明多數的事實。基督教是天啟的宗教，自然離不開聖經。

基督新教強調「惟獨聖經」，華人教會更是高舉聖經的超然地位。一直以來，都不乏引介聖經的著述，聖經導論與聖經手冊等工具書的譯和著已有多部。但就筆者所知，全面縷述聖經流傳的歷史的中文著述，以錦圖弟兄這部作品為先河。毫無疑問，本書將成為中文聖經研究一個重要的參考資源。

錦圖弟兄勤勉學習，閱讀廣博，搜尋資料鍥而不捨；思路清晰，整理資料條理分明，文筆流暢。上述優點皆於本書了然可見。他將西方有關研究和著述編整鋪排，使後學者能簡便掌握有關知識；並且附以他對中文聖經翻譯和出版的歷史的整理，使本書既具普世視野，又紮根於華人教會的土壤裏。

謹向錦圖弟兄致賀，並頌日後有更超卓的學術成就。

建道神學院院長

梁家麟博士

序

十多年前的某天中午，我在圖書館內偶然看到海恩波（Marshall Broomhall）於 1934 年出版論中文聖經的一部英文作品。海恩波是中國內地會創立人戴德生（James H. Taylor）的外甥，撰寫過大量著述，向英文世界的讀者介紹中國的福音需要。那時我剛完成關於內地會歷史的論文，對於與該會有關的作者特別留意，故此把書籍拿來翻閱，由此產生了對中文聖經歷史的濃厚興趣。數年後，我把海恩波的這部作品與另外兩部論述中文聖經的英文學術著作翻譯成中文，同時開始搜集相關的資料，逐漸萌生為中文聖經版本整理一份完整目錄的念頭。可是，隨著手上的材料日漸增多，才曉得這絕非是數年之內可以完成的計劃，要走的路還漫長。讀者手上的這部著作，是我在聖經版本搜集旅程的其中一站，既為讀者略述聖經如何從原文到達我們的手上，也讓我思索這段歷史對中文聖經的意義。

本書以聖經從原文到翻譯的流傳歷史為經緯，從早期教會一直論到近代，期望著重聖經在不同語言的地區的出現歷程，並且描繪中國的聖經翻譯史。書中儘量保留趣味，避免艱澀的用語。每章末附上簡略的書目，提供進一步的參考。

本書是入門導論，對於許多課題只有簡略的闡述，尤其是在第二部論近代語言譯本的部分，只能選擇某些項目加以介紹，而且偏重亞洲地區的譯本（故此對南美洲和非洲譯本的介紹甚為缺乏）。對於一部篇幅不多的作品，難免有此不足。不過，若能讓讀者在閱讀之後，對聖經流傳的歷史產生較多興趣，甚至對本書沒有提過的故事有所探索，那麼目標已達。

本書的參考資料，主要源自英美和港台的大學及神學院的藏書，尤其是在英國劍橋大學聖經公會圖書館（Bible Society's Library, Cambridge）和牛津大學博德萊安圖書館（Bodleian Library, Oxford）。在此特別多謝劍橋大學圖書館的 Rosemary Mathew 女士和 Onesimus Ngundu 博士多次協助，以及牛津大學的 Institute for Religion and Society in Asia 在 2009 年提供的獎學金（尤其多謝 Christopher Hancock 博士的指導），讓我在這兩處學府對中文聖經翻譯有所探求。

在印象中，中文聖經版本藏量最豐富的是劍橋大學和美國聖經公會（American Bible Society）圖書館。劍橋大學的聖經公會圖書館位於大學圖書館的一角，其聖經版本藏書原屬英國聖經公會（British and Foreign Bible Society），他們在 1985 年把藏書贈送給劍橋大學。該館現存的聖經版本藏書已達 39,000 冊（主要是印刷版本），其中包括超過 1,000 冊不同版本的中文聖經譯本，蓋因中國的方言和民族繁多，聖經版本亦較多。直至現在，我仍然期待可以有機會逐一閱畢這些中文聖經版本。至於美國聖經公會圖書館，筆者可惜無緣拜會，只曾閱讀過該會的藏本目錄和相關著述，期望有天可以親臨。

美國哈佛大學燕京圖書館（Harvard-Yenching Library）的中文聖經藏量有百多本，但較為偏重華南地區的聖經版本（可以見於燕京圖書館所藏在華傳教士著作微縮影片）。至於其他各地圖書館，偶藏特別的版本，例如香港思高聖經學會和德國華裔學志漢學研究中心（Monumenta Serica Institute）圖書館所藏的天主教譯本、瑞士巴色會（Basel Mission Society）圖書館的客家語聖經、香港浸會大學圖書館的浸信會譯本，以及中國內地的譯本（部分見於中國宗教歷史文獻集成之三《東傳福音》），都是很有價值的。

一些摯友或牧者曾與我分享某些較罕見的聖經版本，例如蔡定邦博士複印在比利時魯汶大學找到的中文聖經、貴州龍定文牧師送贈給我的苗語聖經、巴黎外方傳教會的包智光（François Barriquand）神父提供我在天主教中文聖經方面的研究資料，而我在漢語聖經協會（前國際聖經協會）工作時也有研究的機會。至於我在博士研究期間，李廣生博士和蔡定邦博士的指導，以及李志剛博士對我論文的評論和提點，一直受惠。現今我在香港聖經公會事奉，更可以見到一些特別的中文聖經版本，這亦延續著我以往的研究。對於上述恩情，銘感於心。

以往遇過許多讓人難忘的聖經版本，例如在德國見過可放在手掌裏的聖經、宗教改革先賢如馬丁·路德（Martin Luther）和約翰·衛斯理（John Wesley）的聖經，以及在中國溫州見過文革期間的手抄本聖經。不過，叫我印象最深刻的，要數以下三部。其一是在大英圖書館（British Library）所見四世紀的希臘文聖經「西奈抄本」（Codex Sinaiticus），這是現存最早的完整新約希臘文抄本。每次到倫敦時，總會去到圖書館的展覽室中，站在放置抄本的玻璃櫃子前，在柔和的燈光下靜看，默想一會，細思它被埋藏和發現的故事（本書的導言略有記述）。另一部是在劍橋大學所見法國天主教傳教士白日昇（Jean Basset）的中文聖經抄本，另在羅馬卡薩納特圖書館（Biblioteca Casanatense）和大英圖書館也藏有此譯稿的其他抄本，都是現存最早期的中文聖經。這部譯稿雖然從來沒有出版，但對後來新教中文譯經的開端卻有影響。我曾經有近一個月在劍橋大學圖書館詳閱這部抄本，至今難忘。最後一部，是我少年時以外婆所給的零用錢買的中文聖經串珠本。儘管多年來看過數以百計的聖經版本，讓我深銘於心的，仍然是幼時的聖經。

感謝眾學者師長的贈語，尤其是梁家麟院長在序言中的鼓勵。梁院長一直是我在學術和事奉上的榜樣，他的勉勵鞭策我不敢怠慢，在艱辛困乏中前行，縱然常感步履蹣跚。另感謝梁林天慧博士、蔡麗貞博士、吳國傑博士和曾思瀚博士賜言，他們的勉語給予我這個小子無比的鼓勵，深切多謝。

最後，感謝妻子潔恩（Queenie）對我的支持和鼓勵，她與我建立的家成為我莫大的祝福，孩子言一（Justin）更是家中喜樂的泉源。在撰寫本書的最後部分時，家父蔡志權身體抱恙，多次進出醫院，但也在這段期間接受了洗禮，最後在2009年底安息在上帝的懷中。人生難免有困難失意，但也滿載著祝福。

盼望在聖經版本之旅中的這一次整理，也成為讀者的祝福。

蔡錦圖

2010年9月10日

目錄

第一部　道與言

第二部 譯與傳

第三部　聖經在中國的故事

附表目錄

聖經版本縮略語

א	西奈抄本（Codex Sinaiticus）
A	亞歷山太抄本（Codex Alexandrinus）
ACW	古代基督徒作者（Ancient Christian Writers）
add.	附加抄本（additional manuscripts）
Aq.	亞居拉的舊約希臘文譯本（Aquila's Greek Version of the OT）
ASV	美國標準譯本（*American Standard Version*）
AV	欽定本（*Authorized Version*〔=*King James Version*〕）
B	梵蒂岡抄本（CodexVaticanus）
BDS	法文聖經（*Bible de Semeur*）
BHK	希伯來文聖經（*Biblica Hebraica*, 3rd ed., ed. R. Kittel）
BHS	希伯來文聖經（*Biblia Hebraica Stuttgartensia*, ed. K. Elliger and W. Rudolph）
BLA	西班牙語聖經（*La Biblia de las Americas*）
C	重抄的以法蓮抄本（Codex Ephraemi Rescriptus）
CD	大馬士革文獻的開羅藏經庫抄本（Cairo Genizah copy of the Damascus Document）
CEI	意大利語聖經（*Conferenza Episcopale Italiana*）
CEV	當代英文聖經（*Contemporary English Version*）
cod.	抄本；翻頁書（codex）
D	伯撒抄本（Codex Bezae Cantabrigiensis）

DIODATI	意大語聖經（*Diodati*）
DNB	挪威語聖經（*Det Norsk Bibelselskap*）
DRB	杜埃・蘭斯聖經（*Douay-Rheims Bible*）
DSS	死海古卷（Dead Sea Scrolls）
ERV	修訂譯本〔英國〕（*Revised Version*〔English〕）
ET	英文譯本（English translation）
Gk.	希臘文（Greek）
GNB	佳音聖經（*Good News Bible*）
Goodspeed	古德斯皮德譯本（*The Complete Bible: An American Translation*, E. J. Goodspeed）
HTB	荷蘭文譯本（*Het Boek*）
IOU	烏克蘭文譯本（*Ivan Ogienko Ukrainian Bible*）
JB	耶路撒冷聖經（*Jerusalem Bible*）
KJV	英王詹姆斯譯本（*King James Version*〔=*Authorized Version*〕）
LB	當代聖經（*Living Bible*）
LND	意大利文譯本（*La Nuova Diodati*）
LSG	法文譯本（*Louis Segond*）
LZZ	呂振中〔譯本〕（*Lu Zheng Zhong*）
LXX	七十士譯本（Septuagint）
M.	米大示（Midrash）
Mas.	瑪撒大經文（Masada texts）
Meg.	五聖卷；五小卷（Megillah）
Message	信息（*The Message: The New Testament in Contemporary Language*, E. H. Peterson）
MLB	當代語言聖經（*Modern Language Bible*）
Moffatt	摩法特譯本（*A New Translation of the Bible*, J. Moffatt）
MS(S)	抄本；手稿（manuscrlpt〔s〕）
MT	馬所拉經文（Masoretic text）

NA	希臘文聖經（Nestle-Aland Greek New Testament〔*Novum Testamentum Graece*〕）
NA27	希臘文聖經第二十七版（*Novum Testamentum Graeca*, Nestle-Aland, 27th ed.）
NAB	新美國聖經（*New American Bible*）
NASB	新美國標準聖經（*New American Standard Bible*）
NCB	新世紀聖經（*New Century Bible*）
NEB	新英文聖經（*New English Bible*）
NHC	拿・戈瑪第文庫（Nag Hammadi Codices）
NIV	新國際譯本（*New International Version*）
NJB	新耶路撒冷聖經（*New Jerusalem Bible*）
NJV	新猶太譯本（*New Jewish Version*）
NKJV	新英王詹姆斯譯本（*New King James Version*）
NLT	新當代譯本（*New Living Translation*）
NRSV	新修訂標準譯本（*New Revised Standard Version*）
NT	新約（New Testament）
NVI	葡萄牙語聖經（*Nova Versao Internacional*）
NVI	西班牙語聖經（*Nueva Version Internacional*）
OST	法文聖經（*Bible Ostervald*）
OT	舊約（Old Testament）
Pap. Nash	納什蒲草紙抄本（Nash Papyrus）
Pesh.	別西大譯本（Peshitta）
Phillips	菲力普斯新約譯本（*The New Testament in Modern English*, J. B. Phillips）
Q	福音書的假設性來源文獻（*Quelle*）
RAV	修訂欽定本（*Revised Authorized Version*）
REB	修訂英文聖經（*Revised English Bible*）
RSV	修訂標準譯本（*Revided Standard Version*）
RVA	西班牙語聖經（*Reina-Valera Antigua*）

SBF	思高聖經（*Studium Biblicum Franciscanum*）
SP	撒瑪利亞人五經（Samaritan Pentateuch）
SVL	瑞典文當代聖經（*Swedish Living Bible*）
SV	瑞典文譯本（*Svenka* 1917）
SVD	阿拉伯文譯本（*Smith & Van Dyck*）
T.B.	巴比倫他勒目（Babylonian Talmud）
TEV	今日英文譯本（*Today's English Version*）
Th./Theod.	狄奧多田的舊約希臘文七十士修訂譯本（Theodotion's revision of the LXX）
Tos.	土西他（Tosefta）
T.P.	巴勒斯坦他勒目（Palestinian Talmud）
TR	公認經文（*Textus Receptus*）
UBS	聯合聖經公會（United Bible Societies）
UBS4	聯合聖經公會新約希臘文聖經第四版（*The Greek New Testament*, United Bible Societies, 4th ed.）
UV-Big5	繁體和合本（Union Version in traditional Chinese）
UV-GB	簡體和合本（Union Version in simplified Chinese）
WEB	世界英語聖經（*World English Bible*）
Weymouth	韋慕特新約譯本（*The New Testament in Modern Speech*, R. F. Weymouth）
WH	魏斯科和霍特〔的新約希臘文聖經〕（Westcott-Hort）
VT	舊約（Vetus Testamentum）
Vulg.	拉丁文武加大譯本（*Biblia Sacra Vulgate*）

導論

為聖經的流傳翻一頁

聖經來自甚麼地方？

何時出現？

聖經的書卷與其他作品有何不同？

怎樣成為今天在書店中常見的樣子？

聖經又如何來到我們手上？

基督徒通常以為，聖經從來就是這個樣子的——厚厚的一本，同樣的訂裝，同樣的內容，正如他們在教會中所見到的那樣——他們從來沒有想到聖經是逐漸修編成形，並且是度過了漫長的歲月，才到達我們手上的。不過，他們心底裏應該是知道的，聖經的每一頁、每一個字，都是許多人曾經傾盡一生努

聖經是基督教信仰的基礎，在歷史上不少人致力維護它的傳播。

力維護和傳遞的成果。這些維護聖經承傳的故事，本身也往往是一個奇妙的見證。

聖經的流傳

十九世紀末德國學者乃斯特爾(Eberhard Nestle)一生平淡，卻為聖經流傳的歲月，添上色彩。[1] 乃斯特爾是一位神學家、聖經版本專家和東方學者，他在世時所得的榮譽甚少，並且經常要為生計苦惱。除了有兩年留在英國之外，其餘歲月他都只是在德國的家鄉一帶活動。乃斯特爾一生的成就，就是把當時相當紛亂的希臘文聖經版本確定下來，以致今天我們若談及希臘文的聖經版本時，往往就是指「乃斯特爾版本」(Nestle's edition)。乃斯特爾經常要面對生活中的困擾和壓力，但在他的信函中他總會提到對上帝的感恩，以及在上帝手中的平安。對聖經的熱愛和對上帝的忠誠，使他能日復一日地對彷彿枯燥無味的研究生活堅持不懈。今天，希臘文聖經版本已經是第二十七版，仍然以他命名。[2]

西奈山麓的聖凱瑟琳修道院，十九世紀在此地發現「西奈抄本」。

相比之下，蒂申多夫(Constantine von Tischendorf)便更為聞名，他是與乃斯特爾同時期的德國聖經學者。這位生於萊比錫附近的學者，儘管被視為是當時西方考古學劫掠者的象徵，但他的故事卻相當有趣。1844 年，蒂申多夫旅行至西奈山麓的聖凱瑟琳修道院(Monastery of St. Catherine)，在修道院圖書館內偶然留意到一個盛滿古代手稿的簍子。蒂申多夫驚覺在手稿紙上所寫的，竟然是以最古老的希臘文書寫形式所抄錄的聖經經文。蒂申多夫隨即把在簍子中的四十三頁手稿拿出來，詢問圖書館的負責人。駭然發現，這簍子原來是盛載預備用作燃料的廢物之用的，之前亦已經有兩籃同樣的紙頁遭焚化成灰。蒂申多夫對這些手稿極感興趣，並且將其中一部分保存下來。這些手稿正是希臘文舊約聖經抄本的殘篇，所抄錄的書卷包括歷代志上、耶利米書、尼希米記和以斯帖記。可是多年之後，蒂申多夫重返修道院，卻發現餘下的手稿竟然不翼而飛，因為修道院的修士並不知道這些抄本的重要性，所以沒有細意看管。直至 1859 年，蒂申多夫再返回修道院，還是找不到這些珍貴的手稿，就在他要離開修道院的前一個晚上，他遇見一個捧著一大疊紙頁的人，這些紙頁正是他在 1844 年沒有帶走的手稿，而且還有其他聖經抄本和教會著作。

蒂申多夫所發現的聖經抄本，就是今天以西奈山的修道院命名的「西奈抄本」(Codex Sinaiticus)。這份在四世紀時以希臘文抄寫的聖經抄本，其後被送往聖彼得堡皇家圖書館（the Imperial Library in Saint Petersburg），在 1933 年由蘇俄政府轉售予大英博物館（British Museum），現今存放於大英圖書館之中。蒂申多夫在萊比錫逝世之後，遺下了大約 1,000 冊的藏書，包括他的大多數著作、早期對經文鑑別學的研究、在近東旅行的見聞摘錄和私人文件，這批藏書最後於

大英博物館建於 1754 年，在此保存了大量珍貴的聖經抄本，現今圖書館的藏本已移離博物館，存放在大英圖書館。

1974年輾轉落入了蘇格蘭格拉斯哥大學（University of Glasgow）圖書館的手中。[3] 除了「西奈抄本」之外，蒂申多夫也解讀了五世紀的新約希臘文抄本「以法蓮抄本」（Codex Ephraemi Rescriptus），這是最重要的羊皮紙聖經抄本之一，同樣聞名於世。

類似上述的故事，往往充斥在聖經流傳的歷史中。當我們瀏覽二千多年來的教會歷史時，就會發現無數翹楚曾致力於聖經版本的傳抄、翻譯和研究，例如早期教會的耶柔米（Jerome）、中世紀的威克里夫（John Wycliffe）、宗教改革時期的馬丁．路德（Martin Luther）、丁道爾（William Tyndale），近代著名的經文鑑別學者魏斯科（Brooke F. Westcott）、霍特（Fenton J. A. Hort）、麥子格（Bruce M. Metzger）和托夫（Emmanuel Tov）等，還有許多在本書中將會提到的名字。聖經的傳抄和翻譯，涉及在不同的處境中使用不同的理論和原則，當我們回顧在不同的歲月和境況中，聖經如何最終成為不同的抄本或譯本時，不可以忘記正是這些才智之士的委身，使聖經流傳的歷史充滿動人心弦的片段。

聖經正典的確定

聖經流傳的故事，本身就是一個傳奇。自聖經出現以來，經過了二千多年，其間歷盡不同時代的變遷，經歷了十分漫長的成書過程。

基督教聖經最先組成的是前半部分，這部分稱為「舊約」。舊約是猶太教的經典，以希伯來文（有少量亞蘭文）撰寫。舊約聖經包含了不同時代的作品，最早成書的部分是摩西五經，它的成書時間可能早至公元前十四世紀，其他書卷有歷史著作、律法條文、不同時期的先知和君王的文學作品和詩歌，舊約最後成書的書卷，約在公元前五至公元前四世紀才寫成。

在猶太曠野和死海附近的昆蘭(Qumran)地區所發現的古卷,顯示出猶太人在舊約成書後便已十分著意保存聖經。[4] 在一世紀後,猶太人離開耶路撒冷,流亡外邦,他們更重視聖經的保存。在六至十世紀期間,巴比倫和巴勒斯坦兩地的猶太學者根據一直流傳下來的口傳傳統,抄寫經文,加上標點及元音符號,以正讀音,經過長期努力後,終整理完成猶太教的《希伯來聖經》(Hebrew Bible,即基督教的舊約,而舊約這個名稱則主要是由非猶太學者所用的)。這聖經文本被稱為「馬所拉經文」(Masoretic Text,簡稱 MT),「馬所拉」的希伯來文原意是「傳統」,代表這是猶太教《希伯來聖經》的權威文本,而負責整理「馬所拉經文」的猶太學者被稱為「馬所拉學者」(Masoretes)。這文本成為《希伯來聖經》的通用版本。[5]

在死海旁的昆蘭第四洞穴,二十世紀中葉在此發現部分死海古卷。

聖經的下半部分稱為「新約」,新約共有二十七卷,大約成書於一世紀中葉至末葉,並且在不同的教會流傳和誦讀。新約作者對耶穌的教導、受死和復活的見證,以及對教義和生活的教導和指引,被教會視為權威,其地位並不亞於舊約聖經。

基督徒視舊約為神聖的典籍,而新約亦具有同等的權威性。他們稱舊約和新約聖經為「正典」(canon),「正典」這字源自希臘文,原意是木匠量度用的棒或竿,引申為記載教會所公認之信仰與行為標準的典籍。[6]

與舊約一樣,當新約的大部分書卷在一世紀末成書未幾之時,便已被接納為正典。不過，哪一卷書卷會被視為是神聖典籍，卻需要一段時間來察驗才會確定。事實上，除了由於信仰和教制的原因外，早期教會在異端的侵擾下，也必須確立新約正典的內容和範圍。雖然聖經正典之確定並非毫無可爭議之處，而在確定正典的過程中，不同地區的教會皆出現不同的爭論（至少，東西方教會的意見就十分不同）。不過，大約到了四世紀，經過漫長的討論和審議後，新約正典的範圍和內容已經被確定。

譯本的流傳

由於期望使用不同語文的人都可以閱讀聖經，故此在相當早期，已出現了不同的聖經翻譯版本。

猶太人在公元前六世紀被擄往巴比倫後，開始使用亞蘭文。不過，由於猶太人運用的聖經版本仍然是希伯來文的文本，故此舊約的亞蘭文譯本要比希臘文譯本較遲才出現。在公元前三世紀希臘文化征服世界的洪流下，猶太人最早期廣泛使用的聖經譯本是希臘文《七十士譯本》（Septuagint，拉丁文 *Septuaginta*，簡稱 LXX）。《七十士譯本》傳說是由七十二位猶太翻譯者在亞歷山太城合譯，故取其整數而得名。實際上，公元前三世紀時只翻譯了五經，其餘部分則約到公元前一世紀之前才得以譯出（包括舊約次經）。《七十士譯本》為散居外地的猶太人所採用，因為他們不再操希伯來語或亞蘭語，而是操希臘語。早期基督徒所用的希臘文舊約聖經，基本上就是指《七十士譯本》而言。新約聖經引用舊約的經文，不少都是引自這譯本。[7]

不過，由於許多猶太人對於基督徒使用《七十士譯本》感到不滿，所以到了二世紀，亞居拉（Aquila）另行翻譯了一部相當字面化的希臘文譯本。亞居拉生於小亞細亞的本都，原本信奉基督教，但後來改信猶太教。約在

140 年間，他把舊約由希伯來文翻譯成希臘文，其譯本普遍獲得猶太人接納，並沿用了一段時間。

《七十士譯本》是希臘文譯本，新約亦是以希臘文撰寫，那是散居異域的基督徒所用的語文。然而，當時羅馬帝國所用的官方語文是拉丁文，拉丁文後來更成為西方教會通用的語文，因此人們對拉丁文聖經的需求日漸增加。早期的拉丁文譯本大部分都採用了直譯的方式，所以很快便有重譯的需要，而這重譯的挑戰由四世紀的聖經學者與歷史家耶柔米承擔下來。耶柔米曾作沙漠隱修士、教宗達瑪蘇（Damasus）的私人祕書，後來他專心深入研究和翻譯聖經。耶柔米以當時最好的希伯來文和希臘文抄本為基礎，運用通行的拉丁文，修訂了古拉丁文譯本，最後成為西方教會沿用千載的拉丁文譯本。這譯本的福音書部分於 383 或 384 年譯畢，而整部譯本則於 405 或 406 年面世。自八世紀起，這譯本成為大公教會的標準聖經，被稱為「武加大」（*Vulgata*，意即「通用本」）。[8]

隨著教會的擴展，在早期基督教時代，基督教文化遍傳歐亞地區，逐漸出現了許多不同語文的聖經譯本。不過，聖經翻譯的進度，在踏入中世紀後開始緩慢下來。在中世紀時期，即使仍有不同的聖經翻譯本，但始終是以《武加大譯本》為主要的聖經版本。教會的信仰、教制，甚至文化和藝術，都極受這部拉丁文聖經影響。當時在西方世界也有少量聖經譯本出現，只是翻譯取態大多傾向字面化，而且脫不了《武加大譯本》的影響。

宗教改革時代的聖經

到了宗教改革前夕，出現了批評當代教會濱權和貪財的暗湧，也流露了信徒愈發重視聖經的端倪。威克里夫在 1380 年翻譯了最早期的英文聖經

在布拉格廣場上的胡司像，建於 1915 年，胡司代表了高舉聖經的象徵。

譯本，他更影響了後來的宗教改革家。威克里夫的其中一個跟隨者是捷克波希米亞的改教家胡司（Jan Hus），胡司致力高舉聖經，強調人們應該以自己的語文研讀聖經。由於胡司猛烈批評當代教會瀆權和貪財，這些批評冒犯了當權者，他最後被判火刑殉道。不過，胡司卻為後來的宗教改革運動鋪了路。

在宗教改革初期，路德以德文翻譯了一部具相當意義的譯本，並且在《關於翻譯的通信》（*Sendbrief vom Dolmetschen*, 1530）的論文中，解釋了他譯經的基本原則。[9] 路德的德文譯本影響了許多其他宗教改革時期的聖經翻譯，尤其是好些後來被翻譯成為英文的譯本。[10]

德國美茵茲的古騰堡像，聖經版本最早期是在此地印刷的。

在這時期，印刷術的發明也構成了重要的影響。早期的聖經主要靠抄寫來流傳，不但成本高昂，而且流傳有限。隨著十五世紀古騰堡（Johannes Gutenberg）發明活字印刷術，並且在 1456 年出版第一部印刷版聖經，聖經的流傳比以往更為廣泛，也相對地加速了不同語文的聖經譯本的出現。古騰堡的活字印刷方式一直沿用到二十世紀末，才由電腦印刷技術所取代。

十六世紀後，宗教改革運動漫延歐洲，在印刷術的協助下，再次湧現聖經翻譯浪潮。當時出現了不少英文的聖經譯本，其中最重要的是《英王詹姆斯譯本》(*King James Version*，以下簡稱《欽定本》〔*Authorized Version*〕)。《欽定本》是 1604 年在英王詹姆斯一世(James I)欽命委派下翻譯的英文聖經，於 1611 年出版，這是一部極具影響力的英文譯本。由於《欽定本》的譯文優美，受到廣泛接納，一直沿用了多個世紀。十九世紀後在宣教地區所翻譯的聖經，不少是以《欽定本》為譯文藍本。[11]

不過，若以為在十七世紀的《欽定本》之後，便不會再產生多少英文譯本，那便錯了。事實上，由《欽定本》至二十世紀中葉的《修訂標準譯本》(*Revised Standard Version*)之間，約有 500 部不同的英文譯本出現(還不包括在註釋書中所用的譯文)。這些譯本的取向十分廣泛，由相當字面的翻譯，到相當自由的翻譯都有，情況正如近代中文聖經譯本之繁多一樣。當然，在這段期間，只有少數譯本是特別重要的。例如約翰．衛斯理(John Wesley)的新約譯本(1755 年)，便對《欽定本》作出適度修正，並建基於最新的希臘文抄本，不論在語言和譯經上，在當時都是出色之作。[12]

宣教浪潮下的聖經

在十八世紀，宣教浪潮湧現，聖經翻譯的成果也隨著宣教的觸覺而擴展，不少傳教機構和聖經公會出現，致力在世界各地推動翻譯和分發聖經。在美洲、拉丁美洲、非洲、大洋洲和亞洲地區，聖經譯本跟隨傳教士的足迹出現，成為這個時代的特色。

在這段時期，對聖經翻譯取向的討論和爭議也逐漸增多。例如蘇格蘭神學家坎伯爾（George Campbell）翻譯了一部福音書譯本（*The Four Gospels*, 1789），書中就附有700多頁的序言，列出了他翻譯聖經時所根據的原則。[13] 不過，這部作品的影響不及泰特勒（Alexander Fraser Tytler）在1790年出版的《論翻譯的原則》（*Essay on the Principles of Translation*）一書。[14] 這部著作顯然襲用了坎伯爾的翻譯原則，書中提出：（1）譯文應該完全複寫出原作的思想；（2）譯文的風格和筆調應該與原文的性質相同；（3）譯文應該與原作同樣流暢。泰特勒的這部著作被重印了多次，經常被討論翻譯原理和程序的著作所引用。

到了十九世紀末葉，對於聖經翻譯的原則，愈來愈多探討和回應。在某程度上，這種取向的探討，十分影響世俗文學作品的翻譯。這時期最重要的英文譯本，是在英國完成的《修訂譯本》（*Revised Version*）和在美國完成的《美國標準譯本》（*American Standard Version*）。《修訂譯本》是由英國學者修訂《欽定本》而產生的版本，它也是十九世紀末的中文聖經《和合本》參考藍本之一。《美國標準譯本》則是由跨宗派的美國聖經學者聯合修訂《修訂譯本》（不包括次經）而來的。在許多方面，《美國標準譯本》的解經更為準確，而且經文基礎更為合理，不過在文學技巧上沒有那麼靈巧，其經文也得不到更廣泛的接納。

在第二次世界大戰前夕，蘇格蘭新約學者摩法特（James Moffatt）和美國新約學者顧斯庇（Edgar J. Goodspeed）對聖經翻譯理論的發展特別重要，顧斯庇也是《修訂標準譯本》的主要譯者。到了戰後，聖經翻譯的數量和性質都有突破性的發展，包括英文和好些歐洲語系的譯本，以及世界各地數以百計的各種語文和方言的譯本。這些譯本採用的翻譯取態，由傳統和字面翻譯的準則到相當自由化的取向都有，其中二十世紀中葉的《修訂標準譯本》和下半葉的《新國際譯本》(*New International Version*)尤其具有影響力，後者更反映了近代重要的譯經理論觀點。

在這時期，美國聖經翻譯學者奈達(Eugene A. Nida)、美國聖經公會(American Bible Society，簡稱ABS，該會在華稱為「美華聖經會」或「大美國聖經會」)和聯合聖經公會(United Bible Societies)的同工致力於翻譯理論的實踐和討論，他們的許多作品見於由聯合聖經公會自1950年開始按季出版的《聖經翻譯者》(*The Bible Translator*)期刊上。從他們及以後譯經學者的努力可看出，聖經翻譯一直在蓬勃的發展。

聖經在中國

對於中文聖經翻譯的歷史，一直以來有許多困惑和誤解。例如，倫敦傳道會(London Missionary Society，簡稱「倫敦會」)傳教士馬禮遜(Robert Morrison)是最早把聖經翻譯成中文的譯經者嗎？中文聖經譯本是否只有寥寥可數的幾部？《和合本》是第一部由傳教士聯合翻譯的中文聖經嗎？《和合本》的譯經者只有幾位嗎？是從英文聖經翻譯過來的嗎？舊有的中文聖經的翻譯質素是否參差不齊，摻雜了不同的瑕疵？更重要的是，當代華人教會是否仍然需要繼續翻譯聖經？理據何在？

以上的問題，部分是關於翻譯理論和實務的探討，但更多是涉及中文聖經翻譯的歷史。無疑，馬禮遜並不是第一個翻譯中文聖經的人，因為唐代的景教和元、明、清三代的天主教在中國土地上顯然都有譯經的工作，即使他們的成果現今只餘斷簡殘篇。

聖經在中國本土的出現，儘管近代有基督教在東漢流傳的考據，但較確實的資料，暫時可以溯源至唐代景教傳入之後。從明代出土的景教碑文和清末在敦煌及其他地方發現的文獻，顯示這支東方基督教會的流派，曾在中國本土和邊陲留下腳蹤。此外，在兩宋之間，猶太人在中國移居或經商，他們也把猶太教的信仰和典籍帶來中國。不過，由於這些經籍主要是在猶太社羣中使用的，對中國的影響極微。同樣，在清初來華的俄羅斯正教會，所服務的對象也僅限於在中國的俄籍戰俘或移居者，直至在清末他們開始擴展傳教對象，在聖經的翻譯上才有較多成果。

相比之下，在元代及明末先後來華的天主教傳教士，其影響便較為深遠。當時天主教傳教士對於翻譯中文聖經只作了零星的嘗試，並沒有廣泛流傳，但他們卻在神學思想、用語詞彙等方面，作出了傑出的探討（甚至爭議），影響了清末來華的新教傳教士。

隨著新教在亞洲地區的海外宣教事業的擴展，中文聖經的翻譯工作也蓬勃發展起來。新教的中文譯經，差不多是由在印度塞蘭坡的英國浸禮宗傳教士和在中國廣州的倫敦會傳教士同時展開的。浸禮宗的譯本在出版時間上略為領先，但倫敦會的譯本對中國以後的譯經發展更具影響。在第二代來華傳教士不斷努力下，在 1830 年代末出版了第三部完整的中文聖經譯本。從最早期的中文聖經譯本出版，直至 1890 年傳教士會議決定翻譯聯合譯本（《和合本》）的八十年間，新教傳教士不斷翻譯和刊行聖經，出版了達數百本單卷或全部聖經，包括 1850 年代出版的《委辦本》和 1870 年代出版的《北京官話譯本》，兩者都是較重要的聯合譯經計劃。

此外，由於南北各省地方語言的分別，驅使各地方言的譯本在晚清時期出現，這些譯本主要在東南地區使用，並且數量不少。在二十世紀初，中國的少數民族（特別是西南地區）也為聖經的翻譯帶來許多的需要和成果。

早期傳教士翻譯聖經的目標，傾向以傳揚福音為重心。在中國教會還沒有建立的初期，傳教士著重關心如何讓中國讀者在閱讀聖經時，可以明白基督教信仰的意義。隨著中國教會逐漸奠定神學與禮儀的基礎，對聖經翻譯的譯意準確與屬靈深度，就有更多期望和要求。故此，中文聖經翻譯要面對的問題，不只在於如何跨越文化的屏障，也涉及經義與神學的詮釋。這一切的考慮，最終反映在聖經譯本的現存成果上。不過，某些在譯經上的爭議，例如對於聖經專門用語的翻譯方式（包括把聖名翻譯為「上帝」、「神」、「天主」或其他名稱），始終無法取得共識，成為仍要致力的方向。[15]

譯經的取向

隨著語言和思維的改變，以及聖經版本研究的學術發展，引致不斷有新譯本的出現，而較舊的譯本也需要重譯或修訂，以配合這些改變。

早期教會和宗教改革時期的譯經者，往往就是當地教會的領袖。至於在近代宣教事業中，譯經的責任則主要是取決於聖經學者或傳教士，而操本地語言的同工只是輔助者。傳教士在譯經的過程中，十分注意譯經成果對福音工作和教會事工的扶助和影響。以中文聖經的翻譯為例，英國長老會在華的傳教士汲約翰（John C. Gibson）於 1890 年在上海舉行的傳教士會議上，就指出聖經翻譯具有兩重意義：第一，向未信者忠實地表達基督教信仰的內容，既可以引領人蒙神光照與悔改，也可以為信仰辯護和剖析；第二，為基督徒讀者提供可靠的典籍文本以供閱讀。[16]相同的觀點，也可以見於近代宣教地區中的聖經翻譯。

不過，對於教會已植根多年的地區，就更強調聖經翻譯既是實務，也是藝術的性質。在這些地區中，聖經翻譯的工作往往是操於母語者（mother-tongue speaker）的手中。譯經者從傳教士的身分，變成為本地語言的使用者（以往的譯經者，許多不是以所翻譯的語言為母語的）。然而，上述在譯經者身上的改變，使翻譯的結果更為自然。他們把聖經原文的經文意義，轉化成為受眾的語言（而這也是譯經者本身的語言），讓受眾更易理解經文的意義，達致心領神會的效果。

另一個更重要的改變，就是譯經的取向。無論是甚麼作品，若要由一種語言翻譯成另一種語言，總不可能完全是按字面直譯的，因為兩者之間的語言結構和詞彙的差異可以很大。當然，最直譯的「譯本」是逐字對照本聖經（interlinear Bibles），但是只讀這些譯本，可能無法完全明白經文的意思。此外，我們可能以為，在翻譯過程中選擇使用直譯或意譯的決定和尺度，例如從逐字對譯的字面翻譯（literal word-for-word renderings）至釋義性的闡述（paraphrastic interpretative amplifications），反映了從保守派至自由派的神學態度，但事實上，這並非如此分明。無疑，某些神學保守之士特別著緊以極度字面翻譯的方式來譯經，但也有很多保守派學者贊同意譯的聖經譯本。自然地，自由派學者往往會較為傾向意譯的譯本，使溝通更具意義，不過同一神學取向的學者也會認同字面的翻譯，因為這些譯文似乎更能表達較神祕的宗教經驗。

事實上，真正的差異取決於原文和受眾之間的關係，以及使用範疇的不同。近代一切翻譯理論所探討的問題，都離不開原文和受眾之間的關係，而使用範疇也有決定性的因素。舉例說，兒童能明白的聖經版本，對於成年人來說就可能過分簡單；適合靈修讀經用的版本，便可能不適合作嚴格解經之用。不同的聖經經文，例如詩篇中熱情奔放的詩歌、在約伯記和傳道書中的訓誡詩體、在先知書中的預言，甚至律法、歷史敘事、書信和天啟文學，都可能必須運用不同的翻譯原則來處理，以助表達不同文體的信息。按照這樣的譯經取向，主要的聖經譯本可以分為三類型：（1）傳統性和教務性的譯本，反映了教會的普遍使用習慣；（2）以一般性語言翻譯的譯本；（3）文學性的譯本。不同的譯經取向，具有不同的評斷準則。

不過，任何對於聖經翻譯理論的討論，都必須留意，只有極少數譯本會在序言中說明所根據的翻譯原則，而且這些導言或闡釋，通常只列出簡單的說明，甚少詳細解釋在譯經上的取向，以及所用的語言學、資源理論、溝通理論、心理學或語法原理等。結果，若要考究某部譯本有關經文所用的翻譯原則時，就只能分析該段經文的譯文，及對其用詞、語法和文法作詳細探討。事實上，即使明確表述了所用的翻譯原則，可是若對某段經文的譯文加以研究，往往就能發現譯經者在翻譯時，是受到不同的考慮因素影響。

今天對聖經翻譯的研究，主要圍繞在四方面的討論：文獻學（philology）、語言學（linguistics）、溝通理論（communication theory）和社會符號學（sociosemiotics）。這些都是關乎溝通的理論，涉及不同的範疇，卻影響了跨語言溝通的理解。聖經翻譯理論的焦點，從作者的處境，變成是受眾的理解。這不是說，譯經者可以忽略原來的歷史文化境況；而是強調，一段譯文的正確性，必須取決於現代的受眾是否能正確理解該段經文的原意。譯經者不再滿足於只是考慮來源、信息和受眾；他們也要考慮處境，這不只是信息的原來處境，也是譯本被採用之處的處境。

事實上，翻譯既是溝通，而溝通的本質就是對話，故此翻譯既要本於原文，也要兼顧受眾，搭建兩者之間對話的橋樑。至於在翻譯過程中涉及的其他釋經討論、文本鑑別、語法技巧等問題，都只是搭建溝通的工具而已。[17]

以上只是略述聖經翻譯的歷史、概況和理論，可供探討之處仍多。不過，由於篇幅所限，也非本書的主旨，故此不再詳論聖經翻譯的理論。本書會就上述的聖經流傳、翻譯和溝通的研究基礎上，縱覽聖經版本的歷史。

聖經版本的整理

西方教會和學術界對於聖經流傳的歷史，顯然有較多的探討和嘗試。例如，《劍橋聖經歷史》（*The Cambridge History of the Bible*）三冊共數十篇論文，三冊所涵蓋的時期分別為：從起始至耶柔米的時期、從教父至宗教改革時期、從宗教改革時期至現代，探討聖經版本歷史及流傳中涉及的某些課題。[18]類似的研究作品相當多，近期的聖經版本專論更為豐富，例如《聖經作為書本》（*The Bible as Book*）五冊共七十多篇論文，專題探討聖經的抄本傳統、希伯來聖經與猶太曠野的發現、希臘文抄本的流傳、早期印刷版本，以及宗教改革時期的聖經，是近期同類作品中較具規模的著作。[19]不過，這些著作的討論，也只是涉及在聖經流傳中較為重要的課題而已，而且偏向西方教會的成果。相對之下，對於東方教會的聖經譯本研究就較少，例如對亞美尼亞文聖經、[20]敍利亞文聖經的探討，[21]就反映出聖經在東方教會有相當多可供探索的空間。同樣的情況，也見於近代對中文聖經的研究，例如對《和合本》以及其他中文聖經譯本的討論。[22]

在聖經版本的研究中，西方對聖經的藏書編目整理的成果，一直較受忽略。在數百年來出版的聖經藏書英文編目，按所見已有約 200 本，這些編目把在不同圖書館裏的聖經版本整理，顯示聖經出版和翻譯的蓬勃，其中包括了古代或較近期的抄本，[23]部分整理了近代聖經的目錄。[24]

在芸芸編目中，以英國聖經公會所出版的聖經編目最多。該會現今存放在劍橋大學的藏書主要分為三類：聖經版本（printed Scriptures）、抄本（manuscripts）和檔案（the archives）。聖經版本的館藏所涉語文超過 2,000 種，聖經 39,000 冊，其中在中國本土出版的聖經（包括方言）超過 1,100 冊。至於抄本的館藏則超過 500 份，共 184 種語文，大部分是十九和二十世紀的材料。至於英國聖經公會的會議紀錄、書信、名冊、年報、財務報告，以及官方歷史紀錄，也妥善地保存在檔案中。[25]

美國聖經公會位於紐約的檔案館，其聖經版本藏量之豐，可與劍橋大學聖經公會圖書館媲美，館藏所涉語文超過 2,200 種，聖經 55,000 冊。

除了英國聖經公會和美國聖經公會的藏書外，某些在中國較多參與譯經工作的差會也保存了相當數量的聖經版本，其中以公理宗的美部會（American Board of Commissioners for Foreign Missions）在 1960 年交給美國哈佛大學燕京圖書館的傳教士著作藏書較豐富，包括百多部不同版本的中文聖經。有關藏書已經製成微縮影片，方便研究者使用。[26]

在英國聖經公會的館藏編目中，由達洛（Thomas H. Darlow）和莫爾（Horace F. Moule）在二十世紀初統計該會所藏聖經版本的目錄最為重要。他們的編目大部分是處理十六世紀以後的印刷版本，按照他們的統計，除了英文聖經外（其中屬英文的聖經方言類別有 23 種），該會所藏的聖經，在二十世紀初便包含了 604 種語文和方言，共有接近 10,000 個不同版本。[27] 這是在二十世紀初的藏書統計，而且主要是英國聖經公會的藏書（該會是最具規模的），並在以後的日子不斷增加數量。

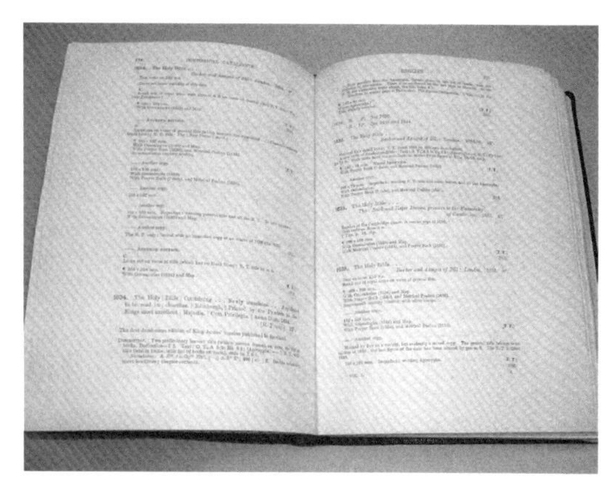
達洛和莫爾在英國聖經公會所藏聖經版本的目錄二冊，在二十世紀初出版。

除了對某些機構或圖書館的聖經館藏統計外，也有針對某一語言的聖經編目，其中以英文聖經的編目最多，[28] 某些編目甚至以某一地區（例如美國的出版 [29]）為對象。在二十世紀中葉之後，聖經版本的數量愈來愈多，例如

1972 年美國聖經公會的聖經版本目錄，就記載了迄 1970 年底共 1,431 種語文的聖經版本，包括 249 種語文的完整聖經，329 種語文的新約，853 種語文的單卷聖經。[30]

到了二十世紀初，聖經的翻譯工作發展迅速。根據聯合聖經公會的統計，直至 2009 年底為止，以至少包括一卷完整書卷的聖經來計，全球共有 2,508 種語言版本，另外共有超過 500 個聖經翻譯計劃仍在進行中。[31]

至於在中國的聖經版本，早年有少量傳教士著作的編目（包括中文聖經及其他基督教出版書籍[32]），近年的主要編目可見於曾在香港傳教多年的蘇佩禮（Hubert W. Spillett）所編撰的《中國語言聖經目錄》，記錄了中國通用語言（文言、淺文言和官話）、各地方言，以及少數民族語言的譯本資料。蘇佩禮在 1967 年退休後回到英國，以達洛和莫爾的目錄為基礎，用了數年時間編撰增訂中文版本的部分，於 1975 年完成，以打字稿的形式出版，成為第一部（也是迄今惟一一部）以中文及中國少數民族聖經版本為主要對象的目錄。[33] 從這份編目可見，十九世紀傳教士在中國通用聖經譯本的翻譯工作，並沒有取代他們在個別地方文化及地方語言上的聖經翻譯努力。由於南北各省用語之別，各地方言譯本可以滿足傳教士在傳福音時因應不同對象的需求。相同的情況，亦見於其他地區的經驗。

選擇合用的聖經版本

隨著踏入二十一世紀，由於出版技術的進步，信息流傳的模式邁向多元化。除了文字之外，圖像、影音、電訊、互聯網絡等方式，都加速了信息的傳遞。新一代的聖經譯本，與現代科技的出版方式有更多不同的結合。不過，出版技術上的進步，並沒有讓人忘記，在聖經流傳的歷程裏，充滿著讓人敬仰的故事。每一部聖經的版本背後，都是無數心血的凝聚。

對於讀經者來說，選擇合適的譯本是相當重要的，而這也是歷代譯經者所致力的方向：讓合適的譯本來到讀經者的手上。然而，如何選擇合適的譯本？若可以的話，在讀經者手上應有兩類譯本。其中一類是日常閱讀的聖經，那是可以在教會查經或個人靈修中使用的版本；例如中文聖經《和合本》，不論它是否由於是百年前的譯本而有許多不足的地方，仍然是在華人教會中廣泛應用的聖經版本，讀經者也應重視它的優秀之處。《和合本修訂版》於 2010 年 9 月出版，是當代中國教會最重要的中文聖經。《和合本修訂版》的新約參照聯合聖經公會 1993 年《希臘文新約聖經》（*Greek New Testament*）第四修訂版，舊約則依據 1997 年《斯圖加特希伯來文聖經》（*Biblia Hebraica Stuttgartensia*）第五版，並借助聯合聖經公會歷年建立的資料庫、參考書籍和手冊，以及聯合聖經公會的電腦軟件而編成。《和合本修訂版》保持《和合本》原來的風格，並且忠於原文，以及符合今天中文用法和表達習慣。

至於中文聖經《新譯本》、《現代中文聖經》和 2010 年出版的《新漢語譯本》新約，或英文聖經的《修訂標準譯本》和《新國際譯本》，都可算是這一類，可以在日常生活中閱讀，以及協助研經，尤其是《新國際譯本》更是出色的英文譯本。至於英文《欽定本》則是較舊的語言，華人讀經者要有掌握這類英語的能力才算適合。中文《當代聖經》或中文《新普及譯本》（翻譯自 *New Living Translation*）則較為適合在佈道或初信栽培中使用。[34]

另一類是深入研經時所用的譯本，讀經者可以按自己的研經及語文能力而選擇，尤其是有不同類別或使用性質的英語譯本可供選擇。除了譯本之外，讀經者也可以參考附有研經資料的英語聖經版本。[35] 中文研經版本也有可供選擇的材料（例如《啟導本》及其他相類作品）。不過，中文譯本在這類別上相對較少，這是華人譯經者應多努力之處。讀經者若是認識希伯來文和希臘文，也不應放棄以這兩類語言閱讀原文聖經的機會。

本書以下的部分，略述聖經流傳的故事，其中部分譯本附上約翰福音三章16節（有時會加上前後或其他合適的經文），略添參考的價值。[36] 這些記載所述的片段，都是由無數前賢的心血所結集成的。這一切，或許可以激勵讀者，為二十一世紀的聖經流傳歷史寫下動人心弦的另一章。

註釋

1. 關於乃斯特爾（另譯「奈瑟勒」或「聶斯黎」）的事迹，參 Warren A. Kay, "The Life and Work of Eberhard Nestle," in *The Bible as Book: The Transmission of the Greek Text*, ed. Scot McKendrick and Orlaith O'Sullivan (London: The British Library & Oak Knoll Press, 2003), 187 ～ 199。除了整理希臘文聖經版本之外，乃斯特爾的著作並不太多，其中譯成英文的作品，筆者僅見過 Eberhard Nestle, *Introduction to the Textual Criticism of the Greek New Testament* (〔S.I.〕: Williams and Norgate, 1901) 和另一部討論敍利亞文語法的著作。
2. Eberhard Nestle et al., eds., *Novum Testamentum Graece*, 27th ed. (Auflage, Stuttgart: 2001). 另一部學者常用的希臘文新約聖經，是由聯合聖經公會在 1993 年出版的第四修訂版：*Greek New Testament*, 4th revised ed. (Stuttgart: United Bible Societies/ Deutsche Bibelgesellscahft, 1993)。兩者在經文的正文沒有分別，主要差異是在註釋資料上。
3. 蒂申多夫發現「西奈抄本」的事迹，參 Constantin von Tischendorf, *Codex Sinaiticus: The Ancient Biblical Manuscript Now in the British Museum*, 8th ed. (London: Lutterworth Press, 1934)。關於蒂申多夫的藏書，參 Peter W. Asplin and Jack Baldwin, "Tischendorf's library," in *Constantin von Tischendorf and the Greek New Testament*, ed. Matthew Black and Robert Davidson (Glasgow: University of Glasgow Press, 1981), 79 ～ 89。
4. 關於死海古卷的簡介，參本書 1.5 章。在猶太曠野和死海附近發現的聖經古卷研究，參考書目極多，其中對於已出版和未出版的文獻介紹，參 Emanuel Tov, "Text from the Judean Desert for the History of the Text of the Hebrew Bible," in *The SBL*

Handbook of Style: For Anicent Near Eastern, Biblical, and Early Christian Studies, ed. Patrick H. Alexander and others（Peabody, MA: Hendrickson, 1999）, 176～233。另可參下書的書目：Edward D. Herbert and Emanuel Tov, eds., *The Bible as Book: The Hebrew Bible and the Judaean Desert Discoveries*（London: The British Library & Oak Knoll Press, 2002）, 301～326。

5. 關於「馬所拉經文」的簡介，參本書 1.5 章。按照「馬所拉經文」而編的英文聖經是 Jewish Publication Society, ed., *The Holy Scripture According to the Masoretic Text*（Chicago: Menorah Press, 1973）。至於近期對「馬所拉經文」的研究，參 Adrian Schenker, ed., *The Earliest Text of the Hebrew Bible: The Relationship between the Masoretic Text and the Hebrew Base of the Septuagint Reconsidered*（Leiden; Boston: Brill, 2003）。
6. 關於正典的形成，參本書 1.1 章。
7. 關於《七十士譯本》的簡介，參本書 2.1 章。《七十士譯本》的近期版本是 Alfred Rahlfs and Robert Hanhart, eds., *Septuaginta*（Stuttgart: Deutsche Bibelgesellschaft, 2006），這版本是建基於「梵蒂岡抄本」、「西奈抄本」、「亞歷山太抄本」及其他文獻上（本書 1.5 章會略為介紹這些抄本），修正了超過一千處微小錯誤，並且附上英文、德文、拉丁文和希臘文的序言，以及《七十士譯本》的歷史等。
8. 關於《武加大譯本》的簡介，參本書 2.1 章。《武加大譯本》經過多次修訂，近期版本是 R. Gryson etal., eds., *Biblia Sacra Vulgata*（Peabody, MA: Hendrickson Publishers, 2006），附有拉丁文的導言。
9. 路德的這篇文章載於 "Ein sendbrief D. M. Luthers. Von Dolmetzschen und Fürbit der heiligenn," in *Dr. Martin Luthers Werke*（Weimar: Hermann Boehlaus Nachfolger, 1909）, Band 30, Teil II, 632～646。
10. 關於宗教改革時期聖經譯本的介紹和目錄，參 Jaroslav Jan Pelikan, *The Bible of the Reformation: Catalogue of the Exhibition by Valerire R. Hotchkiss & David Price*（New Haven & London: Yale University Press, 1996）。關於十五世紀宗教改革前夕的聖經翻譯和出版情況，參 George W. Prime, *Fifteenth Century Bibles; A Study in Bibliography*（Boston, MA: Milford House, 1974），本書是 1888 年版的再版。
11. 關於《欽定本》的簡介，參本書 2.3 章。研究《欽定本》的著作相當多，入門的討論可參 Alister E. McGrath, *In the Beginning: the Story of The King James Bible and How It Changed a Nation, a Language, and a Culture*（New York: Doubleday, 2001），

中譯本參麥葛福著，張塁菲譯：《當上帝開始說英文》（台北：新新聞，2002）。

12. John Wesley, ed. and trans., *Bible: New Testament* (London: William Bowyer, 1755) .

13. *The Four Gospels, translated from the Greek, with preliminary dissertations and notes, critical and explanatory* (2 vols., 1789)。關於坎伯爾的修辭學，參 George Campbell, *The Philosophy of Rhetoric*, 2 vols. (London: W. Strahan, 1776)；近期對他的修辭學的討論，參 Arthur E. Walzer, *George Campbell: Rhetoric in the Age of Enlightenment* (Dulles, VA: State University of New York Press, 2002)。

14. 本書的近期版本是 Alexander F. Tytler, *Essay on the Principles of Translation* (Amsterdam: John Benjamins Publishing Co., 1978)，附有新版的導言。

15. 關於聖經在中國的歷史，參本書第三部。

16. J. C. Gibson, "Review of the Various Colloquial Versions and the Comparative Advantage of Roman Letters and Chinese Characters," in *Records of the General Conference of the Protestant Missionaries of China Held in Shanghai May 7-20, 1890* (Shanghai: Presbyterian Mission Press, 1890) , 62.

17. 關於聖經翻譯理論的研究，近代著作頗多，特別參 Eugene A. Nida, *Bible Translating: An Analysis of Principles and Procedures, with Special Reference to Aboriginal Languages* (London: United Bible Societies, 1961)。

18. P. R. Ackroyd et al., eds., *The Cambridge History of the Bible*, 3 vols. (Cambridge: Cambridge University Press, 1963 ～ 1970) .

19. John L. Sharpe III and Kimberly van Kampen, eds., *The Bible as Book: the Manuscript Tradition* (London: The British Library and Oak Knoll Press, 1998) ; Edward D. Herbert and Emanuel Tov, eds., *The Bible as Book: The Hebrew Bible and the Judaean Desert Discoveries* (London: The British Library and Oak Knoll Press, 2002) ; Scot McKendrick and Orlaith A. O'Sullivan, eds., *The Bible as Book: The Transmission of the Greek Text* (London: The British Library & Oak Knoll Press, 2003) ; Paul Saenger and Kimberly van Kampen, eds., *The Bible as Book: The First Printed Editions* (London: The British Library & Oak Knoll Press, 1999) ; Orlaith O'Sullivan, ed., *The Bible as Book: The Reformation* (London: The British Library and Oak Knoll Press, 2000) .

20. 關於亞美尼亞文聖經的歷史，參 Vrej Nersessian, *The Bible in the Armenian Tradition* (London: The British Library, 2001)。

21. 關於敍利亞文聖經的歷史，參 Sebastian P. Brock, *The Bible in the Syriac Tradition*,

2th revised ed.（Piscataway, NJ: Gorgias Press, 2006）；本書為敘利亞文原書的譯本。

22. 近期的學術著作，參 Jost Oliver Zetzsche, *The Bible in China: History of the Union Version; Or the Culmination of Protestant Missionary Bible Translation in China*（Sankt Augustin-Nettetal: Institut Monumenta Serica, 1999）；中譯本：尤思德：《和合本與中文聖經翻譯》，蔡錦圖譯（香港：國際聖經協會，2002）；Irene Eber, Sze-kar Wan, and Knut Walf, eds., *Bible in Modern China: The Literary and Intellectual Impact*（Sankt Augustin-Nettetal: Institut Monumenta Serica, 1999）；中譯本：伊愛蓮等著：《聖經與近代中國》，蔡錦圖編譯（香港：漢語聖經協會，2003）。

23. 關於古代聖經的抄本，參本書 1.5 章。至於較近期的抄本，英國聖經公會以下的目錄可供參考：M. Rosaria Falivene compiled, Alan F. Jesson ed., *Historical Catalogue of the Manuscripts of Bible House Library*（London: British and Foreign Bible Society, 1982）。

24. 關於從古騰堡至十九世紀的聖經印刷版本目錄，參 Henry Stevens, *The Bibles in the Caxton Exhibition MDCCCLXXVIIp; Or, A Bibliographical Description of Nearly One Thousand Representative Bibles in Various Languages Chronologically Arranged from the First Bible Printed by Gutenberg in 1450-1456 to the Last Bible Printed at the Oxford University Press the 30th June 1877*（London: Henry Stevens IV; New York: Scribner Welford & Armstrong, 1878）。

25. 關於英國聖經公會檔案（BFBS Archives）的網上目錄，可查詢：http://janus.lib.cam.ac.uk/。

26. 關於微縮影片目錄（China and Protestant Missions），可以在出版者 IDC Publishers 的網頁下載：http://www.idc.nl/。

27. T. H. Darlow and H. F. Moule, eds., *Historical Catalogue of the Printed Editions of Holy Scripture in the Library of the British and Foreign Bible Society, compiled by T. H. Darlow and H. F. Moule*, 2 vols.（London: Bible House, 1903～1911）. 這是近代最重要的聖經編目，分為兩冊，第一冊是英文聖經，第二冊是其他語言的聖經。本編目後來被擴寫為不同專題的版本目錄，其中涉及英文聖經的較新編目是 Arthur S. Herbert, ed., *Historical Catalogue of Printed Editions of the English Bible, 1521-1961; revised and expanded from the edition of T. H. Darlow and H. F. Moule, 1903*（London: British and Foreign Bible Society, and New York: American Bible Society, 1966），本書除了列出英國聖經公會的藏書外，也收錄了英美其他地方的藏品。

此外，還有大洋洲語言聖經的 D. G. Dance, ed., *Oceanic Scriptures; A Revision of the Oceanic Sections of the Darlow and Moule Historical Catalogue of Printed Bibles, with Additions to 1962*（London: British and Foreign Bible Society, 1963/1964），非洲語言聖經的 Geraldine E. Coldham, ed., *A Bibliogrpahy of Scriptures in African Languages: A Revision of the African Sections of the Darlow and Moule "Historical Catalogue of Printed Editions of the Holy Scripture," with Additions to 1964*（London: British and Foreign Bible Society, 1966），以及印度次大陸語言聖經的 W. J. Bradnock, ed., *Historical Catalogue of Printed Christian Scriptures in the Language of the Indian Subcontinent*（London: British and Foreign Bible Society, 1977）。關於從本書而編的中國語言聖經編目，參註 33。

28. 除了上註的介紹外，William J. Chamberlin, *Catalogue of English Bible Translation: A Classified Bibliography of Versions and Editions Including Books, Parts, and Old and New Testament Apocrypha and Apocryphal Books*（Westport, CT: Greenwood Press, 1991）是迄 1991 年夏天為止，相當完整的英文聖經出版目錄（估計佔所有英文聖經版本的 98%），附有死海古卷、約瑟夫著作、早期教父著作等。

29. 例如 Edmund Bailey O'Callaghan, *A List of Editions of the Holy Scriptures and Parts Thereof Printed in America Previous to 1860*（New York: Albany, 1861; reprinted Detroit, MI: Gale Research Co, 1966）; Margaret Thorndike Hills, ed., *The English Bible in America, A Bibliography of Editions of the Bible and the New Testament Published in America, 1777-1957*（New York: American Bible Society and New York Public Library, 1961）。

30. Eugene A. Nida, rev. ed., *The Book of a Thousand Tongues*（London: United Bible Societies, 1972），本書是下書的增訂版本：Eric M. North, *The Book of a Thousand Tongues; being Some Account of the Translation and Publication of All or Part of the Holy Scripture into More Than a Thousand Languages and Dialects with over 1100 Examples from the Text*（New York: American Bible Society, 1938），後者記述了迄 1937 年底共 1,081 種語言或方言的譯本，主要是美國聖經公會的藏書，其中包括英國聖經公會的 1,031 種語言聖經，美國聖經公會的 773 種語言聖經（參該書，頁 36）。

31. 參聯合聖經公會的網頁報告：http://www.biblesociety.org/。關於全球聖經翻譯的統計，參本書 2.4 章的附表。

32. 例如 Alexander Wylie, *Memorials of Protestant Missionaries to the Chinese: Giving a List of their Publications and Obituary Notes of the Deceased* (Shanghai: Presbyterian Mission Press, 1867) 及他的 *Catalogue of the Chinese Imperial Martime Customs Collection, at the United States International Exhibition, Philadelphia, 1876* (Shanghai, 1876) 。
33. Hubert W. Spillett, *A Catalogue of Scriptures in the Languages of China and the Republic of China* (London: British and Foreign Bible Society, 1975) . 本書是根據註 27 的達洛 (Thomas H. Darlow) 和莫爾 (Horace F. Moule) 的編目而整理的版本記錄，下迄 1973 年。
34. 關於英文聖經的介紹，參本書 2.3 章；關於近代中文聖經的介紹，參 3.6 章。
35. 例如 *The HarperCollins Study Bible*、*The New Annotated Oxford Bible*、*The New Interpreter's Study Bible*，都是較新的研經版本，部分附有次經。
36. 這個構思是源自 *St. John iii, 16: in Some of the Languages and Dialects in which the British & Foreign Bible Society Has Printed or Circulated the Holy Scriptures* (London: British and Foreign Bible Society, 1875) 一書，書中刊載了 134 種語言或方言的約翰福音三章 16 節，其中屬中國語言的有文言、寧波話和廈門話。

第一部　道與言

1.1 聖經是甚麼

1.1.1 聖經是甚麼

聖經是猶太教和基督教的神聖經典，也是歷史上流傳最廣泛的著作。聖經是以基督為中心，把上帝對人類的心意宣講出來。

「聖經」的英語是“Bible”，這字源自希臘文音譯 *biblos*（蒲草紙的一種，拉丁文是 *Biblia*），意思是「書」（books）。近代的英語著作較多稱「聖經」為“Scripture”或“Holy Scripture”，但這名稱也可以用來指稱其他宗教典籍。某些早期的中文譯本有稱聖經為「神天聖書」，以強調聖經的神聖地位。

聖經是分別由約四十位作者，以希伯來文（Hebrew）和希臘文（還有少量亞蘭文〔Aramaic〕），配以多種不同的文學體裁所撰寫，全書合共六十六卷，以不同背景的人物作內容。聖經大概是在公元前四世紀至一世紀之間成書。不過，它的寫作時間應較此更早，最早的典籍可以追溯至公元前十四世紀，故此估計聖經彙集成書的時間超過千年。然而必須要注意的是，聖經即使由多人撰寫，歷經千載才成書，但它的中心信息仍然一致清晰——宣告上帝對人的旨意。

基督教聖經分為兩部分，分別是由「舊約」(Old Testament)內的三十九卷(猶太教聖經的卷數計算和編排的方式與此不同，內容卻是一樣的)，及「新約」(New Testament)內的二十七卷組成。英文"testament"一字源自拉丁文 *testamentum*。在二世紀末至三世紀初之間，特土良(Tertullian)首次用拉丁文 *testamentum*(以這個字來翻譯希臘文「約」的音譯 *diathēkē*)指稱新約聖經。四世紀的聖經翻譯者耶柔米(Jerome，拉丁文名稱是 Eusebius Hieronymus)在拉丁文聖經《武加大譯本》(*Vulgate*)中，也是用這個字來翻譯希伯來文「約」(音譯是 *bᵉrît*)。基督教教會後來以這字描述聖經新舊兩約的部分，顯示聖經是關乎人與上帝之間的約。一些早期的中文聖經譯本把這字譯作「遺詔」("testament"在英文的一個含義)，不是完全達意，因為這字的希臘文含有盟約的意思，代表上帝與人之間因著恩典而建立的關係，所以選用「約」字更為合適。

基督教教會採用了「約」這字來描述聖經的中心信息。以新、舊兩約為代表，顯示聖經是關乎人與上帝之間的約。約是上帝與人關係的中心，也是聖經的主題。在舊約中主要的約，包括上帝與亞當的約(創一章)、上帝與挪亞的約(創八章)、上帝與亞伯拉罕的約(創十五章)、西奈山上上帝與以色列人的約(出十九～二十四章)、大衞的約(撒下七章；代上十七章)等。到了較為後期的耶利米書記載，上帝與以色列人立下新約，祂要作他們的上帝，他們要作上帝的子民(耶三十一 31～34)。上帝並不是要廢除舊約，而是要與祂的子民建立永恆的盟約。

在新約中，耶穌在最後晚餐時，指出祂用血立了新約(路二十二 20)，以致上帝的約可以適用於所有信靠和跟隨耶穌的人。耶穌是舊約應許的應驗，把兩約之間的關係統一起來。

新約承載了約的意義，顯示出聖經擁有神聖的地位，而其中有兩段經文，把聖經的屬靈意義清楚點題：

> 聖經都是上帝所默示的，於教訓、督責、使人歸正、教導人學義都是有益的，叫屬上帝的人得以完全，預備行各樣的善事。（提後三 16～17，《和合本修訂版》）

> 第一要緊的，你們要知道，經上所有的預言是不可隨私意解釋的，因為預言從來沒有出於人意的，而是人被聖靈感動說出上帝的話來。（彼後一 20～21，《和合本修訂版》）

提摩太後書指出，聖經是由上帝所默示的。「默示」（希臘文音譯是 *theopneustos*）一字原意是上帝的「呼出」，意指聖經是上帝將祂的心意呼進撰寫聖經的人裏面，再從他們的手表達出來。聖經的每位作者都是由上帝的靈感所默示，使所寫的內容超乎個人所思所想，從而彰顯上帝的心意。

彼得後書指出，即使聖經可能有些地方較難明白，也不可以忽略，反而要慎思明辨，不應隨意解說。由於啟示並不是出於人意的，乃是人被聖靈感動，說出上帝的話來。故此，聖經的話語具有獨特的權威，不是世間任何著作或講述所能並列或取代的。

聖經有助人認識上帝和祂的心意，使人明白是非，遵行上帝的正道。聖經是信仰和行為的最高準則，也是認識上帝的途徑，更是人生的標竿，藉此能追求並行出各樣的善事。羅馬天主教會、正教會和新教教會，以及擁有相同信仰傳統的教派，儘管在某些傳統和信念上有差異，但卻是共同認信以聖經的新舊兩約為基礎和準則，以此決定他們的信仰和教義。

1.1.2 正典的概念

基督教以「正典」(canon，希臘文的原意是木匠量度用的棒或竿)一字，代表他們承認聖經是神聖的典籍，為教會所公認之信仰與行為的標準。對於基督徒來說，聖經具有神聖的地位，是他們的信仰和行為的基本準則，沒有任何東西可以取代。

基督徒認為，聖經的正典地位源於聖經是上帝的「啟示」(revelation)。「啟示」的意思是揭開或顯露，聖經以這個字描述上帝向人類揭示祂的心意。在基督教神學的理解上，啟示有兩類，一是「自然啟示」(natural revelation)或「普通啟示」(general revelation)，另一是「特殊啟示」(special revelation)。

自然啟示是我們藉著受造的萬物看到上帝的揭示(羅一20)，通過萬物，我們知道有一位上帝存在，祂掌管宇宙，規範秩序，看顧我們。不過，自然啟示有其限制，就是不能讓我們知道救恩的計劃，對於上帝也不能有圓滿的認知。故此，上帝賜下特殊啟示，藉著先知、聖經，甚至異象和夢境(民十二6～8)，啟示祂的心意。至終藉著耶穌基督的道成肉身，啟示認識上帝之道(太十一27；路十22)，讓我們領受福音(林前十五1～4)，得著永恆的救恩。

基督教和猶太教都認為，聖經具有啟示的獨特地位。早期基督徒所用的聖經是舊約，故此當新約書卷提到「聖經」的時候，是指舊約而言的(惟一可能的例外，是在彼得後書三章16節所提的「別的經書」)。新約在撰寫完成之後，經過數世紀的察驗，最終被確認為神聖典籍。

舊約聖經始自創世的記述，下迄公元前五世紀猶太人散居於波斯帝國境內的事迹，記載上帝與猶太子民之間在邦國興亡之際的關係。猶太人接納這些書卷為神聖的典籍，主要是因為這些書卷是上帝的默示。至少在公元前六至公元前五世紀間，即以斯拉時期或撒瑪利亞人從以色列分裂出來之時，摩西五經就已經被確認為猶太人的神聖典籍（撒瑪利亞人只接受五經為正典）。雖然難以確定其他書卷被接納為聖經的時期，但大約在公元前 200 年間，舊約聖經已被認定為權威的作品。

那些在公元前六世紀被擄於巴比倫後歸回和散居各地的猶太人後裔，構成了猶太教的宗教信仰。猶太教尊崇基督教聖經的舊約，稱這部分為《塔納赫》（*Tanakh*，嚴格的寫法是 *TaNaKh* 或 *TaNaK*）。「塔納赫」這字是由律法書（*Torah*）、先知書（*Nebi'im* 或 *Nebiim*）和聖卷（*Ketuvim*）三個希伯來名稱的主要字母拼合而成的，代表了猶太教聖經，近代非猶太教的學者則大多稱這部分為《希伯來聖經》（Hebrew Bible）。

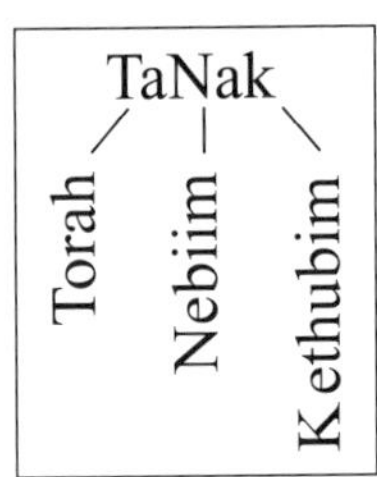

《塔納赫》名稱的組合方式

猶太教清楚表明，《塔納赫》擁有神聖的地位。在一世紀建立的基督教，也完全確認舊約的正典地位，接納舊約的權威。不過，在另一方面，他們也認為當代教會的某些典籍，同樣具有神聖的權威，他們稱這些典籍為「新約」。基督教所接納的新約共有二十七卷經卷，描述由耶穌基督所成就的救恩，以及其子民所建立的教會。這些經卷包括敘事、書信、天啟文學等形式，寫作時間在一世紀。

新約教會在決定新約的某一卷書是否屬於正典時，會考慮以下三個條件：

（1）本書是否擁有使徒性（apostolicity）或使徒權威（apostolic authority），即它們必須是由使徒親自撰寫的、或使徒是所撰內容的見證者，或是由使徒的同工所撰寫的。雖然新約的作者不一定是十二使徒中的其中一位（只有馬太福音、約翰福音和約翰書信、啟示錄以及彼得書信適用），這些書卷卻是在使徒時代成書的，而且它們的作者都是與被認為是使徒的人（包括保羅），或是與使徒相熟（例如路加），或與耶穌有親密的關係（例如雅各書和猶大書是由耶穌的弟弟所撰寫的）。

（2）這些書卷是否正統性（orthodoxy），即符合所謂「信仰的規條」（rule of faith）。換言之，這些書卷是與基督教的基本傳統相符的，被教會承認為基準。基督徒相信，新約書卷所提供的神學和倫理是連貫的整體，擁有一致的正統性。雖然在新約作品之間可能存在差異之處，不過彼此沒有真正的矛盾。

（3）這些書卷是否擁有大公性（catholicity，"Catholic"一字源自希臘文音譯 *katholikos*），意即具有普世性。早期教會的領袖（被稱為「教父」，意謂他們如同教會的父親一般，引申指對早期教會的教義和神學有深遠影響的人）認為，教會是普世的團體，承認同一信仰，奉行同一洗禮，負有同一使命，並尊崇同一元首。故此，聖經的書卷必須被教會（至少大部分教會）繼續接納和使用。這些被歸入聖經正典的書卷，都被證明是對教會和信眾有益的。

基督教對聖經的編排方式是把舊約分為三十九卷及新約分為二十七卷，但不同教派對聖經經卷的排列和計算，都不盡相同。猶太教的聖經只有基督教聖經的舊約部分，一般是二十四卷（或由於編排方式的不同而有算作二十二卷，但內容是一樣的），與基督教聖經的編排次序和組合方式不同。羅馬天主教會與正教會還包括了某些被新教教會稱為「次經」（apocrypha）的舊約經卷，故此天主教的舊約共有四十六卷，而正教會的舊約更有五十卷。在新約時代的猶太人所通用的希臘文《七十士譯本》(Septuagint)，就比《希伯來聖經》多了某些次經書卷。不過，猶太教和新教的教會都不承認這些次經是有正典的權威和地位。

由於聖經作品是作為統一的單元出現，故此在聖經中雖然包括了許多部分，這些書卷甚至被耶柔米稱為「神學的圖書館」(bibliotheca divina)，「聖經」一字仍然是單數的，意示它的獨一性和整體性。

1.1.3 新約正典的形成

隨著基督教教會的發展，除了舊約聖經外，使徒的見證、口述的遺訓和著作，漸被輯成為新約，成為基督教信仰的奠基。這不是一蹴而就的，而是經歷了漫長的數世紀。由於初期教會的文獻沒有記載新約正典形成的經過，後代學者只能從零散的史料中發掘整理，這些史料包括早期基督徒作者所徵引的文獻、初期教父對新約書信的討論，以及不同地區教會會議對正典問題的決議。

早期的基督徒認為，耶穌是《希伯來聖經》的應驗和權威的解釋者，認為論述耶穌的事迹和福音的宣講是十分重要的。他們把耶穌的事迹和信息記載下來，視之為與舊約書卷有同等地位的權威。

在早期教父的書信和講章中，引用了不少新約的經文，這顯示他們對新約內容的重視。在二世紀之前，已有視福音書、使徒行傳、書信和啟示錄是聖經的信念出現。相對之下，使徒教父(Apostolic Fathers，指一至二世紀間緊隨使徒時代之後的基督徒作家)的書信雖然為信徒生活提供不同層面的指導，被早期教會認為有相當價值，但他們的作品始終沒有得到與新約作品同等崇高的地位。

正式公開討論聖經正典，是在二世紀中葉，由異端馬吉安（Marcion）事件引發的。馬吉安是羅馬的異端領袖，他斷然否定舊約的權威，並且認為舊約所描述的上帝（耶和華）是極度嚴苛、沒有人情味，近乎殘暴不仁的。他只能接受部分的新約，包括刪去部分章節的路加福音，以及十封保羅書信：加拉太書、哥林多前後書、羅馬書、帖撒羅尼迦前後書、以弗所書（他稱為老底嘉書）、歌羅西書、腓立比書和腓利門書。因為他認為只有餘下的這些書卷才能反映良善和憐憫的上帝。馬吉安相信，耶穌與舊約的上帝是互相對立的。在基督教著作中，任何帶有猶太教成分的內容，都要加以刪除。

在異端出現的同時，諾斯底主義（Gnosticism，或譯「靈智主義」）作品的湧現，亦引致基督教教會必須儘早清晰地確立信仰的基礎。「諾斯底」是希臘文 *gnosis* 的音譯，意為「奧祕的知識」。這是一個複雜的二元論（dualism）宗教運動，源於希羅時期的哲學思想，在二世紀以後，混雜於猶太教和基督教的思想中。諾斯底主義認為，聖潔的神斷不會創造出充滿腐敗的物質世界，那麼至高的神就不是創造這個物質宇宙的神。人類的無知使他們無法追求至高的神，因此，這位神便派遣救贖者來拯救，將奧祕的知識傳遞給追求的人，但這種知識並非每個人都可以擁有，只有那些被至高神揀選的人才能獲得。1945 年，在埃及南部鄰近古代基諾波斯基安（Chenoboskion）的一個小鎮拿．戈瑪第（Nag Hammadi）的一個洞穴裏，發現了十三卷用埃及科普替文（Coptic）寫成的古代蒲草紙抄本，其中包括五十三份文獻，一般稱這批文獻為《拿．戈瑪第文庫》（*Nag Hammadi library*）。這些文獻的內容都是與諾斯底派密切相關的，顯示滲有諾斯底思想的作品在當時大量湧現，嚴重扭曲了基督教的思想。

由於從二至四世紀初，基督徒所遭受的逼迫也日益嚴重，在外憂內患之下，基督徒急切要確定，甚麼是他們需要捨命維護的神聖典籍。教會愈來愈感到有必要編訂正典，以作基督徒的信仰生活準則。

使徒教父在相當早期已經提到他們經常引用的新約作品，例如革利免（Clement）約在 97 年撰寫了一封書信給哥林多教會，就引用了以下的新約書卷：路加福音、使徒行傳、羅馬書、哥林多前書、以弗所書、提多書、彼得前後書、希伯來書和雅各書。其他約略同期的使徒教父伊格那丢（Ignatius）、坡旅甲（Polycarp）和帕皮亞（Papias）也引用了大部分的新約（除了約翰二、三書），其中伊格那丢和坡旅甲都是使徒約翰的門徒。二世紀初的希拉波立（Hierapolis）主教帕皮亞（Papias）曾收集重要的使徒口述傳統，有關討論基督的生平和教訓的資料。不過，他的著作已經失佚，現今只能從愛任紐（Irenaeus）及該撒利亞的優西比烏（Eusebius of Ceasarea）後來的著作中得見此書的部分內容。優西比烏是四世紀初的歷史學者，他的著作引述了帕皮亞在約 140 年所撰寫的一份作品，提供了撰寫福音書的歷史線索。二世紀的羅馬基督徒護教士殉道者游斯丁（Justin Martyr）也引用了十三卷新約書卷：馬太福音、馬可福音、路加福音、約翰福音、使徒行傳、羅馬書、哥林多前書、加拉太書、帖撒羅尼迦後書、希伯來書、彼得前後書，以及啟示錄。

大約由 150 年開始，早期基督徒便開始提出若干書卷是聖經的一部分。現存最早的一份初期教會新約正典書目表，是約二世紀的《穆拉多利經目》（*Muratorian Canon*）。這份經目是由十八世紀意大利的穆拉多利（Lodovico Antonio Muratori）在米蘭的安波羅修圖書館（Ambrosian Library in Milan）內發現的，整理後於 1740 年出版。《穆拉多利經目》文本共八十五行，以頗為粗糙的拉丁文撰寫，不少學者認為，原來的文本可能是以希臘文寫成的。在這份經目中，包括福音書四卷、使徒行傳、保羅的十三卷書信、約翰書信兩卷、猶大書和啟示錄。在經目中也提及有人對《所羅門智訓》（*Wisdom of Solomon*），以及在羅馬有人誦讀的《彼得啟示錄》（*Apocalypse of Peter*）表示質疑。大約在同時期，里昂主教愛任紐亦承認了一份類似的書目，不過這份書目內多了彼得前書。

在三世紀初，早期希臘教父和神學家俄利根（Origen）對於新約書卷的目錄內容，看法與《穆拉多利經目》大致一樣，只是再加上六卷可能有爭議的經卷，包括：希伯來書、雅各書、彼得後書、約翰二書、約翰三書和猶大書。當時教父對新約書卷的接納並不是一致的，例如優西比烏接納希伯來書，但不接納啟示錄，而俄利根則懷疑希伯來書是否保羅的作品。在 363 年的老底嘉會議中，確認只有新約正典的書卷才可以在崇拜中宣讀。到了 367 年，亞歷山太主教和神學家亞他那修（Athanasius）在一封復活節書函中，毫不猶豫地接納新約的二十七卷，是已知最早提出這看法的基督徒作家。他的觀點在隨後的希坡會議（Council of Hippo，393 年）和迦太基會議（Council of Carthage，397 年）中得到確認。在東方教會中，某些地區的正典數目仍然是有差別的，例如敍利亞教會的正典書卷較少，而埃塞俄比亞教會的正典書卷較多，不過一般都以西方教會確認的二十七卷為新約正典標準。

從那時候開始，關於新約正典的範圍，就只有細微的爭論，而聖經的流傳也進入另一個時代。

建議閱讀書目

Barr, James. *The Scope and Authority of the Bible*. New edition. London: SCM Press, 2002. 本書是 1980 年著作的再版，對於聖經的範圍和權威作出深切的剖析。

Hahneman, Geoffrey M. *The Muratorian Fragment and the Development of the Canon*. Oxford Theological Monographs; Oxford: Clarendon, 1992. 本書對《穆拉多利經目》與正典的發展有詳盡的討論。

Lightfoot, Neil R. *How We Got the Bible*. 3rd edition. Grand Rapids, MI: Baker Books, 2003. 關於聖經的來源和流傳的入門作品，深入淺出地介紹。

McDonald, Lee M. *The Formation of Christian Biblical Canon: Revised and Expanded Edition*. Peabody, MA.: Hendrickson Publishers, 1995. 本書是 1988 年版的再版，詳述基督教聖經的形成，書末的附錄尤其值得參考。

Rogerson, John, ed. *The Oxford Illustrated History of the Bible*. Oxford: Oxford University Press, 2001. 除了聖經成書和翻譯的歷史外，本書介紹聖經的研究和使用，以及當代對聖經的解釋方式，包括婦女釋經、不同地區的解放神學等。

Wegner, Paul D. *The Journey from Texts to Translations: The Origin and Development of the Bible*. Grand Rapids, MI: Baker Academic, 1999. 本書詳盡介紹聖經形成和傳遞的過程，附上大量圖片和圖表。

von Campenhausen, Hans. *The Formation of the Christian Bible*. Translated. by J. A. Baker. Mifflintown, PA: Sigler Press, 1997. 本書是 1968 年德文著作 *Die Entstehung der christlichen Bibel* 的翻譯和新版，對基督教聖經的形成有詳盡的討論。

1.2 舊約正典

1.2.1 基督教的編排方式

猶太人相信，《希伯來聖經》保存了上帝的信息，並擁有神聖的權威，也是信仰和行為的標準。基督教與猶太教一樣，承認《希伯來聖經》(即舊約三十九卷)的神聖權威，是聖經正典。這些經卷原本是分開在不同時間和地方撰寫和保存的，其中某些經卷在早期被放置在約櫃(申三十一25～26)。到了大約公元前400年，被擄後的先知撰寫了最後期的先知書，之後約在公元前四或公元前三世紀，舊約正典就完成了。

猶太教《律法之書》(*Sefer Torah*)是指摩西五經的抄本，通常把希伯來文經文抄錄在羊皮紙或犢皮紙上，放在會堂的藏經櫃內，供宗教禮儀誦讀之用。

基督教舊約現行的編排方式是源自希臘文《七十士譯本》和拉丁文《武加大譯本》，但難以確定這種編排方式是在何時及如何組成。以此編排方式，基督教舊約的經卷可以分為四類：

(1) 五經(Pentateuch)：舊約的首五卷書，由創世記、出埃及記、利未記、民數記和申命記組成，這部分也可以稱為「律法書」(Law)。「五經」一詞是源自希臘文 *pentateuchos*，希伯來文稱為 *Humash*(五部)。傳統認為，這五卷經書是由摩西撰寫的，故此一般稱它為「摩西五經」。

(2) 歷史書(Historical Books)：由約書亞記至以斯帖記，合共十二卷，是以歷史敘述文體撰寫的書卷，敘述從公元前十四世紀至公元前五世紀之間猶太人的歷史。

(3) 詩歌智慧書(Poetic and Wisdom Literature)：由約伯記至雅歌，合共五卷，主要由希伯來詩歌和智慧文學組成，包括兩卷詩體作品(詩篇、雅歌)、三卷具「智慧」特色的書卷(約伯記、箴言、傳道書)，而部分詩篇(例如詩一、三十七、四十九、七十三篇)也屬於智慧文學。

(4) 先知書(Prophets)：由以賽亞書至瑪拉基書，合共十七卷。其中以賽亞書、耶利米書和以西結書被稱為「大先知書」(Major Prophets)，由於但以理書和耶利米哀歌的撰寫方式與這三卷不同，在猶太教聖經中是放在不同的位置，不過在基督教傳統中也被歸類為大先知書。跟著的十二卷稱為「小先知書」(Minor Prophets)，包括由何西亞書至瑪拉基書。「大」和「小」主要是指經卷長度，並且包括了廣泛的主題，而不是它的內容或重要性。

舊約經卷的組成

五經（五卷）	歷史書（十二卷）	詩歌智慧書（五卷）	先知書（十七卷）	
創世記	約書亞記	約伯記	**大先知書**	**小先知書**
出埃及記	士師記	詩篇	以賽亞書	何西亞書
利未記	路得記	箴言	耶利米書	約珥書
民數記	撒母耳記上	傳道書	耶利米哀歌	阿摩司書
申命記	撒母耳記下	雅歌	以西結書	俄巴底亞書
	列王紀上		但以理書	約拿書
	列王紀下			彌迦書
	歷代志上			那鴻書
	歷代志下			哈巴谷書
	以斯拉記			西番雅書
	尼希米記			哈該書
	以斯帖記			撒迦利亞書
				瑪拉基書

1.2.2　猶太教的編排方式

猶太教《希伯來聖經》與上述的內容一樣，但它的分類方式和排列次序，與基督教的傳統不同。猶太人把《希伯來聖經》分為三個類別（一般認為，這區分方式是始於以斯拉和尼希米時期，不過這說法難免含推測的成分），包括：

(1) 律法書（the Law）：由摩西五經組成。這部分的猶太名稱是「妥拉」（*Torah*），含有「教導」或「訓示」的意思。在廣義上，「妥拉」也可以指整部舊約聖經，甚至延伸至指所有猶太宗教作品。

保存猶太教《妥拉》經書的聖櫃（*Aron Ha-kodesh*）。

（2）先知書（the Prophets）：這部分的猶太名稱是「尼比音」（*Nebi'im*）。先知書由四卷前先知書（the Former Prophets，依次是約書亞記、士師記、撒母耳記、列王紀），以及四卷後先知書（the Latter Prophets，依次是以賽亞書、耶利米書、以西結書、小先知書，其中小先知書由十二卷組成一卷）組成。猶太人把基督教視為歷史書的書卷，包括在「先知書」的系列中，因為他們是從較廣義的角度看待先知，視其為道德律法的認可教師。

（3）聖卷（the 'Writings'）：這部分的猶太名稱是「紀土賓」（*Ketuvim* 或 *Kethubim*，希臘文另稱 *Hagiographa*），指律法書與先知書以外的書卷。聖卷計有《希伯來聖經》餘下的十一卷書，包括詩篇、約伯記、箴言，跟著是在猶太會堂某些節期中頌讀的五小卷（the five Megilloth），分別為雅歌（逾越節的安息日）、路得記（五旬節）、耶利米哀歌（阿布月初九〔Tisha be-Av〕，這是猶太人紀念歷史上悲慘事件的日子）、傳道書（住棚節的安息日）和以斯帖記（普珥日），然後是但以理書、以斯拉記和尼希米記（兩書合為一卷），最後一卷是歷代志，它重述了大衞王的統治和猶大國的歷史，直至猶大亡國，書中最後提到波斯王古列詔令重建聖殿，以有盼望的未來為結語。

以上的編排次序，有時是按時序排列的，有時是按主題排列的，不過實際的次序是有差異的，尤其是在後先知書和聖卷中。總括而言，《希伯來聖經》合共二十四卷，不過有時會把士師記和路得記併合，以及把耶利米書和耶利米哀歌併合，組成二十二卷。現代的《希伯來聖經》一般是分作三十六卷排列的，主要是把十二小先知書分列，其中保存了律法書、先知書和聖卷的次序，但在後兩類書卷的排序上，作了一些更改。不論如何計算，它的數量都是與基督教聖經的舊約一致。

《希伯來聖經》的組成

律法書(五卷)	先知書(八卷)	聖卷(十一卷)
創世記 出埃及記 利未記 民數記 申命記	**前先知書** 約書亞記 士師記 撒母耳記 列王紀	**詩歌書** 詩篇 約伯記 箴言
	後先知書 以賽亞書 耶利米書 以西結書 十二小先知書	**五小卷** 路得記(五旬節頌讀) 雅歌(逾越節的安息日頌讀) 傳道書(住棚節的安息日頌讀) 耶利米哀歌(阿布月初九頌讀) 以斯帖記(普珥日頌讀)
		歷史書 但以理書 以斯拉記/尼希米記 歷代志

1.2.3 舊約範圍的確定

到了新約時代,猶太人基本上已經同意《希伯來聖經》的正典範圍,認同律法書和先知書都是聖經,但對於聖卷的組成則似乎較不確定。路加福音提過一種類似的希伯來正典三分法(路二十四44:「摩西的律法、先知的書和詩篇」),一世紀時,有猶太作者斐羅(Philo)持有同樣的看法。猶太智慧文學的次經作品「傳道經」(Ecclesiasticus)於公元前二世紀中葉前成書,書中的希臘文序言就已提到「律法、先知書及先賢的其他書卷」。可見在公元前二世紀中葉以前,正典已被確立,不過對於書卷的排列次序似乎較不確定,這情況一直至一世紀末。

在基督教時代之前,希伯來聖經已經被猶太人翻譯成為希臘文,其中也翻譯了某些後來被拒絕為正典的書卷。猶太人所翻譯的希臘文譯本，一般稱為《七十士譯本》，它也是一世紀時的基督徒主要閱讀的聖經版本。英文和中文聖經現今的舊約書卷次序，便是根據這部希臘文譯本，其中先知書和聖卷的書卷相互交疊。

近代許多學者辯稱，現今新教所接納的舊約正典書目範圍，實際上要到大約 90 年（或更遲）在雅麥尼亞（Jamnia）舉行的猶太會議後才確立。傳説猶太拉比在雅麥尼亞舉行的會議中，才確定猶太教正典的範圍。因此，有學者認為在新約成書之前，猶太教內部仍未對舊約正典有確切的定論。雖然這種看法在學術界相當流行，但它只是推論，並不是定論。基督徒仍然可以相信，舊約在寫成最後一卷之後，已經被確定神聖典籍的範圍，即使其構成的方式需要經過一段時間的組合。

猶太人和基督徒在早期已經對舊約整體顯出相當的尊重，而對猶太教聖經的尊重，也成為基督徒對待舊約的態度基礎。猶太教的許多條例，雖然被基督教的啟示所取代，但舊約作為一個整體，仍然具有啟示的權威，而它的信息是由新約所完成的，兩者組合成為上帝啟示的單一記錄。這個觀點被正統教會所接納，只有少數異端挑戰這立場。

猶太教及基督教各派的舊約聖經經卷

猶太教塔納赫	基督教舊約	天主教舊約	東正教舊約
• 妥拉（Torah）	1. 創世記（Genesis）	1. 創世紀（Genesis）	1. 起源之書（Genesis）
1. 創世記（Genesis）	2. 出埃及記（Exodus）	2. 出谷紀（Exodus）	2. 出離之書（Exodus）
2. 出埃及記（Exodus）	3. 利未記（Leviticus）	3. 肋未紀（Levitcus）	3. 勒維人之書（Leviticus）
3. 利未記（Leviticus）	4. 民數記（Numbers）	4. 戶籍紀（Numbers）	4. 民數之書（Numbers）
4. 民數記（Numbers）	5. 申命記（Deuteronomy）	5. 申命紀（Deuteronomy）	5. 第二法典之書（Deuteronomy）
5. 申命記（Deuteronomy）	6. 約書亞記（Joshua）	6. 若蘇厄書（Joshua）	6. 納維之子伊穌斯傳

猶太教塔納赫	基督教舊約	天主教舊約	東正教舊約
• **先知書**（Nebi'im）	7. 士師記（Judges）	7. 民長紀（Judges）	（Joshua）
6. 約書亞記（Joshua）	8. 路得記（Ruth）	8. 盧德紀（Ruth）	7. 眾審判者傳（Judges）
7. 士師記（Judges）	9. 撒母耳記上、下	9-10. 撒慕爾紀上、下	8. 如特傳（Ruth）
8. 撒母耳記（Samuel）	（Samuel-1,2）	（1, 2 Samuel）	9-10. 眾王傳一、二（1,
9. 列王紀（Kings）	10-11. 列王紀上、下	11-12. 列王紀上、下（1,	2 Samuel）
10. 以賽亞書（Isaiah）	（Kings-1,2）	2 Kings）	11-12. 眾王傳三、四
11. 耶利米書（Jeremiah）	12-13. 歷代志上、下	13-14. 編年紀上、下（1,	（1,2 Kings）
12. 以西結書（Ezekiel）	（Chronicles-1,2）	2 Chronicles）	13-14. 史書補遺一、二
13. 小先知書（Minor	15. 以斯拉記（Ezra）	15. 厄斯德拉上（Ezra）	（1,2 Chronicles）
Prophets）	16. 尼希米記（Nehemiah）	16. 厄斯德拉下	15. 瑪拿西禱言（Prayer
（1）何西阿書（Hosea）	17. 以斯帖記（Esther）	（Nehemiah）	of Manasseh）
（2）約珥書（Joel）	18. 約伯記（Job）	17. 多俾亞傳（Tobit）	16. 艾斯德拉紀一、二
（3）阿摩司書（Amos）	19. 詩篇（Psalms）	18. 友弟德傳（Judith）	（Ezra）
（4）俄巴底亞書	20. 箴言（Proverbs）	19. 艾斯德爾傳（Esther）	17. 奈俄彌亞紀
（Obadiah）	21. 傳道書（Ecclesiastes）	20-21. 瑪加伯上、下（1,	（Nehemiah）
（5）約拿書（Jonah）	22. 雅歌（Song of	2 Maccabees）	18. 托維特傳（Tobit）
（6）彌迦書（Micah）	Solomon）	22. 約伯傳（Job）	19. 虞狄特傳（Judith）
（7）那鴻書（Nahum）	23. 以賽亞書（Isaiah）	23. 聖詠集（Psalms）	20. 艾斯提爾傳（Esther）
（8）哈巴谷書	24. 耶利米書（Jeremiah）	24. 箴言（Proverbs）	21-22. 瑪喀維傳一、二
（Habakkuk）	25. 耶利米哀歌	25. 訓道篇（Ecclesiastes）	（1, 2 Maccabees）
（9）西番雅書	（Lamentations）	26. 雅歌（Song of Songs）	23. 瑪喀維傳三（3.
（Zephaniah）	26. 以西結書（Ezekiel）	27. 智慧篇（Wisdom）	Maccabees）
（10）哈該書（Haggai）	27. 但以理書（Daniel）	28. 德訓篇	24. 聖詠集 151 篇
（11）撒迦利亞書	28. 何西阿書（Hosea）	（Ecclesiasticus）	（Psalms of Solomon）
（Zechariah）	29. 約珥書（Joel）	29. 依撒意亞（Isaiah）	25. 約弗傳（Job）
（12）瑪拉基書（Malachi）	30. 阿摩司書（Amos）	30. 耶肋米亞（Jeremiah）	26. 索洛蒙箴言
• **聖卷**（Ketuvim）	31. 俄巴底亞書	31. 耶肋米亞哀歌	（Proverbs）
14. 詩篇（Psalms）	（Obadiah）	（Lamentations）	27. 訓道篇（Ecclesiastes）
15. 箴言（Proverbs）	32. 約拿書（Jonah）	32. 巴路克（Baruth）	28. 歌中之歌（Song of
16. 約伯記（Job）	33. 彌迦書（Micah）	33. 厄則克爾（Ezekiel）	Songs）
17. 雅歌（Song of Songs）	34. 那鴻書（Nahum）	34. 達尼爾（Daniel）	29. 索洛蒙的智慧
18. 路得記（Ruth）	35. 哈巴谷書（Habakkuk）	35. 歐瑟亞（Hosea）	書（Wisdom of
19. 耶利米哀歌	36. 西番雅書	36. 岳厄爾（Joel）	Solomon）
（Lamentations）	（Zephaniah）	37. 亞毛斯（Amos）	30. 希拉赫的智慧書

猶太教塔納赫	基督教舊約	天主教舊約	東正教舊約
20. 傳道書（Ecclesiastes） 21. 以斯帖記（Esther） 22. 但以理書（Daniel） 23. 以斯拉記/尼希米記（Ezra-Nehemiah） 24. 歷代志（Chronicles）	37. 哈該書（Haggai） 38. 撒迦利亞書（Zechariah） 39. 瑪拉基書（Malachi）	38. 亞北底亞（Obadiah） 39. 約納（Jonah） 40. 米該亞（Micah） 41. 納鴻（Nahum） 42. 哈巴谷（Habakkuk） 43. 索福尼亞（Zephaniah） 44. 哈蓋（Haggai） 45. 匝加利亞（Zechariah） 46. 瑪拉基亞（Malachi）	（Ecclesiasticus） 31. 奧西埃書（Hosea） 32. 阿摩斯書（Amos） 33. 彌亥亞書（Micah） 34. 約伊爾書（Joel） 35. 奧弗狄亞書（Obadiah） 36. 約納書（Jonah） 37. 納翁書（Nahum） 38. 盎瓦庫穆書（Habakkuk） 39. 索佛尼亞書（Zephaniah） 40. 盎蓋書（Haggai） 41. 匝哈裡亞書（Zechariah） 42. 瑪拉希亞書（Malachi） 43. 伊撒依亞書（Isaiah） 44. 耶熱彌亞書（Jeremiah） 45. 瓦如赫書（Baruth） 46. 耶熱彌亞之哀歌（Lamentations） 47. 耶熱彌亞之書信（Epistle of Jeremiah） 48. 耶則基伊爾書（Ezekiel） 49. 達尼伊爾書（Daniel） 50. 瑪喀維傳四（4 Maccabees）

建議閱讀書目

Beckwith, R. *The Old Testament Canon of the New Testament Church*. Grand Rapids, MI: Eerdmans, 1985. 本書詳述新約教會對舊約正典的理解。

Chapman, S. B. *The Law and the Prophets: A Study in Old Testament Canon Formation*. Tübingen: Mohr, 2000. 近期對於舊約正典形成研究的完整縱覽。

蔡爾茲（Breward S. Childs）：《舊約神學：從基督教正典說起》。梁望惠譯。台北：永望文化事業有限公司，1999。

Ellis, E. E. *The Old Testament in Early Christianity: Canon and Interpretation in the Light of Modern Research*. Tübingen: Mohr, 1991; Grand Rapids, MI: Baker, 1992. 對於早期基督教如何理解舊約的近代學術著作。

Rüger, H. P. "The Extent of the Old Testament Canon." *Bible Translator* 40（1989）: 301～308，列出了羅馬天主教和東正教不同教派的舊約正典書目。中文資料可參盧龍光等編：《基督教聖經與神學詞典》。香港：漢語聖經協會，2003，頁571～574。

鮑維均、黃錫木、羅慶才、張略、岑紹麟：《聖經正典與經外文獻導論》。香港：基道及漢語聖經協會，2001。

1.3 新約正典

1.3.1 新約的內容

傳統認為，新約的作品大約在45年至95年間撰寫。到了二世紀初，不少早期教會領袖已承認某些新約書卷，尤其是對擁有使徒傳統的著作，具備與猶太教經典相同的權威與靈感。

在編排次序上，新約是結合了時序和主題的考慮，加上篇幅長短等因素。正如舊約般，新約書卷的早期分類方式是有不同的次序，不過福音書、保羅書信和普通書信往往是分別歸類的，儘管它們在早期有不同的排列變化。

新約聖經的首四卷是「福音書」(Gospels)，包括馬太福音、馬可福音、路加福音和約翰福音。「福音」一字源自希臘文 *euangelion*（好消息），聖經作者以這個字指出這是上帝賜給人類的好消息，包括耶穌宣講的天國福音（太四23），以及耶穌從死裏復活，藉著大能顯明自己是上帝的兒子，為人類成就救恩的好消息（羅一2～5）。據福音書描述，基督教的根源是始於耶穌的。早期教會一直流傳這幾卷福音書，但直至在迦太基舉行的大公會議（the Council of Carthage，397 年）上，才正式被教會確立為正典。

由於馬太、馬可、路加三卷福音書在內容與結構上有不少相似的地方，學者稱這三卷福音書為「符類福音」或「對觀福音」（Synoptic Gospels，“Synpotic”一字源自希臘文 *synopsis*）。這三卷福音書內有很多類似的經文，也有不同的內容和編排，所以對三卷福音書的文學關係的研究，被稱為「符類福音問題」（Synoptic problem）。（參下節）

約翰福音的內容及編排方式，與符類福音相當不同，它的成書日期也是最後。早期教會傳統認為，約翰福音的作者是雅各的兄弟約翰，也就是書中暗示的「耶穌所愛的門徒」（約二十一 20 ～ 24，參十三 23 ～ 25）。約翰福音估計撰於一世紀末，對象是不諳希伯來文、不熟悉猶太風俗的猶太人及外邦人。本書以系統的方式處理耶穌的生平事迹，記載了耶穌較長篇幅的講話，以及八個耶穌所行的神蹟及其意義，其中部分記載並沒有見於最古老的抄本。

使徒行傳是路加福音的續篇，傳統認為這兩卷書均是由路加醫生所撰的，約於一世紀中葉以後成書。不過由於四卷福音書自成一組，所以它與路加福音便被約翰福音隔開了。使徒行傳記述耶穌的早期門徒如何在聖靈的引導下，在耶路撒冷、猶太全地和撒瑪利亞，直到地極作見證（徒一 8）。本書前十二章主要是敍述使徒彼得的活動，而餘下的篇幅則大部分是敍述使徒保羅的傳道工作，從耶路撒冷教會建立直到保羅被囚禁於羅馬。

接著的二十一卷是「書信」（epistles，源自拉丁文 *epistola*）類。新約書信是指寫給某人或某羣人的信函，依循一世紀的信函形式（某些書卷例外，例如希伯來書）撰寫。

首先的一組書信是被認為是保羅所撰寫的十三卷書信，合稱「保羅書信」

(Pauline Epistles)。保羅是向外邦人傳福音的使徒，他撰寫了大量書信，歸類其中的包括羅馬書、哥林多前後書、加拉太書、以弗所書、腓立比書、歌羅西書、帖撒羅尼迦前後書、提摩太前後書、提多書、腓利門書(以往曾有認為保羅是希伯來書的作者，現今已甚少持這觀點)。保羅書信可以分為兩類，一類是給教會的(羅馬書至帖撒羅尼迦後書)，另一類是給個人的(提摩太前書至腓利門書)。其中腓立比書、以弗所書、歌羅西書和腓利門書等四卷，由於相傳是保羅在監獄中撰寫的，故合稱「監獄書信」(Captivity Epistles)，而提摩太前書、提摩太後書和提多書等三卷則是處理教牧的問題，故合稱「教牧書信」(Pastoral Epistles)。傳統認為，整組書信寫作的時間約於 48 年至 65 年間，而加拉太書或帖撒羅尼迦前書是最早撰寫的書信，提摩太後書則是最遲的一封。

在以往的研究中，對於保羅書信是否全是保羅所寫有不同的意見。大致上，羅馬書、哥林多前後書、加拉太書被德國學術界稱為「主要書信」，確認為保羅所著，另外的腓立比書、帖撒羅尼迦前書、腓利門書也被大部分學者同意是保羅所寫，其他的書卷則還有爭議。但有點是確認的，便是保羅往往是由「代筆」(即「書記」)替他書寫的(參羅十六 22；加六 11)。不過，這是學術界的探討，迄今仍然沒有重要的證據，可以動搖保羅撰寫這十三卷書信的觀點。

在保羅書信之後的是希伯來書。希伯來書的末尾有一段親切的問安語，但在書首沒有寫信人的姓名，也沒有收信人名稱。由於作者及收信人均不詳，與一世紀的信函形式有別，故此傳統上沒有把它歸入哪一類別。希伯來書的希臘文甚好，收信人大概並非居住在猶太地區的猶太人，可能是居住在外邦地區的猶太人。

在希伯來書之後是七卷「大公書信」(Catholic Epistles)，這不是按收信人而是按作者命名的，包括雅各書、彼得前後書、約翰一、二、三書和猶大書。這組書信可能是根據篇幅的長短，或作者在初期教會的名望高低而排列的。早期教會傳統把這七卷書信稱為「大公的」，原初有「傳閱」的含意，因為它們的對象較廣泛。現今一般稱它們為「普通書信」(General Epistles)。

新約的最後一卷是啟示錄，屬於猶太作品的天啟文學（apocalyptic literature)。天啟文學是公元前二世紀至公元二世紀之間猶太人間流行的宗教文學體裁，運用高度象徵性的語言，往往含有末世性的意象。啟示錄的作者是「使徒約翰」(參啟一1、4、9，二十二8)，教會傳統認為他是耶穌的門徒約翰，在拔摩島上撰寫本書。書中包括致亞西亞七教會的信函，以及預言末世審判與新天新地的景象。

新約書卷的組成

福音書（四卷）	歷史書（一卷）	書信（二十一卷）		啟示文學（一卷）
馬太福音	使徒行傳	羅馬書	希伯來書	啟示錄
馬可福音		哥林多前書	雅各書	
路加福音		哥林多後書	彼得前書	
約翰福音		加拉太書	彼得後書	
		以弗所書	約翰一書	
		腓立比書	約翰二書	
		歌羅西書	約翰三書	
		帖撒羅尼迦前書	猶大書	
		帖撒羅尼迦後書		
		提摩太前書		
		提摩太後書		
		提多書		
		腓利門書		

1.3.2 符類福音成書的假設

在三卷符類福音書之間，由於既擁有相當多相似的經文，也有不同的內容和編排，故此出現了對這三卷福音書相互關係的研究，稱為「符類福音問題」。十六世紀的宗教改革家加爾文（John Calvin）在撰寫福音書的註釋時，認為這三卷福音書是和諧協調的，可以作出仔細比較。一直發展下來，對於符類福音的研究，就成為來源鑑別學（source criticism）的一支，探討這三卷福音書在撰寫、編輯或修訂之間的歷程。

在大約 1780 年代以前，傳統認為三卷福音書是按照正典編排的次序（馬太、馬可、路加）成書的。這個次序見於大多數希臘文抄本，但在早期少數抄本中，不一定與上述次序相同。例如在西方經文抄本的次序中，是以馬太、約翰、路加、馬可的次序編排，而在科普替文抄本的次序中，卻是以約翰、馬太、馬可、路加編排的。顯然，抄本的經文次序不是判斷成書先後的基準。傳統認為馬太是福音書中最早著作的觀點，大致可以分為以下兩種看法：

（1）奧古斯丁假說（Augustinian hypothesis）：這理論是由五世紀的奧古斯丁（Augustine）提出的，他認為現行新約正典福音書次序（馬太、馬可、路加、約翰）就是福音書的實際成書次序。馬太最先，馬可由簡縮馬太而成，路加則是參考馬太及馬可而編成的。奧古斯丁假說是傳統的符類福音理論，在二十世紀中葉以前一直被天主教會持守。不過，近代只有少數學者仍然贊同這個理論。

（2）格利斯巴赫假說（Griesbach hypothesis）：由德國新約經文鑑別學者格利斯巴赫（Johann Jakob Griesbach）於 1783 年首先提出，認為馬太福音是最先成書的一卷，而馬可福音是符類福音最後成書的一卷，它是根據馬太福音與路加福音兩卷福音書而寫成的合併本。格利斯巴赫的理論後來被法默（William Farmer）修正，後者稱為「格利斯巴赫—法默假說」（Griesbach-Farmer hypothesis）。

在十九世紀以後，學者提出不同的理論，假設福音書的成書過程，以及解釋彼此的關係。例如，德國柏林大學教授拉赫曼（Karl Konrad Friedrich Wilhelm Lachmann）整理早期新約抄本，認為符類福音反映了一份較古老的資料來源（Ur-Gospel），馬可福音是最早的正典著作，而馬太福音則反映了兩份資料來源（Ur-Gospel 和 Logia）。

從上述假說提出了一些修正的觀點，一般稱為「兩源說」（two source hypothesis），基本上都是認為馬可福音是最早成書的一卷，馬太福音和路加福音是根據馬可福音和另一份稱為 Q 的口傳資料為本寫成的，Q 現今已不存在。Q 是德文 *Quelle*（來源）的縮略語，按照符類福音的文學來源分析的假設，Q 底本是指馬太福音和路加福音所共有，而為馬可福音所無的相類經文的來源。這類口述傳統（oral tradition）是指在未曾以文字筆錄下來之前，一個羣體以口述方式由個人傳給個人，或由一代傳給下一代的傳統。這個假設被稱為「馬可先存假說」（Markan priority hypothesis），認為馬可是福音書中最早成書的一卷，馬太及路加也有選用其中內容。

據統計，馬可福音共有 661 節經文，其中超過 600 節在馬太福音中出現，另有約 350 節在路加福音中出現。馬可福音只有約 31 節經文沒有見於馬太福音和路加福音。然而，馬太福音和路加福音卻極少有是彼此相同而有別於馬可福音的地方，故此一般是三者相同，或馬可與馬太相同，或馬可與路加相同。

兩源說自十九世紀提出之後，取代了格利斯巴赫假說的地位，在二十世紀雖然有不少修訂，迄今仍然是最主要解釋符類福音來源的理論。其中的修正觀點主要有：

（1）法拉假說（Farrer hypothesis）：認為馬可是最先成書的書卷，被馬太參照採納，然後被路加使用。

（2）四源假說（four source hypothesis）：認為符類福音背後共有四個獨立的早期文獻，即 M 底本（馬太所用的底本）、馬可福音、Q 底本和 L 底本（路加所用的底本，特別見於路加福音九至十九章）。馬太福音是採用前三個資料來源，而路加福音則採用後三個來源。

不論是兩源說或四源說的假設，都推動了符類福音的研究，讓人更加注目於符類福音作為整體，在形式上或神學上，發掘其中的撰寫模式，從而更深地理解這三卷福音書的意義。

建議閱讀書目

Aland, K., ed. *Synopsis Quattuor Evangeliorum*. New York: American Bible Society, 1985. 本書是近代對四福音合參研究的標準版本。

Ehrman, Bart D. *The New Testament: A Historical Introduction to the Early Christian Writings*. 4th edition. New York: Oxford University Press, 2007. 本書從歷史的角度，討論新約聖經的成形。

Gamble, Harry Y. *The New Testament Canon: Its Making and Meaning*. Philadelphia, PA: Wipf & Stock Publishers, 2002. 近代對於新約正典的構成和意義的較完整著作。

Goodspeed, Edgar J. *Problems of New Testament Translation*. Chicago, IL: University of Chicago Press, 1945. 早期探討新約翻譯難題的經典著作。

Metzger, Bruce M. *The Canon of the New Testament: Its Origin, Development, and Significance*. Oxford: Oxford University Press, 1997. 本書是討論新約正典的經典著作。

Thomas, Robert L., ed. *Three Views on the Origins of the Synoptic Gospels*. Grand Rapids, MI: Kregel Publications, 2002. 本書是近期討論符類福音的學術文集，特別討論成書過程的幾個觀點。

Westcott, Brooke F. *A General Survey of the History of the Canon of the New Testament*. 5th ed. Cambridge and London: MacMillan, 1881. 本書是早期的經典著作，可以藉此理解十九世紀對新約正典問題的觀點。

鮑維均、黃錫木、羅慶才、張略、岑紹麟：《聖經正典與經外文獻導論》。香港：基道及漢語聖經協會，2001。

1.4 語言與版本

1.4.1 聖經的語言

聖經的原本語言是以色列所處世界的通用語，不過由於新舊兩約處於不同的時代，故此兩約所使用的語言是有分別的。

舊約聖經差不多全是由希伯來文寫成，但有少數片段是以亞蘭文撰寫的。希伯來文是以色列人在舊約時代所用的語言，屬於西北閃族語系（Semitic）的一支，與古代的烏加列、腓尼基等語言關係密切。傳統希伯來文字體包括了二十二個輔音字母，沒有母音，書寫方向由右至左。這種古希伯來文字體的語言，是發展自腓尼基字體（Phoenician script），故此也稱為「腓尼基式希伯來文字體」（Paleo-Hebrew script）。為了方便閱讀，後來發展出輔助閱讀的母音系統，然而母音不一定出現在文獻和著作中。猶太人在被擄之後，開始在日常生活中使用亞蘭文，希伯來文只用於宗教活動。現代的希伯來文是在十九世紀末由錫安運動（Zionist movement）提倡復興的，在1948年以色列立國之後成為官方語言，以色列人也因此在日常生活中再次運用希伯來文。雖然現代希伯來文與古代希伯來文有相當程度的區別，但在報章雜誌上也是沒有列印母音的。

希伯來文的字母、名稱和音譯

希伯來文字母	名稱	音譯
א	*Alef*	'（或刪去）
ב	*bet*	*b*；*v*（摩擦音）
ג	*gimel*	*g*；*gh*（摩擦音）
ד	*dalet*	*d*；*dh*（摩擦音）
ה	*he*	*h*
ו	*vav*	*v* 或 *w*
ז	*zayin*	*z*
ח	*khet*	*h* 或 *kh*
ט	*tet*	*t*
י	*yod*	*y*
כ, ך	*kaf*	*k*；*kh*（摩擦音）
ל	*lamed*	*l*
מ, ם	*mem*	*m*
נ, ן	*nun*	*n*
ס	*samek*	*s*
ע	*ayin*	'（或刪去）
פ, ף	*pe*	*p*；*f*（摩擦音）
צ, ץ	*tsade*	*ts*
ק	*qof*	*q*
ר	*resh*	*r*
שׂ	*sin*	*s*
שׁ	*shin*	*sh*
ת	*tav*	*t*；*th*（摩擦音）

舊約的經卷最初顯然是用古希伯來文字體書寫的，後來才改用亞蘭文式的希伯來文正方字體（square-shaped Hebrew letters）。亞蘭文也是閃族語系的一種，在公元前九世紀出現，其詞彙與基本詞形跟希伯來文十分接近。當

波斯帝國控制東地中海盆地時，亞蘭文成了古代近東的通用語言和波斯帝國的官方語言。故此，當猶太人約在公元前六世紀被擄後，已經開始使用亞蘭文（尼希米書八章 8 節暗示，當時的猶太人已經不懂希伯來文，所以要翻譯成他們熟悉的亞蘭文）。在舊約中有一些篇幅，便是以亞蘭文撰寫的（例如但二 4 下～七 28；拉四 8～六 18，七 12～26；耶十 11；創三十一 47 中的兩個字）。由於正方字體的希伯來文字母是借用自亞蘭文，故此在現存的抄本中看不到兩者之間的區別，但它們確實是不同的語言。

到了新約時代，巴勒斯坦的猶太人通常都是說亞蘭文的，希伯來文只用於宗教活動。在新約中，耶穌有很多用語都是以亞蘭文表達的。例如，「大利大，古米」（「小女孩，我吩咐你，起來」，可五 41）、「以法大」（「開了吧」，可七 34）、「以羅伊，以羅伊，拉馬撒巴各大尼」（「我的上帝，我的上帝，為甚麼離棄我」，可十五 34；太二十七 46）、耶穌稱上帝為「阿爸父」（亞蘭文對父親的稱呼）等。顯然，亞蘭文對早期教會有所影響（參羅八 15），他們就有「主啊，願你來！」（Maranatha，林前十六 22）的亞蘭文用語。

公元前三世紀中葉，希臘文開始佔支配地位。除了巴勒斯坦的猶太人使用亞蘭文外，散居於異域的猶太人則以希臘文為日常用語，猶太學者也將希伯來文聖經翻譯成為希臘文。希臘文屬印歐語系，在歷史上可以追溯至公元前十四世紀。約公元前八世紀，希臘人根據閃語的模式創製新的字母。早期希臘文的語音和形式在各地是有分歧的，直至公元前四世紀，亞歷山大大帝（Alexander the Great）建立橫跨歐亞的帝國，擴展希臘文化，希臘語也邁向一體化。儘管亞歷山大大帝英年崩殂，繼承他統治的西流基王朝（Seleucid）和多利買王朝（Ptolemaic）卻能持續統治了一段時間。到了新約時代，國家政權雖然由操拉丁文的羅馬帝國所主宰，但文化和語言卻仍是希臘化。

新約時期的希臘文，一般被稱為「希臘化時期」（Hellenistic）或「通用」

(Koine)希臘文。以往曾認為新約希臘文具有神聖的意義，甚至被稱為「聖靈的希臘文」(Holy Ghost Greek)，現今知道新約希臘文其實是當時的通行語言。舊約《七十士譯本》與新約，都是用這種語言翻譯或寫成的。

雖然生活在巴勒斯坦的耶穌和門徒是以亞蘭文溝通，但往外界傳揚福音的使徒(例如保羅)則是以希臘文為主要語言。不過，由於新約書卷的作者大多是猶太人，經常以閃族的語言思想和溝通，故此他們的作品儘管以希臘文撰寫，也有許多獨特的閃語表達方式。

希臘文的大小楷字母、名稱和音譯

大楷字母	小楷字母	名稱	音譯
Α	α	Alpha	*a*
Β	β	Beta	*b*
Γ	γ	Gamma	*g*; *n*
Δ	δ	Delta	*d*
Ε	ε	Epsilon	*e*
Ζ	ζ	Zeta	*z*
Η	η	Eta	*ē*
Θ	θ	Theta	*th*
Ι	ι	Iota	*i*
Κ	κ	Kappa	*k*
Λ	λ	Lambda	*l*
Μ	μ	Mu	*m*
Ν	ν	Nu	*n*
Ξ	ξ	Xi	*x*
Ο	ο	Omicron	*o*
Π	π	Pi	*p*
Ρ	ρ	Rho	*r*; *rh*
Σ	σ/ς	Sigma	*s*
Τ	τ	Tau	*t*
Υ	υ	Upsilon	*u*; *y*
Φ	φ	Phi	*ph*

大楷字母	小楷字母	名稱	音譯
Χ	χ	Chi	*ch*
Ψ	ψ	Psi	*ps*
Ω	ω	Omega	*ō*
		ʿ	*h*（送氣音）

1.4.2　經文的抄傳

聖經是一部古老的作品，涉及的時間橫跨千年，跨越的空間越過歐亞大陸，它的抄寫方式和材料，同樣豐富多姿。古代的巴勒斯坦人寫作時運用了許多不同的材料，例如石塊、黏土、木材、石蠟、金屬和陶器等。不過，在德國的古騰堡於 1456 年以活字印刷術出版拉丁文聖經之前，聖經都是由人手抄寫在「蒲草紙」（papyrus，或譯「莎草紙」）、「皮紙」（parchment）或「紙張」（paper）上的。

蒲草紙是古埃及人廣泛採用的一種書寫材料，源自埃及尼羅河三角洲地區的禾草狀水生植物，取其莖髓，切成薄片，壓乾後連在一起製成光滑的書寫面。撰寫者用菜葉加煙渣調成墨汁，以蘆葦莖作筆在紙上書寫象形文字，書寫後把紙捲起來，紮上細繩。長的蒲草紙鋪開可達十幾米，短的只有幾米。大約在公元前 3000 年，埃及人就開始使用蒲草紙，在古埃及新王國時期（公元前十六至公元前十一世紀），製作蒲草紙書卷的方法逐漸外流，到了約公元前八世紀前後，經由中東的巴比倫傳入古代希臘和羅馬。古希臘人稱蒲草紙書卷為 *byblos*，最後演變為 bible（聖經）一詞。直至四世紀，羊皮紙和牛皮紙的書卷取代了蒲草紙書卷，但蒲草紙仍被使用至八世紀，才因為造紙術的傳播而逐漸退出歷史舞台。

在公元前 200 年後不久，傳說別迦摩（Pergamum）王歐邁尼斯二世

(Eumenes II)發明了皮紙。歐邁尼斯在土耳其西部的古城別迦摩建立了他的圖書館，藏書二十萬冊，以對抗多利買(Ptolemy)君主在埃及亞歷山太的大型圖書館。由於埃及不再供應蒲草紙給別迦摩，驅使歐邁尼斯下令製造新的造紙材料，發明了皮紙(皮紙的英文"parchment"便是來自"Pergamum")，以代替蒲草紙。這個故事顯然是傳說或虛構，因為遠在公元前二世紀以前，已經有把動物的皮用於書寫。人們加工處理某些動物的表皮(主要是綿羊皮、山羊皮及小牛皮)，製成書寫的材料，而較為精緻的羊皮紙被稱為「精美皮紙」(vellum)，精美皮紙往往只用在最重要的書籍抄寫上。由於皮紙兩面都可以書寫，又能讓鵝毛筆的字體呈現飽滿的色彩，也可以摺成書本，或裝訂成冊的書籍，漸漸取代了捲起的手稿。不過，以皮紙製作的書本相當昂貴，製作也較耗時。在六世紀時，最早用精美皮紙書寫的手稿都是品質優良的，後來因需求增加而大量製造。到了十二世紀，一種柔軟易折的精美皮紙開始流行。由於費用高昂，有些皮紙會循環再用，例如「再生羊皮紙卷」(palimpsest，或稱「複寫本」)就是指把全部或部分手稿原文刮去，在上面另行書寫文字的紙卷。

現代的聖經主要在機製紙張上印製，特別是以「聖經紙」製造。聖經紙含有大量二氧化鈦填料，紙質輕、不透明度高、專供印製聖經或其他大量內容的作品(例如字典)使用。

由作者親筆撰寫，或由文士在作者親自指導下完成的原文作品稱為「親筆手稿」(autographs)，而以後傳抄的稿本稱為「抄本」、「手稿」或「抄卷」(manuscript，簡稱 mss.，源自拉丁文 *manuscriptus*)。抄本通常是抄寫在蒲草紙或皮卷上，釘裝成「經卷」(scroll，可譯作「皮紙卷軸經卷」)或「書冊」(codex，可譯作「翻頁書」，或籠統地譯作「抄本」)。經卷通常是指把字寫在羊皮上或蒲草紙上，再用兩根木棒捲起來的書籍。書冊一般是抄錄在蒲草紙或羊皮紙上，將一張張書寫的材料疊起來，首尾相黏，將一邊紮在一起（後期方式是用針線縫起來），通常附上封底面作保護層。

早期基督教文獻及抄本大多數是以書冊的方式抄寫。書冊的形式方便翻閱，可以在書頁的兩面書寫，能容納較長的篇幅。現存最早的希臘文聖經完整手抄本是四世紀抄寫的「西奈抄本」（Codex Sinaiticus），另一份是五世紀的「亞歷山太抄本」（Codex Alexandrinus），都是以書冊形式製造。

在中世紀時期，除了常見的抄本形式外，也有「裝飾畫手抄本」（illuminated manuscript），這是用金粉或銀粉裝飾手抄本書籍的繪畫。到了十五世紀後半葉歐洲印刷術發明後，手抄本裝飾畫為版印插圖所取代。

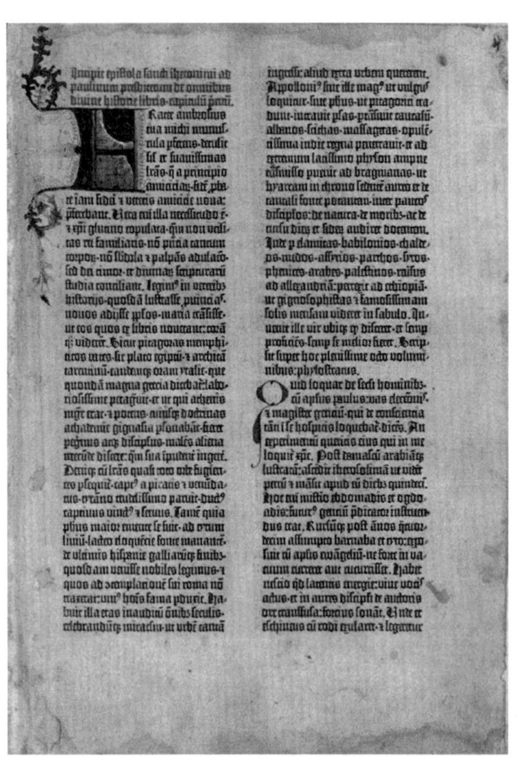

十五世紀《古騰堡聖經》耶利米書的一頁，近代最早印刷的聖經。據估計，在第一本聖經印刷之後五十年，西方印行了超過九百萬本書籍。

約 1450 年代，德意志地區的古騰堡在澆鑄金屬活字的基礎上，用銅模鑄出了以鉛、錫、銻合金為材料的活字，並且形成了活字版印刷的工藝。古騰堡以活字版製作了聖經的首部印刷版本，以拉丁文印行。由於聖經的篇幅龐大，故此若要把聖經完整付印，就必須把新的印刷技術推至高峯。隨著印刷技術的提升，也讓聖經更廣泛流傳。

1.4.3 章節

聖經抄本最初出現的方式，與今天大多數讀者所見到的聖經版式，有相當大的不同。古代作品是抄寫在卷軸或書冊上的，並沒有分章和節。不過在猶太人被擄前，舊約似乎已經開始分段。某些經文是按照希伯來文字母分段的，例如以賽亞書最早的版本是以希伯來文字母區分段落的。還有其他一些分段方式，但這些分段與今天的分段有極大的差異。

聖經早期版本的經文抄寫方式，是把子音字母緊密排列，並沒有母音符號、空格或標點，而且沒有分章和節。不過在公元前九世紀，希伯來文的文獻已經有使用三個子音（consonants）加在字詞中，以此代表三類長母音（long vowels）。希伯來文或亞蘭文的經文一般只書寫子音，直至數世紀後，才由馬所拉文士加上母音（由加在子音字母底下或上面的符號來標示）。

至於希臘文聖經的最古老抄本，也是只用大楷抄寫的，並沒有小楷、字與字之間的分隔、標點符號或其他現代書寫格式。聖經書卷的章節、標點和新約字詞的分隔或舊約希伯來文的母音，都是後來加上的，這些部分並沒有默示的成分，而且有錯誤的可能。

猶太教的《希伯來聖經》分段和計節的方式與基督教的不同，例如猶太教傳統把詩篇的說明（在中文聖經中，是大部分詩篇前的細字部分）視為獨立的一節，所以猶太教的詩篇較基督教的多 116 節，而基督教聖經通常把這些說明視為附註，正式的第 1 節是跟著的經文。此外，有些經文是放在不同的位置，例如《希伯來聖經》的歷代志上五章 27 至 41 節，在基督教的聖經中是放在歷代志上六章 1 至 15 節。

歷代以來，猶太學者發展了一套完整的系統，協助閱讀《希伯來聖經》。希伯來文的經文在抄寫時，原本是把每一個字緊密連在一起的，字與字之間沒有分隔。不過在基督時代之前，《希伯來聖經》可能已經把字詞分隔。由於聖經經文的字母可以用不同方式組合，容易產生誤解，因此把字詞作出合適的分隔是必須的。事實上，聖經學者對於如何分隔字詞有不同的意見，希臘文《七十士譯本》的組合方式，許多時就有別於希伯來文「馬所拉經文」(Masoretic text，簡稱 MT)。

除了字與字之間的分隔外，《希伯來聖經》的分節方式也是由早期文士進行的。由於早期沒有一致的做法，故此巴勒斯坦猶太人的聖經在分節方式上，就與巴比倫猶太人的分節方式有所不同。現今猶太教的聖經分節方式並不是源於這兩者，而是部分來自「馬所拉經文」的演變。

由於禮拜儀式的需要，這些經文有更多的區分方式。猶太傳統認為，在被擄前後已把摩西五經分為 154 段讀文(sedarim)，安排為三年的閱讀循環。每一段落的長度，略比基督教聖經的一章稍長，例如在創世記(基督教聖經有五十章)中可以分為 45 段，而出埃及記(基督教聖經有四十章)可以分為 33 段。巴比倫猶太人是以每年為一循環，而「他勒目」(Talmud)把律法書分為 54 段(parashiyoth)。至於先知書的研讀則稱為「哈夫塔拉」(Haphtaroth)，它們是在猶太教安息日或節日禮拜時，在五經之後誦讀的。

希伯來經文分節的方式究竟始自何時，現今已經不得而知。猶太教聖經《塔納赫》對於章、節和片語作出的區分，經過漫長的歷史，影響了馬所拉學者對母音和誦經指引(cantillation markings)的註明。其中一個常用的符號，就是斷句句號的指引，其外形類似英語的冒號(：)。今天的《希伯來聖經》的印刷版本，就是源自「馬所拉經文」的傳統，其中最重要的貢獻者是約 1440 年的拉比以撒．拿單(Isaac Nathan)。在 1547 至 1548 年《邦伯格的大聖經》(*Bomberg's Great Bible*)中，希伯來文的數字是依附於每五節的。在安特衛普(Antwerp)聖經中，所有節數的阿拉伯數字首先放在邊沿上，在 1563 年的《巴塞爾詩篇》(*Basle Psalter*)有較多的規範。蒙塔納斯(Arias Montanus)在 1571 年的安特衞普聖經中,把希伯來文經文分章,並且把希伯來文的數字系統放在經文中。這系統雖然稍微有別於「馬所拉經文」的取向,但在大多數情況下,這些章節與「馬所拉經文」的章節是一樣的,以後差不多所有印刷版聖經均採用這系統。

以上所述的是猶太教對聖經(即舊約)的分節方式。至於基督教對聖經區分章節的歷史和方式,與猶太教聖經不同。

到了 325 年的尼西亞會議(Council of Nicaea)時,新約已經被分段,不過這方式有別於現代聖經。四世紀末,耶柔米把聖經翻譯成拉丁文後,教會一直資助聖經的抄寫工作。可是,顯然經過了一段漫長時間,才確定聖經以後區分章節的方式。

現今基督教聖經的分章方式,基本上是源自英格蘭樞機主教蘭頓(Stephen Langton)和紅衣主教卡洛(Hugo de Sancto Caro)在 1227 年和 1248 年之間發明的區分方式。猶太拉比所羅門·便·以實瑪利(Rabbi Solomon ben Ismael,約 1330 年)也曾把這些章數放在希伯來文經文的邊沿上。

首位把新約分節的人是十六世紀初的意大利道明會士帕格尼尼(Santi Pagnini),不過他的系統沒有被廣泛採用。至於聖經印刷版本經文的章節系統,首先見於 1518 年邦伯格兩部聖經的初版(Bomberg editions)。十六世紀中葉,巴黎印刷商埃蒂安納(Robert I Estienne,拉丁文稱為 Stephanus)在 1551 年的希臘文新約中引入了分節的做法,創造了另一套分節的數字系統,首次把聖經按照以後的分節標準印刷。第一部採用埃蒂安納的分章和節系統的英文聖經是惠廷厄姆(William Whittingham)在 1557 年的譯本,然後是在 1560 年的《日內瓦聖經》(*Geneva Bible*)。這套分章節的方式迅速得到接納，而且經過規範，相當接近今天英文聖經所用的方式。

聖經章節的劃分，有助讀者更易翻查聖經的內容。不過，要留意的是，與希伯來文不同，希臘語言的結構若是分為不同的段落，較易產生句法的問題。若是把希臘文作出不適當的分節，甚至會影響對用詞的含義、關係、重點和語氣的理解，故此許多釋經學者不大理會這些分節。事實上，某些在聖經中的經句是可以區分為不同的經節。例如，許多信徒熟悉的羅馬書三章23節，就是22至25節這句較長經句的一部分。故此，經節的區分（尤其是新約）只可以作為參考，不能作為解經的基準。

以下章節的情況，或許可以讓我們對聖經的章節多一點趣味的了解（留意這是指新教的聖經，但不包括次經的書卷）。按照現今英文聖經的版本，在舊約共有929章，23,145節，在新約共有260章，7,957節，整本聖經合共有1,189章，31,102節（舊約的中文譯本是23,144節，故此合共31,101節）。詩篇一百一十七篇是整部聖經最短的一章，這篇經文處於聖經第595篇，也是聖經中心的一篇。至於在中心的經文，由於《欽定本》有31,102節，故此應是詩篇一百零三篇1至2節，而不是普遍認為在詩篇一百一十八篇中。至於整部聖經最長的一章，是詩篇一百一十九篇。在大多數英文譯本中，約翰福音十一章35節是最短的一節經文。不過，在拉丁文《武加大譯本》中，最短的一節經文是以賽亞書十章8節（“Dicet enim”）。然而，若是以原文計算，上述經文實際上是較長的，而帖撒羅尼迦前書五章16節的字數才是最少的，只有兩個字。至於在「馬所拉經文」中最長的一節是以斯帖記八章9節，不過由於在死海古卷中發現的經文，有別於後期的分節，故此在撒母耳記上十一章有幾節經文可能比以斯帖記八章9節更長。

1.4.4　公認經文和多語聖經

在中世紀時期，只有少數人才可以閱讀拉丁文聖經，而不同地區的方言譯本（不論是部分或全部）僅是偶然出現。到了十五世紀，印刷術的發明開創了一個新紀元。希臘文新約的出版，主要由伊拉斯姆（Desiderius Roterodamus Erasmus）推動。伊拉斯姆是荷蘭聖經學者，相當重視希臘文語法與聖經原文文本的研究，為後世聖經研究及經文鑑別學鋪路。他在 1516 年出版的希臘文新約，被視為是第一部希臘文的校勘版本。這版本的經文以後被數次修改，最後成為 1611 年《英王詹姆斯譯本》（以下簡稱《欽定本》）的文本基礎。不過，他的希臘文新約只是建基於五部希臘文手抄本上，最古老的一部只是早至十二世紀。

伊拉斯姆的希臘文新約以後經過稍微的修訂，成為十七世紀的《公認經文》（*Textus Receptus*，或稱為 *received texts*，簡稱 TR）。《公認經文》是希臘文新約聖經版本的拉丁文專有名詞，尤其是指由博納文圖爾和亞伯拉罕．埃爾澤菲爾（Bonaventure and Abraham Elzevir）兩兄弟於 1633 年出版的希臘文新約聖經。在經文類型傳統上，《公認經文》屬拜占庭經文類型（參本書 1.6 章對經文類型的介紹），成為迄十九世紀被普遍接受的經文版本。

隨着印刷技術的改良，聖經的不同版本也相繼面世。在十六世紀初，威尼斯印刷商邦伯格（Daniel Bomberg）為聖經的印刷留下深遠的影響。邦伯格是一位來自安特衛普的基督徒富商，協助《第一拉比聖經》（*First Rabbinic Bible*）在 1515 至 1517 年間的編輯和出版工作，成為首部採納了章節分段的希伯來文聖經。1524 至 1525 年，邦伯格出版了《第二拉比聖經》（*Second Rabbinic Bible*），它的影響更大，以後一段長時間都以它作為希伯來文聖經標準版本。

跟著的時代，宗教改革家如馬丁．路德（Martin Luther）和加爾文（John Calvin）都集中於聖經的推廣上。十六世紀，聖經的翻譯已經更多和更廣泛，其中最重要的是路德的德文聖經版本。羅馬天主教會在這時期最早的官方譯本是《杜埃．蘭斯聖經》（*Douay-Rheims Bible*），新約在 1582 年出版，舊約在 1609 至 1610 年間出版。到了 1611 年，最具影響力的英文聖經《欽定本》在詹姆斯一世的欽命下出版。

由於聖經研究和印刷技術的發展，可以容許編排並出版多語聖經（Polyglot Bible），使讀者可以比較不同時期或語言的聖經譯本。早期最著名的多語聖經是《康普路屯多語對照聖經》（*Complutensian Polyglot*），1514 年在西班牙的康普路屯出版，比伊拉斯姆的希臘文聖經還早兩年出版。它的舊約以希伯來文（修訂的「馬所拉經文」）、亞蘭文（《盎克羅的他爾根》〔*Targum Onkelos*〕）、拉丁文（《武加大譯本》）和希臘文（《路迦諾校訂本》〔*the Lucianic recension of the Septuagint*〕，這是第一次完整地出版這版本）並列，至於新約則以希臘文和拉丁文並列，附上字典。這部聖經早於 1502 年在托利多（Toledo）大主教希斯內羅絲（Cardinal Francisco Jiménez de Cisneros）的支持下開始編輯和出版，在 1514 至 1517 年首次出版時，共印了約 600 本。不過直至 1521 年或 1522 年，在教宗利奧十世（Leo X）的授權下才完整出版。

伊拉斯姆運用多語聖經，修訂他的新約的後期版本。在當時的譯經者中，例如丁道爾（William Tyndale），也會運用多語聖經在他的翻譯中。在 1569 至 1572 年間出版的《安特衛普多語聖經》（*Biblia Regia* 或 *Antwerp Polyglot*）是由西班牙的腓利普二世（Philip II）資助，在西班牙學者蒙他拿斯（Benedictus Arias Montanus）主持下，在安特衛普印刷出版。至於近代被認為是最優秀的多語聖經是《倫敦多語聖經》（*London Polyglot*，也稱為

Londoninesis 或 *Waltonian*, 1657），由沃爾頓（Brian Walton）在許多當代學者的協助下主編。這部六冊的多語聖經包括了九種語言：希伯來文、撒瑪利亞文、亞蘭文、希臘文、拉丁文、埃塞俄比亞文、敍利亞文、阿拉伯文和波斯文。

在《公認經文》的基礎上，聖經的翻譯在歐洲迅速發展。直至十八世紀，宣教時代開始，也踏入了另一時代，對於聖經翻譯有更大的發展，也有更多不同的意見提出。

建議閱讀書目

Copinger, Walter A. *The Bible and Its Transmission: being an Historical and Bibliographical View of the Hebrew and Greek Texts, and the Greek, Latin, and Other Versions of the Bible*. London: Henry Sotheran & Co., 1897. 本書是介紹聖經流傳的經典，介紹希伯來文、希臘文和拉丁文聖經的流傳，尤其注目於宗教改革時期之前的聖經，略述了約一千部聖經的資料。

Silzer, Peter J. and Thomas J. Finley. *How Biblical Languages Work: A Student's Guide to Learning Hebrew and Greek*. Grand Rapids, MI: Kregel Academic & Professional, 2004. 本書是介紹聖經原文的入門性作品，並簡述學習聖經原文的方式。

1.5 抄寫與流傳

1.5.1 抄寫的形式

在公元前五至公元前四世紀之間，舊約已經完成，至於新約的原稿是在45至95年撰寫的。然而，今天並沒有任何聖經的原稿（original text）遺下。聖經學者所擁有的，都是後期的抄本，故此現今聖經翻譯學者都是根據從考證而來的源文（source text）作為翻譯的判斷和考據。在舊約的抄本方面，以往流傳的都是相當後期的抄本，約為六至十世紀之間，合共是幾十份舊約抄本和譯本。在十九世紀末以後的考古學發現，以及在二十世紀中葉死海古卷的發現，把舊約經文提前至公元前三至公元前一世紀之間，相當接近舊約最後書卷的成書日期。

至於新約的抄本方面，有數以百計的基督教初期幾個世紀的抄本遺留下來（若把零碎殘頁包括在內，則是數以千計）。新約抄本的數量甚多，而且抄寫時間比許多其他古代著作都更接近原稿。在近代印刷術發明之前，新約抄本按照抄寫字體的形式，分為大楷體抄本和小草體抄本兩類，而其中在蒲草紙上抄寫的大楷體抄本，與在牛皮或羊皮上抄寫的大楷體抄本可以再分開處理。按此，可以分為三類：

（1）蒲草紙抄本（Papyri）：大多來自三至四世紀的抄本，抄本編號以哥德式字母𝔓開頭。現存最古老的是$\mathfrak{P}^{52}$的約翰福音殘篇，約為125年抄寫的。

（2）大楷體抄本（Uncials，或譯「安色爾字體抄本」）：抄本編號以大寫字母或0開頭。這些抄本是以端正的大楷字體抄寫在牛皮和羊皮上，常見於四世紀至約九世紀之間希臘文和拉丁文手稿。最著名的是「西奈抄本」、「梵蒂岡抄本」（Codex Vaticanus）、「伯撒抄本」（Codex Bezae）等。

（3）小草體抄本（Minuscules，拉丁文 *minusculus* 的意思是「微小」）：抄本編號以阿拉伯數字代表，抄本系前加 *f*。這些是以小楷草書抄寫，見於九至十六世紀的希臘文抄本中。小草體逐漸取代了大楷體，其中較著名的抄本是33（九世紀）、f^{1}（十二世紀）、f^{13}（十三世紀）。

除了上述的聖經抄本外，中世紀的經課集（lectionary）也是以小草體抄寫的，經常會寫出全段經文，因此成為聖經學者研究古代經文的素材。經課集是聖經經文閱讀的禮儀文卷，一般按全年日程編排，以確定在合適的節期與禮拜時誦讀經文，經文閱讀的安排是平衡和合理的。

按照統計，現存有5,664份希臘文新約抄本文獻，日期早至125年，不過極少擁有接近完整的新約，至於現存完整的新約抄本則是早至350年，而蒲草紙抄本和大楷體抄本只佔少部分，其餘主要是小草體抄本和經課集抄本。

至於《希伯來聖經》，猶太人擁有其抄寫的傳統，有別於基督教，在下一節先作介紹，然後依次討論蒲草紙抄本、大楷體抄本和小草體抄本。近代研究聖經抄本的學者以經文鑑別學（textual criticism）的方式，對聖經抄本作出全面的探討和整理，這一方面留待下一章討論。

1.5.2 希伯來文聖經抄本

早期抄錄聖經的文士盡了最大努力保存和抄寫《希伯來聖經》（猶太教稱《塔納赫》）的經文，這些文士被稱為「教師」（Tannaim），活躍於 70 年至 200 年之間，在巴勒斯坦編纂口傳律法。

猶太人在一世紀後，逐漸建立了解釋「塔納赫」的傳統，稱為「米大示」（Midrash）。這個希伯來文音譯字的意思是「解經」或「釋經」，指猶太教的釋經作品。在「米大示」中可以分為兩類文獻，包括「哈拉卡」（Halakhah）和「哈加達」（Haggadah）。「哈拉卡」是指自聖經記事年代以來逐漸形成的猶太宗教禮儀、日常生活和行事為人的律法和典章，這些都是口傳的傳統，包括日常生活的規範和指引。「哈加達」是指猶太教拉比文學的一種形式，包括傳説、箴言等，以此解釋律法。

猶太文獻擁有豐富的傳統，到了三至五世紀間，建基在對「塔納赫」的釋義上，發展出被稱為「他勒目」（意即「教導、研究、學習」）的猶太教法典，指導猶太社羣的公民生活和宗教法規。「他勒目」在猶太教中的指導作用，僅次於聖經。「他勒目」是由兩份文獻組成，分別是「米示拿」（Mishnah，即法規彙編）和「革馬拉」（Gemara，即「米示拿」的註釋）。「米示拿」約於 200 年在巴勒斯坦編寫，主要收錄拉比的律法，包括把農作物作什一奉獻、公眾節期、婚姻、侵權行為、聖殿獻祭及禮儀潔淨等規條和教導。「革馬拉」主要是就「米示拿」作逐字逐句的闡釋，還有關於拉比的故事和各類課題的論述等。在三至六世紀活躍的猶太教學者被稱為「阿摩拉」（Amoraim），專責解釋「米示拿」，編成「革馬拉」及其眉批的評註。

現存的「他勒目」有「巴勒斯坦他勒目」（Palestinian Talmud）和「巴比倫他勒目」（Babylonian Talmud）兩個版本，分別於五世紀中葉及六世紀中葉編成，兩個版本並不完全相同，而其中「巴比倫他勒目」擁有較高的權威。一般所謂的「他勒目」，就是指「巴比倫他勒目」。這是由於編纂「巴比倫他勒目」的拉比，把其他拉比（甚至是巴勒斯坦的拉比）對律法的不同觀點和解釋也一併收入，使「巴比倫他勒目」具有邏輯論證的特色。由於對律法有多方面的論證，不同觀點的陳述，對散居各地猶太人的宗教生活影響自然較大，故此「巴比倫他勒目」的編校亦自然更為完備。

到了六世紀之後，猶太教拉比在上述的基礎上，致力整理希伯來文聖經的權威文本。這部聖經文本歷時四個世紀才整理完成，最後被稱為「馬所拉經文」。「馬所拉」（Masorah）的希伯來文原意是「傳統」，這個名字是指猶太教聖經文本的文句、讀音和評註的傳統，應用於「馬所拉經文」中。「馬所拉經文」是當時在巴比倫和巴勒斯坦兩地的學者長期努力下完成的，負責完成馬所拉文本的學者稱為「馬所拉學者」（Masoretes）。他們致力於把馬所拉傳統書寫成文字，根據口傳傳統抄寫經文，加上標點及元音符號，以正讀音之用，編成了希伯來文聖經的通用版本。除了整理經文之外，馬所拉學者還加上一些資料，包括統計數字，例如各卷的節數、字母數目等，以及註明位於各卷中央的單字或字母等資料。這些資料稱為馬所拉尾註（Masorah finalis），其中可分為「大馬所拉」（Masorah magna）和「小馬所拉」（Masorah parva）。前者是「馬所拉經文」下方空白處抄寫的較長註釋，這是馬所拉學者所提供的經文按語，尤其是指將這些按語補充，編列成表，放在頁首或頁尾的形式。後者是在兩旁之空白頁邊抄寫的旁註，也是馬所拉學者所提供的經文按語，特別是指在抄本頁邊所寫的較短按語。由於猶太學者根據「馬所拉經文」譯註和鑑定，在聖經之後放置了詞表和目錄，這成為世界上最早的聖經詞彙索引。以後根據聖經而整理的詞彙索引逐漸增加，成為後來《經文彙編》（*concordance*）形式的基礎。

「馬所拉經文」是最重要的希伯來文聖經版本，其中以《便亞設經文》(*Ben Asher text*)最為著名，這是便亞設(Ben Asher)家族所抄傳經文的統稱。從700至950年間，這個馬所拉學者的家族六代參與希伯來文經文的抄寫及鑑別工作，研究發音系統。

關於現存「馬所拉經文」的古代抄本，以下是較為重要的幾項：

(1)「阿勒坡抄本」(The Aleppo Codex)：現存最古老的希伯來文抄本，大約在950年間抄寫(或説約903年)。這份抄本原本存放在敍利亞北部阿勒坡(Aleppo)的猶太會堂，由於會堂禁止，這抄本沒有被抄錄或照相印刷。在1947年12月2日的反猶太動亂中，這份抄本被毀了約四成(學者認為這份稿本原有491頁，其中196頁被毀)，包括差不多全部的摩西五經，以及其他書卷，餘下部分於1958年從敍利亞被偷運至耶路撒冷，後來成為希伯來大學所出版的《希伯來聖經》的基礎。(參網頁：http://www.aleppocodex.org/)

(2)「列寧格勒抄本」(The Leningrad Codex)：便亞設家族最後期的抄本，也是現存最古老的完整希伯來文抄本，約於1010年成書，估計是在開羅抄寫。這是十分精美的抄本，現存於聖彼得堡的俄羅斯聖彼得堡國家圖書館(Imperial Library in St. Petersburg)。近代祈特爾(Rudolf Kittel)編的希伯來文聖經第四版，便以這份抄本為基礎經文。

(3)「開羅抄本」(The Cairo Codex)：前先知書和後先知書的抄本，由摩西．便．亞設(Moses ben Asher)大約於895年抄寫。這份抄本後來被耶路撒冷的猶太教迦來特派(Karaite)所擁有，在中世紀時曾被十字軍帶走，之後被尋回，現存埃及開羅的迦來特派會堂中。迦來特派是猶太教的一支，於八世紀在波斯興起，主張嚴守摩西律法。

(4)「列寧格勒先知書抄本」(The Leningrad Codex of the Prophets)：在916

年抄寫，包括以賽亞書、耶利米書、以西結書和小先知書，運用了巴比倫式的標點方式。

(5)「大英圖書館五經抄本」(British Library of Codex of the Pentateuch)：大約是十世紀(以往認為是九世紀)的抄本，擁有五經的大部分(由創世記三十九章20節至申命記一章33節)。

從以上重要的「馬所拉經文」可見，以往所擁有的文本是相對較遲的，約在九至十世紀之後。然而，近代考古學卻有重要的發現，使現存的希伯來文經文抄本提早了許多時間。首先是1896年在開羅以斯拉會堂的藏經庫(genizah)所發現的抄本，抄本的日期約為400年。藏經庫是猶太教會堂的貯藏室，用以儲存一些破舊的聖經抄本。在開羅的藏經庫中，發現了數以萬計的希伯來文抄本殘稿，包括禮儀、律法、商業、文學和聖經典籍殘本，有助對古代和中世紀猶太人的了解。這些抄本現今部分存放在列寧格勒，部分藏於劍橋大學圖書館與其他英國圖書館。

在1902年，納什(W. L. Nash)在埃及獲得舊約的蒲草紙抄本殘篇，也是屬「馬所拉經文」以前的經文版本，其後贈予劍橋大學圖書館。這是一至二世紀之間(有認為早至公元前二世紀)的希伯來文舊約抄本，其中有一份蒲草卷斷片，包括希伯來文十誡的禮儀文本，以及源自申命記六章4節以下的示瑪(Shema；即出二十2～17和申五6～21的部分)。

不過，近代最重要的考古學發現，卻要待二十世紀中葉的死海古卷(Dead Sea Scrolls，簡稱DSS)。死海古卷是在1947至1960年代間，於死海西北岸的一個廢墟昆蘭(Qumran，另譯「庫穆蘭」)地區附近的十一個洞穴中所發現的皮卷和蒲草紙卷的通稱(相傳1947年由一個阿拉伯孩童在尋找失羊時，在一個山洞中發現這些古卷)。這些抄本日期約從公元前二世紀至一世紀之間，其中最早的經卷大約是在舊約最後一卷書撰寫之後約三百年。

這些抄本部分是完整的聖經卷軸，但大多數是斷片。迄今認為，其中約二百份抄本，對經文鑑別特別具有價值。

死海古卷文獻的簡稱是由三組符號組成，第一組是數字，代表該文獻是在哪一個洞穴中發現，第二組是英文Q字，代表昆蘭，第三組是該文獻的名稱縮寫或編號。死海古卷包括舊約聖經希伯來文、亞蘭文及希臘文的古卷和殘篇、擁有差不多完整的以賽亞書、其他舊約書卷的部分經文（只缺以斯帖記），還有舊約至新約期間的猶太文獻。學者相信，收藏這批古卷的是新約時代一個名為「愛色尼派」（Essenes）的猶太教派，這派教徒以虔誠、嚴守紀律及獨身著稱，大概居於死海以西。

在某些情況下，死海古卷所提供的異文可能比「馬所拉經文」更能反映出原稿的面貌。近代對死海古卷仍然有相當多研究，正在逐漸整理和出版，這將有助理解古代聖經經文抄傳的複雜情況。

1.5.3 蒲草紙抄本

蒲草紙抄本是以大楷體字體抄寫在蒲草紙上的，所用的是卷軸形式，而其他大楷體抄本是以書冊的形式釘裝的（參下節）。對於這類抄本的編號方式，是以哥德字體（Gothic）的 𝔓 字，跟著是阿拉伯數字，例如稱為 $\mathfrak{P}^{52}$ 等（“𝔓”代表了 papyrus）。

相對於其他抄本，蒲草紙抄本的研究是較遲才開始的，在 1900 年以前只發現九份，到了二十世紀才有更多的發現和研究。現存的蒲草紙抄本約有一百多份，這些抄本除了經文之外，也有註釋、經課集、詩歌等。其中有以下幾類主要的抄本集：

(1)「貝蒂蒲草紙抄本集」（Chester Beatty Papyri）：這份抄本集極有可能

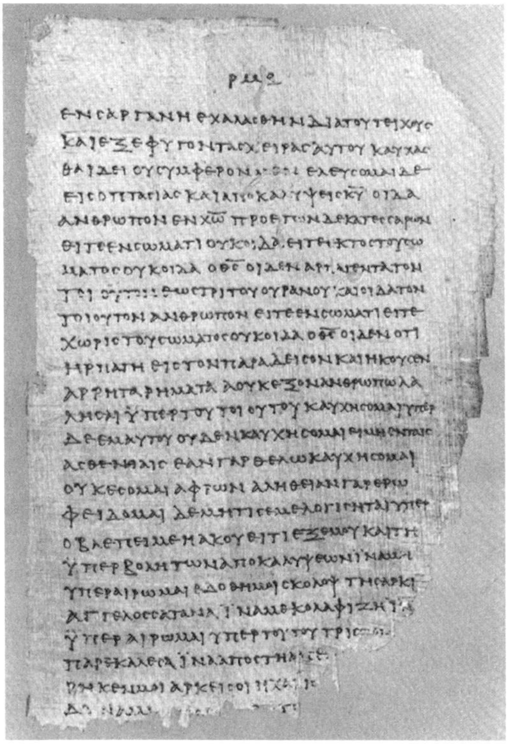

是源自埃及的修道院，由美國收藏家貝蒂（Alfred Chester Beatty）於 1930 至 1931 年和 1935 年發現的，現存愛爾蘭都柏林的貝蒂博物館。這些抄本屬二至四世紀，共有十一份（八份是舊約，三份是新約），其中最重要的是 $\mathfrak{P}^{45}$（250 至 300 年，四福音和使徒行傳）、$\mathfrak{P}^{46}$（200 年，保羅書信和希伯來書）和 $\mathfrak{P}^{47}$（250 至 300 年，啟示錄）等。

三世紀初新約蒲草紙抄本 $\mathfrak{P}^{46}$ 的一頁，本頁包括了哥林多後書十一章 33 節至十二章 9 節。

（2）「約翰雷蘭蒲草紙抄本殘篇」（John Rylands Fragment）：現存英國曼徹斯特約翰雷蘭圖書館，這套文獻藏量豐富，其中較重要的抄本有 $\mathfrak{P}^{52}$ 和 $\mathfrak{P}^{32}$。$\mathfrak{P}^{52}$ 另稱《約翰殘篇》（*John Fragment*），是現存最早的一份新約聖經抄本，約在 125 年抄錄，屬亞歷山太經文類型，抄錄了約翰福音十八章部分經文（31～33、37、38 節）。這份手抄本的日期相當接近原書，在 1920 年發現，到了 1934 年由羅伯茨（Colin Roberts）確定。至於 $\mathfrak{P}^{32}$ 則包括提多書一章 11 至 15 節和二章 3 至 8 節，它被確定屬於二世紀。

（3）「伯默蒲草紙抄本集」（Bodmer Papyri）：這套抄本集可能來自埃及的修道院，在 1952 年發現，由伯默（M. Martin Bodmer）於

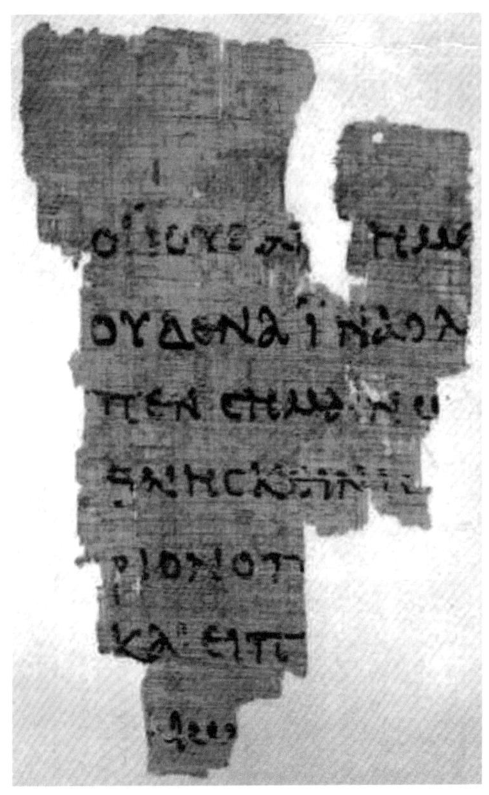

二世紀新約蒲草紙抄本 $\mathfrak{P}^{52}$（John Rylands Library Papyrus $\mathfrak{P}^{52}$, recto）。

1955 至 1956 年間購得，現存瑞士的伯默圖書館（Bodmer Library of World Literature）。這套抄本集屬二世紀末至七世紀，包括希臘文和科普替文抄本，約共五十份（其中三份是羊皮紙），包括有約翰福音（一 1～十四 26）的 $\mathfrak{P}^{66}$（約 200 年），亦有現存最早期的猶大書與彼得前後書抄本的 $\mathfrak{P}^{72}$（約三世紀）。

(4)「俄西林古蒲草紙抄本集」（Oxyrhynchus Papyri）：1897 年及以後在埃及的俄西林古（Oxyrhynchus，開羅以南 125 里）陸續發現蒲草紙文獻，屬公元前 250 年至 700 年間。這些文獻包括宗教經文、新約和次經的抄本等。

1.5.4 大楷體抄本

大楷體抄本是早期希臘文聖經的主要抄寫字體形式，以端正的大楷字體抄寫，常見於四世紀至約九世紀之間希臘文和拉丁文手稿中。這類抄本是以書冊的形式釘裝的，把經文抄錄在蒲草紙或羊皮紙上，將一張張書寫的材料疊起來，再將一邊紮在一起，通常附上封底面作保護之用。現存的新約大楷體抄本約有三百份，其中接近完整的重要新約抄本有三份：

（1）「梵蒂岡抄本」（Codex Vaticanus，簡稱 B，抄本代號 03）：「梵蒂岡抄本」是希臘文新舊約譯本，日期約在 350 年間。這份抄本大概源自埃及，在 1481 年以後見於梵蒂岡圖書館（Vatican Library），這年份是編目的時間，該抄本顯然在 1448 年圖書館建立時已經存在，卻無從得知是如何得到和發現的。事實上，對它的研究是始於十九世紀末。這份抄本並不完整，合共有 759 葉（leaves），舊約缺部分創世記、部分列王紀下和部分詩篇，新約自希伯來書九章 14 節之後至啟示錄都全部失掉。

（2）「西奈抄本」（Codex Sinaiticus，簡稱 א〔希伯來文第一個字母〕，抄本代號 01）：「西奈抄本」屬四世紀，是由蒂申多夫（Constantin von Tischendorf）於 1844 年至 1859 年間在西奈山腳的聖凱瑟琳修道院發現的，在 1933 年之後存放在倫敦大英博物館圖書館（本書導論略述了發現這份抄本的故事）至今。整份抄本包括以大楷體抄寫的部分舊約和全本新約經文，以及典外文獻如《巴拿巴書信》（*Epistle of Barnabas*）和《黑馬牧人書》（*The Shepherd of Hermas*）等。此外，它還包括了六世紀的一系列修訂。大部分聖經學者相信，「西奈抄本」在埃及抄錄，其新約經文與「梵蒂岡抄本」類近。

「西奈抄本」的路加福音十一章 2 節，可見大楷體抄本的字形。

（3）「亞歷山太抄本」（簡稱A，抄本代號 02）：「亞歷山太抄本」屬五世紀。這份抄本的名稱是假設它是源自亞歷山太而命名的，它於 1621 年從亞歷山太被運往君士坦丁堡，在 1627 年作為禮物贈送給英王查理斯一世（Charles I），現存倫敦大英博物館圖書館。它共有 773 葉，包括部分舊約和新約經文，亦包括了兩封據稱是革利免所撰的書信和《所羅門詩篇》。由於它是較早為人所知的大楷體抄本，故此對於早期的經文鑑別學十分重要。

還有好些抄本也是相當重要的，其中有：

（1）「以法蓮抄本」（Codex Ephraemi Rescriptus，簡稱 C，抄本代號 04）：希臘文聖經大楷體抄本，屬五世紀，現存法國巴黎國家圖書館（Paris, National Library of France）。它是最重要的複寫本之一。複寫本是指擦掉寫在羊皮紙上的舊經文之後，再寫上另一段經文的形式。由於只有羊皮紙適合複寫，故此差不多所有複寫本都是羊皮紙。大約在十二世紀，有人把這份抄本餘下的羊皮紙用來抄寫敍利亞的以法蓮（Ephraem of Syria，四世紀的敍利亞教父）的三十八篇講章，這份抄本因而得名。「以法蓮抄本」在十六世紀後存放在巴黎，到了 1840 年代由蒂申多夫確證，原本包括部分舊約和整部新約聖經，現存抄本則差不多每一卷書都遺失一半，並缺帖撒羅尼迦後書和約翰二書。

（2）「伯撒抄本」（Codex Bezae，簡稱 D，抄本代號 05）：希臘文新約大楷體抄本，屬五世紀後期，由改革宗神學家伯撒（Theodore Beza）於 1581 年將此抄本獻給劍橋大學，所以這份抄本以他命名，現存劍橋大學圖書館（故此也稱「劍橋大學抄本」〔Codex Cantabrigiensis〕）。這份抄本是西方經文類型的代表，也是最早期的雙語抄本，把希臘文及拉丁文並列對照，載有不完整的福音書和使徒行傳，並附有一份約翰三書的拉丁文斷片。由於它的經文與最早期的抄本之間有許多不同，故此《欽定本》甚少考慮它的經文，但它代表了西方經文類型的特質。

以下的抄本是較後期的代表：

(1)「清山抄本」(Codex Claromontanus，或譯「克勒芒特抄本」，簡稱 D^p 或 D2，抄本代號 06)：希臘文及拉丁文新約抄本，屬六世紀，現存巴黎國家圖書館。這份抄本是以希臘文及拉丁文並列，抄錄了保羅書信及希伯來書。

(2)「羅德抄本」(Codex Laudianus，簡稱 E^a，抄本代號 08)：希臘文及拉丁文新約抄本，屬六或七世紀，現存英國牛津大學博德萊安圖書館(Bodleian Library in Oxford)。這份抄本抄錄了使徒行傳，它亦是最早包括有使徒行傳八章 37 節的抄本。

(3)「理久抄本」(Codex Regius，簡稱 L，抄本代號 019)：希臘文新約抄本，屬八世紀，現存巴黎國家圖書館，這份抄本只有福音書，保存了良好的亞歷山太經文類型，與「梵蒂岡抄本」相近。在馬可福音的結束部分，它包括了傳統的長結語(可十六 9～20)和短結語。

(4)「費瑞華盛頓抄本」(Freer Washington Manuscripts，簡稱 I 和 W，抄本代號 016 和 032)：這是由費瑞(Charles L. Freer)在 1906 年所擁有的兩份抄本，現存美國華盛頓的費瑞藝術廊(Freer Gallery of Art, Simithsonian Insitutionin Washington)。其中抄本 I 包括保羅書信(從哥林多前書至希伯來書)，屬於五世紀，另一份抄本 W 收錄了福音書，也是屬於四或五世紀的。

1.5.5 小草體抄本和經課集

在大楷體抄本之後有另一種抄寫形式，稱為「小草體抄本」，以小楷草書抄寫，常見於九至十六世紀的許多希臘文聖經抄本中。此外，經課集也是大楷體抄本之後的形式。現存這兩類抄本各有二千多份，在新約抄本文獻中佔多數。

小草體抄本一般是按照抄本系（family）分類的，少數獨立編排，其中較重要的抄本系如下：

（1）費拉爾抄本系（Ferrar Family）：由都柏林大學（Dublin University）教授費拉爾（William Ferrar）確定幾份抄本為同一系（13、69、124、230、346、543、788、826、828、983、1689 和 1709）。它們可能是源自十一世紀至十五世紀的意大利南部，亦稱為「十三族系」（Family 13 或 f^{13}），反映該撒利亞經文類型（關於經文類型，參下章）。在這系列的抄本中，行淫婦人的故事（約七 53 ～ 八 11）是放在路加福音二十一章 38 節之後的。

（2）萊克抄本系（Lake Family 或 f^{1}）：1902 年由英國學者萊克（Kirsopp Lake）確認的另一抄本系，約在十二至十四世紀之間（1、118、131 和 209），其中抄本 1 是伊拉斯姆用作預備第一部希臘文印刷版本的抄本。

（3）小草體抄本 33（Minuscule 33）：在十九世紀初，這份抄本已被稱為「小草體抄本之后」（Queen of the Cursives），現存巴黎國家圖書館。它屬於九至十世紀，包括了差不多整部新約，只欠啟示錄。這份小草體抄本相當近似「梵蒂岡抄本」，屬亞歷山太經文類型，不過在使徒行傳和保羅書信中卻顯出受到拜占庭經文類型的影響（關於經文類型，參下章）。

（4）小草體抄本 16（Minuscule 16）：這部抄本以希臘文和拉丁文抄寫四福

音，現存巴黎國家圖書館。它是以四色抄寫的，其中敘事用朱紅色，耶穌和天使的說話用深紅色，舊約引文和使徒的說話用藍色，法利賽人、百夫長、賣主的猶大，以及邪靈的說話用黑色。

由於這類抄本都是源自其他抄本的，故此即使抄本成書的時間較早，也不一定代表它是更準確，反而它是抄寫自甚麼來源，才是較重要的影響因素。至於經課集，一般也是以小草體抄寫的，用於公眾崇拜的讀經中，通常只有一段經文，大多是福音書，部分是使徒行傳和書信。

建議閱讀書目

Sharpe, John L. III and Kimberly van Kampen, eds. *The Bible as Book: The Manuscript Tradition*. London: The British Library & Oak Knoll Press, 1998. 本書包括十五篇論文，詳論聖經早期抄本的傳統。

Würthwein, Ernst. *The Text of the Old Testament: An Introduction to the Biblia Hebraica*. Translated by Erroll F. Rhodes. 2nd edition. Grand Rapids, MI: Wm. B. Eerdmans, 1995. 本書介紹舊約經文的抄傳和翻譯，也論述了古代經文的抄寫工具和過程。

1.6 鑑別與研究

1.6.1 經文鑑別學的近代發展

在伊拉斯姆的首部希臘文新約印刷版本出現之前，所有聖經都是由文士抄寫的，即使他們盡力避免錯誤，也難免出現抄寫的歧異。這些歧異，被稱為「經文異文」(textual variants)。對於這些異文的鑑別，需要引用一門專門的學問：經文鑑別學(textual criticism)。

經文鑑別學致力於校勘文獻、抄本及經文語句，從不同版本(包括原文抄本、譯文與古代作者的引用語句)的異文、從繁多的現存手抄本中，推斷最接近原稿的文句，盡可能重建經過重複抄傳之經文的原貌。經文鑑別學也被稱為「低等」經文鑑別學(“Lower” textual criticism)，這不是等次的稱謂，而是指有別於考究文獻材料的高等鑑別學(Higher criticism)，後者是分析與研究聖經文本的作者、成書日期、寫作形式及來源(大部分的聖經研究理論都是屬於高等鑑別學，例如形式鑑別學、編修鑑別學等)。

經文鑑別學是在十八世紀發展起來的一門學問。大約在二十世紀中葉之前，經文鑑別學討論的主要是指新約的經文，而對於舊約經文，基本上是信任猶太教的「馬所拉經文」(參下文)。

在十五世紀活版印刷術發明後，第一部印刷的希臘文新約是由伊拉斯姆(Desiderius Erasmus)於1516年發行的。伊拉斯姆印製的希臘文新約只是用了五部希臘文抄本，其中最古老的一部是約1100年，屬拜占庭經文類型的例子(關於經文類型，參下文的介紹)。伊拉斯姆的希臘文抄本以後被稱為《公認經文》，通行至十九世紀，而1611年的《欽定本》也是根據這個版本翻譯的。直至十九世紀中葉，才逐漸因著經文鑑別學的研究，而在經文版本上有更合理的成果。

在十八世紀之前的新約版本，一般不會懷疑《公認經文》，儘管當時已有新抄本的發現和研究，但影響有限。1719年，英國數學家和神學家韋爾斯(E. Wells)首先編輯了一部完整的新約，並沒有運用《公認經文》，而是運用較古老的抄本。1720年，另一位英國古典學家和經文鑑別學者本特利(Richard Bentley)也嘗試使用早期的抄本，重建一部古代的經文，不過他們的工作都較受忽略。本特利早年曾編纂希伯來文聖經與其他語言抄本的對照，但從沒有出版，其手稿現存大英博物館。他提出新約希臘文聖

1523年的伊拉斯姆，由小漢斯・霍爾班(Hans Holbein the Younger)所繪，伊拉斯姆建立了經文鑑別學的基礎。

經與拉丁文抄本對照的編修計劃也沒有完成，但他卻整理了不少經文評註。

在十八世紀初，德國信義宗聖經神學家本革爾（Johann A. Bengel）對當時希臘文新約不同版本的異文作出廣泛的研究。他下結論說，新約的異文比預期的少，而且沒有動搖基督教的教義。本革爾強調，在研究的方法上，不只是抄本，抄本的傳統族系（text groups）也是需要區分的，因而產生了經文鑑別學的雛型。1734 年，本革爾出版具有校勘欄的新約希臘文聖經。校勘欄列出不同經文抄本之資料，而以便對經文文本作出鑑別的註腳欄位，通常放在每頁的下欄。這種雛型經過發展之後，成為現今希臘文聖經常見的形式。

至於舊約的經文（主要是指「馬所拉經文」），在十八世紀也出現了擁有經文鑑別註釋的希伯來文聖經版本。例如肯尼科特（B. Kennicott）和德魯西（J. B. de Rossi）的校勘成果，鑑定了舊約經文的大量異文，證明「馬所拉經文」的異文大多數都是微不足道的。故此，舊約經文一直是以「馬所拉經文」為基礎，直至二十世紀中葉死海古卷發現之後才有修訂。

相對之下，新約經文的基礎卻有一定程度的變化。在 1730 至 1751 年間，韋斯坦（J. J. Wettstein）的版本大量引用了古典和拉比的摘引，成為他的兩冊希臘文新約（1751～1752 年）的標準。韋斯坦對抄本作出分類，以大草字母稱大楷體抄本，以阿拉伯文數字稱小草體抄本，這方式經過萊比錫大學（University of Leipzig）的格雷戈里（Casper René Gregory）整理，仍然沿用至今天。1767 年，德國信義宗神學家塞姆勒（Johann S. Semler）致力研究聖經抄本的流傳，進一步改善本革爾對經文族系的區分。不久之後，德國新約經文鑑別學者格利斯巴赫（Johann Jakob Griesbach，他是塞姆勒的學生）接納了經文族系（text-family classification）的區分方式，並且認為西方經文類型和亞歷山太經文類型的族系比君士坦丁堡的經文類型更早。格利斯巴赫於 1775 至 1777 年間在德國出版希臘文新約版本，取代了《公認經文》。格利斯巴赫根據經文鑑別學的成果，逐漸改變對經文族系的判斷。雖然他的分類方式已被修正，不過其基本架構直至現今仍然被使用。例如，他提出「較難的讀文較可取」和「較短的讀文較可取」的觀點，原因是修改、潤飾和解釋，都會導致更清晰和詳盡的讀文，這在現今仍然是經文鑑別的基本原則。

在十九世紀，德國柏林大學（University of Berlin）的古典語言學者拉赫曼（Karl K. F. W. Lachmann）的鑑別經文（1831 年）略過《公認經文》，運用了在四世紀之前的抄本。拉赫曼整理早期新約抄本，並質疑《公認經文》。他認為，符類福音反映了一份較古老的資料來源，而馬可福音是最早的正典著作。同時，蒂申多夫對「西奈抄本」的發現，以及他的希臘文經文（1864 年第八版），整理了當時最好的抄本，提供了相當豐富的鑑別參考材料。

在 1870 年代，英國劍橋大學的兩位聖經學者魏斯科（Brooke F. Westcott）和霍特（Fenton J. A. Hort）經過仔細的對比，指出現今的新約經文絕大部分是可靠的，不論我們是在使用《公認經文》，或他們所編訂的希臘文經文（大多基於「西奈抄本」和「梵蒂岡抄本」）。魏斯科和霍特用了二十八年時間，按照當時發現的抄本合編新約希臘文聖經，在 1881 至 1882 年間出版了新的版本。他們把經文分為四組不同的類型：亞歷山太經文類型（Alexandrian Text-type）、中性經文類型（Neutral Text-type，這類型後來被視為即亞歷山太經文類型）、西方經文類型（Western Text-type），以及敍利亞經文類型（Syrian Text-type，這類型即後來的拜占庭經文類型）。他們追溯不同經文類型之間的關係，彼此構成的「族系譜」（family tree），顯示屬於敍利亞經文類型的《公認經文》（包括《欽定本》）只是建基於較次等的經文類型，而當時的《修訂標準譯本》（*Revised Standard Version*）則是建基於較優秀的經文類型。儘管近代學者一般把亞歷山太和中性經文類型合併為一類，魏斯科和霍特的理論仍是以後新約經文鑑別理論的基礎。

1902 至 1913 年，德國聖經學者索登（H. von Soden）提出了另一版本，可以追溯修訂經文背後所根據的抄本來源。他的重要性，是在於他提出了校勘欄的設定，而不只是作理論性的歸類。1924 年，英國學者斯特理特（Burnett H. Streeter）修訂了魏斯科和霍特對經文的歸類方式。他反對任何認為經文可以從原文毫無影響地流傳下來的概念，由於當時蒲草紙抄本的發現，他認為最早期的抄本已經混合了不同的經文類型。斯特理特把眾多抄本的經文歸類為五個類型：亞歷山太、該撒利亞（Caesarean Text-type）、安提阿（Antiochene Text-type）、歐洲西方（European Western Text-type）和非洲西方（African Western Text-type），部分成為拜占庭經文類型（Byzantine Text-type）。

現今在經文鑑別學上，對於新約希臘文經文，一般是有亞歷山太、西方、該撒利亞和拜占庭等經文類型的分法（參下文 1.6.3 節）。雖然有上述的分類方式，不過沒有任何經文類型可以證明是直接源自原稿的。在最早期的蒲草紙抄本的證據中，已經顯示沒有任何「毫無雜質」（unmixed）的早期經文。任何外在的證據，也不能把時間推前至三世紀之前。故此，若要確定某一段讀文，只可以研究正典經文的內在證據，逐段衡量異文。因此，研究經文類型的價值，只是探討經文傳抄歷史的一步。

1.6.2 基本原則

在新約希臘文經文傳抄的過程中，出現眾多不同族系的經文類型，是由於傳抄的過程免不了會有差異的出現。當聖經的抄本被抄寫時，即使抄寫者小心謹慎，但由於種種原因，例如古代文獻所存含糊的地方，包括在字詞的分隔上（古代抄本是不會把字詞分隔抄寫的），以及抄寫過程的不利因素，難免會在經過數百年的抄傳之後，所存留下來的抄本與抄本之間（尤其是不同地域的抄本），存在許多差異。當然，許多方法可以判斷出正確的讀法（例如上下文）。這種根據古代抄本進行鑑別比較，以確定經文的差異及修復原文的過程，稱為「核對」（collate）。

由於聖經手抄本之間有許多微小的異文，除非一份抄本被認定能凌駕其他抄本之上，否則必須使用經文鑑別學來比較眾多手抄本。不過，要留意的是，文士也有不小心的抄寫錯誤，例如由於抄寫時因視線跳到不正確的位置，無意間漏掉或重複了某些字母、字詞，甚或是一整行，或是把兩個相連的字母倒轉，或是將一個字母誤當成另一個相似的字母，這些因素都會造成差異或錯誤。有時，文士為了正統的取向或與另一段經文協調，也會故意改動他們所抄寫的經文。這些錯誤大多是輕微和容易看出，而且是可以改正的，故此不會對經文的意義造成重大影響。事實上，絕大部分的聖經都是可靠的。現代不少優秀的聖經譯本都有註腳，提醒讀者留意重要的異文。

經文鑑別學是一門複雜的學科，主要是研究和比較上述的差異，基本上可以分為外證和內證兩方面的處理。外證的方式是根據抄本的年代、分佈、經文類型等來評估，至於內證的方式是根據聖經本身的上下文、作者的風格和詞彙、可能的抄寫錯誤原因等衡量。雖然現今在聖經抄本中所發現的異文超過 200,000 處，不過大多是單字的誤寫或缺漏。事實上，即使我們分別閱讀兩份分歧最大的新約手抄本，也不會動搖我們對聖經的基本理解。

在現行的研究中，經文鑑別學主要探討的對象有：（1）抄本：原始或早期的資料來源；（2）譯本：不同語言的譯本；（3）早期基督徒作者的作品：在一至二世紀之間的基督徒作者，由於生活接近新約成書的時間，故此他們對聖經的引述，可以協助判斷。

對於異文的評斷，是經文鑑別學的主要工作。在聖經抄本中的異文，大致可以分為兩類出現的原因，即由於抄寫錯誤而造成無意的更改（unintentional errors），以及對經文有意的更改（intentional errors）。

由於抄寫錯誤而造成無意的更改，包括在抄寫時看錯（例如遺漏字母、重複字母、認錯相似的字母、或跳行）、聽錯（聽成另一個同音字而錯配）、抄寫時誤以為是另一處相似的經文或字詞等。舉例而言，在經文鑑別學中所謂「重寫」（dittography），就是指經文抄寫過程中的錯誤，將僅出現一次的字母、音節或單字，錯誤地抄寫兩遍。這些錯誤，大多是出於無意的。

至於抄寫員有意的更改，大多是由於抄寫時，抄寫員作出拼寫和文法上的修正（有時這修正是錯誤的）、為了協調其他經文而修改、為了澄清或避免疑難而修改，以及把兩部不同抄本合併而成為新的版本。

大致上，在經文鑑別學中，有兩條基本原則，指引何者較可能是原稿的讀法：

（1）較短的讀文較可取（*brevior lectio potior*）：意即認為短句（短讀文）較長句（長讀文）可取，因為較長的讀文很可能是抄寫員的澄清、合併、旁註補充。在抄寫過程中，抄錄者較有可能嘗試解釋難明的短句，而較少將長句修短。

（2）較難的讀文較可取（*lectio difficilior*）：意即較難解釋的句子比清晰易明的句子可取，因為較順的讀法很可能是在抄寫的過程中，抄錄者傾向嘗試簡化或闡明難解的字句的結果。

在不同抄本之間的經文差異，大概可以再分為瑣碎的差異（trivial variations）和重要的差異（substantial variations）兩類，前者主要是字詞的拼寫和次序的差異，後者往往涉及整段經文的位置和編排，例如行淫婦人的故事（約七 53～八 11）、埃提阿伯太監的認信（徒八 37）、馬可福音的結語（可十六 9～20）和約翰一書五章 7 節，這些故事或經文在原書是否存在或位置是否正確，一直有極大的爭論。

經文鑑別學中最重要的一項釋經理據，就是我們不可以把神學或倫理的原則，單單建立在難以確定其原來文本的經文上。當某段經文出現嚴重的歧異時，明智的讀者在解釋和應用上，就是不論根據哪個經文版本，都能作出答辯。故此，釋經者對於聖經教義或行事法則的歸納，也應該建立在文本有把握的經文上。

1.6.3 經文類型

在前文的討論中，經常會提及「經文類型」(text-type，或譯「文本類別」)。近代學者對上述的新約聖經抄本，按照其內容的相近程度，作出歸納分類。經文類型是經文抄本的分類方式，反映了同類抄本彼此之間的共通關係。聖經經文抄本的研究方法，稱為「抄本族系證據」(genealogical evidence)或「抄本族系方法」(genealogical method)，即分析抄本的經文類型，由抄本所屬的族系推斷抄本的根源。由於同一抄本族系往往顯示有其相似的特徵，這有助鑑定個別異文。

近代學者對新約經文類型有不同的區分，不過現今一般分為以下四類：

(1) 拜占庭經文類型(Byzantine text-type)：在現存的新約希臘文抄本中，這是絕大多數所屬的類別，約佔現存抄本總數的80%。由於多為君士坦丁堡和拜占庭帝國的地區所用，因而得名。這是一種混合的聖經抄本類型，遲至三世紀末才出現，但大體上時間較晚。由於它比其他經文類型更「完整」或「詳盡」，故此也有許多修正的迹象，因而被視為是後期來源的證據。拜占庭經文類型在過去也稱為教會經文類型(Ecclesiastical text-type)、敍利亞經文類型(Syrian text-type)、通俗希臘文經文類型

（Koine text-type）或安提阿經文類型（Antiochan text-type）。魏斯科和霍特稱這類經文為敍利亞經文類型，原本是指那些不屬中性經文類型、亞歷山太經文類型和西方經文類型的抄本，因而其定義略為模糊。魏斯科和霍特認為，這類經文源自希臘和敍利亞教父，通行於君士坦丁堡和拜占庭帝國的地區，故此近代學者一般是用拜占庭經文類型的名稱。過去所謂的主流經文類型（Majority text-type，簡稱 MT），一般就是指拜占庭經文類型。

（2）西方經文類型（Western text-type）：這類經文抄本主要證據都是來自拉丁教父和拉丁文譯本，包括北非、義大利、法國等地區教父的引用經文。最早的抄本殘片可追溯至約 150 年，主要抄本包括「伯撒抄本」、《古拉丁文譯本》（*Old Latin versions*）與《古敍利亞文譯本》（*Old Syriac versions*），這類型的抄本傾向諧協和合併語句的現象，含有不少修正的迹象。

（3）亞歷山太經文類型（Alexandrian text-type）：另稱埃及經文類型（Egyptian text-type），屬三及四世紀的早期經文類型，主要源自埃及地區（特別是亞歷山太城），見於大部分蒲草紙抄本，包括「梵蒂岡抄本」及「西奈抄本」等，被公認是優良的聖經抄本類別，相當接近原稿。過去在新約經文類型中有所謂中性經文（Neutral Text）的類型，這是魏斯科和霍特在分析「梵蒂岡抄本」時提出的理論。他們認為這類抄本存在著一些比當時認為屬亞歷山太、拜占庭和西方經文類型的抄本更接近原文的中性經文，尤其與「西奈抄本」接近。近代學者一般不同意中性經文存在的分析，而把魏斯科和霍特認為屬中性經文類型的抄本歸屬亞歷山太經文類型。

（4）該撒利亞經文類型（Caesarean text-type）：一般認為，這是亞歷山太經文類型與西方經文類型混合的聖經抄本類別。這名稱的由來是因為英國聖經學者斯特理特認為，在 231 年以後，俄利根曾在該撒利亞使用這類經文抄本。

1.6.4　可供選擇的評註文本

研經者如能按照聖經的原稿進行解經，這自然是最理想的。可是，由於原稿已失，餘下最好的選擇，就是根據希伯來文和希臘文經文的現代學術版本閱讀和解釋。

在近代的希伯來文和希臘文聖經中，有些聖經版本會根據經文鑑別學的方法，列明抄本比較資料的聖經版本，以及其中整理出來的經文文本，這些聖經版本被稱為「評註文本」(critical text)。評註文本通常是基於最可靠的抄本而成，不過也保存有爭議性的校訂部分。故此，希臘文新約聖經除了列出「評註文本」外，也會把其他有可能的讀法列在「校勘欄」(critical apparatus，展示不同抄本的讀文資料，通常見於正文的底部)中。

近代主要的《希伯來聖經》版本稱為 *Biblia Hebraica*（通稱 BH），早期的版本(1905 年和 1912 年)是建基於 1525 年的《拉比聖經》(*Rabbinic Bibles*)，到了第三版(1929～1937 年)是由祈特爾和卡爾(Paul Kahle)所編 *Kittel's Biblia Hebraica*（通稱 BHK），在斯圖加特(Stuttgart)出版。從 1951 年和 1977 年的版本 *Biblia Hebraica Stuttgartensia*（通稱 BHS，1967～1977 年）開始，部分經文參考了死海古卷的資料。最新的第五版在 1997 年由聯合聖經公會出版，這版本也是近代最多聖經學者使用的版本，其中有更多《希伯來聖經》異文的討論，在註腳中保留了經文異文的校勘欄，標示出其他較古老的希伯來經文(主要是死海古卷)和譯本(尤其是《七十士譯本》)。現今編撰的 *Biblia Hebraica Quinta*（通稱 BHQ），尚待 2015 年才全部完成，對經文的修訂較少，卻提供了較多異文的校勘資料。此外，近年在耶路撒冷也籌備了一部新的舊約經文版本，由戈申戈斯坦（Moshe H. Goshen-Gottstein）主編。

至於現今在坊間可以找到的《希臘文新約聖經》，是由所有新約的古代抄本和譯本中選取經文，重構原稿最可能的樣子。《希臘文新約聖經》有兩個版本，分別是奈瑟勒（Eberhard Nestle）和亞蘭（Kurt Aland）所編的《希臘文新約聖經》（*Nestle-Aland Novum Testamentum Graece*，簡稱 *Nestle-Aland*，現今是第二十七版），以及聯合聖經公會的《希臘文新約聖經》（*UBS Greek New Testament*，簡稱 *UBS GNT*，現今是第四修訂版）。兩者的正文基本上是相同的，分別是在於異文欄的資料。大致上，聯合聖經公會的《希臘文新約聖經》較多選錄對正文意思具影響性的異文，它的方法是將個別異文按照{A}、{B}、{C}、{D} 等級來劃分，確定其可信程度。{A}是表示聯合聖經公會編委會相當確定正文所選用的文本；{B}是表示編委會大概可以確定正文所選用的文本；{C}是表示編委會難以確定將哪一個異文語句納入正文；{D}是只有在少數情況下出現的，即編委會在作決定時遇到很大困難。在一般的情況下，讀者可以在異文欄資料的基礎上，對原文作出判斷。

近年，德國明斯特（Münster）的新約經文研究學院（Institute for New Testament Textual Research）從世界各地搜集新約抄本，是當代最重要的經文鑑別研究中心之一。該所整理了現存的抄本和殘篇，對希臘文經文的校勘欄加以標準化的整理，也是有助希臘文聖經版本的版本研究。（參該所網址 http://www.uni-muenster.de/INTF/）

建議閱讀書目

Aland, Kurt and Barbara Aland. *The Text of The New Testament: An Introduction to the Critical Editions and to the Theory and Practice of Modern Textual Criticism.*

Translated by Erroll F. Rhodes. 2nd edition. Grand Rapids, MI: William B. Eerdmans Publishing Co., 1995. 新約經文版本和近代鑑別學的入門著作。

Metzger, Bruce M. *A Textual Commentary on the Greek New Testament*. 2nd edition. New York: UBS, 1994. 本書是處理希臘文新約的標準參考作品。

Metzger, Bruce M. *The Text of the New Testament: Its Transmission, Corruption, and Restoration*. Oxford: Oxford University Press, 1997. 本書介紹新約經文鑑別學，包括其歷史和應用。

Tov, Emanuel. *Textual Criticism of the Hebrew Bible*. 2nd edition. Assen: Royal Van Gorcum; Minneapolis, MN: Fortress, 2001. 本書是較專門和全面的研究，處理《希伯來聖經》的經文。

黃錫木：《新約經文鑑別學概論》。香港：基道，1997。

1.7 經外文獻

1.7.1 次經和偽經

聖經是經過漫長時間才撰寫和結集成的，在聖經經卷出現的同時，也有許多其他的典籍在撰寫中。近代對於兩約中間和早期教會的典籍有眾多研究，涉及聖經和同期撰寫的典籍。

以早期教會的典籍為例，近代學者認為，有一些有關耶穌的言訓是沒有記載在福音書中。德國聖經學者克爾納（J. G. Körner）在 1776 年開始稱這類言訓為 *agrapha*（原意是「未被記載的話」），特別是指那些沒有記載在新約正典四卷福音書內的耶穌所說的話語。某些學者計算出，這些話語多達 256 句，它們的記載主要來自四方面：包括新約正典福音書外的書卷（例如徒二十 35；帖前四 15）、新約古抄本（例如「伯撒抄本」在路加福音六章 5 節的別異經文）、非正典的福音書，以及早期教父的著作。

顯然，早期教會已經有相當多典籍出現。基督教把這些典籍分為三類，即正典（canon）、次經（apocrypha）與偽經（pseudepigrapha，或譯「託名經書」)。

「正典」即神聖可靠的經典，在聖靈感動下成書，這名稱是相對於「次經」和「偽經」而言。不過，在歷史上對於聖經的正典有多少書卷的問題，在新教教會、天主教會和正教會中，是略有不同的看法。基本上，他們對於新約正典的範圍沒有異議，共同接納二十七卷新約作品為正典。不過，對於舊約正典的範圍，卻有不同的見解。從宗教改革以來，新教信徒一直接納由創世記至瑪拉基書的三十九卷書，但羅馬天主教和正教會就另外接納了不同的書卷，放在舊約之中。這些額外的書卷是存在於希臘文《七十士譯本》中，卻不見於希伯來文聖經的著作內。

對於「次經」的權威地位，在教會中有兩種意見。其一認為次經是聖經的一部分，特別是羅馬天主教會在十六世紀的天特會議(Council of Trent，1545～1563年)決定，把舊約次經收在正典之內。羅馬天主教會把正典和次經的書卷分別稱為「第一正典」(proto-canonical)和「典外文獻」(deutero-canonical，意即「第二正典」)，意思是後者不是正典的原來部分，但後來受到接納。至於新教教會一般認為，這些書卷不是正典，所以稱它為「次經」。次經在權威上不及希伯來文聖經，只能用作信徒道德的教化，而不能作為教義信仰的依據。在宗教改革後的新教教會清楚表明，舊約次經不具正典的地位，但卻肯定它對信徒的信仰生活有所助益。

以上所指的，主要是舊約次經。次經還有另一類，稱為「新約次經」，這些作品一般是刻意模仿新約正典書卷內容而撰寫的書卷，主要是約二至四世紀的著作。這些作品由於大多不符合傳統的教導，因此不被教會認可和被公眾使用。

最後一個類別稱為「偽經」，是指在上述次經以外的著作，其中的內容是明顯的偽作、含有錯誤的歷史記載，或有異端思想的成分。「偽經」這名稱是在十七世紀後才採用的，約有52卷之多（實際數量會有差異），大約在公元前二世紀至二世紀成書，其中一些著作是託亞當、以諾、摩西和以斯拉的名稱撰寫，而某些作品更可能曾被新約作者所參考引用。例如，《以諾一書》記載了在大洪水之前，以諾與上帝同行三百年所見的異象。這卷書可能由不同作者在公元前三世紀至一世紀之間撰寫，在死海古卷中也見有其殘卷。在兩約之間的經外文獻中，《以諾一書》多次被引用，而新約的猶大書也顯然提及它的內容（14～15節）。此外，新約對人子、彌賽亞國度、天使和魔鬼等思想，都可能有《以諾一書》的色彩。雖然這些經外文獻有上述的意義和影響，但猶太教和新教從不認為它們具有正典的權威。

事實上，舊約偽經的部分書卷可能源自早期基督教教會，又或在流傳的過程中，為早期教會人士所修訂，故此經常有濃厚的教會色彩。這些作品大多以傳統故事、異象或異夢等形式撰寫，協助在困難中的人堅守信仰。不過，由於書中記事經常怪誕離奇，甚至偏離正統教義，故此被猶太人和基督徒拒絕收入正典。尤其是新約偽經的作品，其內容甚至會有否定基督的救恩，或有與聖經教義相違的異端思想。由於不同教派對異端的定義略有不同，因此對於偽經的判別，以及其實際總數有多少，並沒有完全一致的結論。

1.7.2 舊約次經的範圍

相對於新約次經和早期的偽經，舊約次經顯然較為重要，在聖經的組成和流傳中也有較大影響，故此值得在此稍作介紹。

舊約次經主要包括在公元前300年至100年的猶太人著作，這些作品被收入希臘文舊約譯本，是希伯來文聖經所沒有的。即使新約經文的某些典故可能是引述自舊約次經（例如羅九21引用《所羅門智訓》15章7節，太十一28～30引用《傳道經》51章23～27節），保羅也曾引用過希臘詩人（徒十七28；多一12），而猶大書甚至兩次（9、14節）徵引偽經，不過早期基督徒並沒有視這些作品為正典。

現今天主教的舊約聖經比新教多了七卷書（天主教有46卷，新教39卷），正是次經作品。它們分別是：多比傳（天主教稱「多俾亞傳」）、猶滴傳（天主教稱「友弟德傳」）、馬加比一書（或譯「瑪喀比傳上」，天主教稱「瑪加伯上」）、馬加比二書（或譯「瑪喀比傳下」，天主教稱「瑪加伯下」）、所羅門智訓（天主教稱「智慧篇」）、便西拉智訓（天主教稱「德訓篇」）、巴錄書（天主教稱「巴路克」，其中包括耶利米書信）。天主教聖經在舊約某些書卷中也多了些經文，例如在但以理書（天主教稱「達尼爾」）中，天主教聖經收錄了幾篇文章，計有蘇撒拿傳（天主教稱「蘇撒納」），放在但以理書十三章；比勒與大龍（天主教稱「貝耳和大龍」），放在但以理書十四章；亞薩利亞之禱言（天主教稱「阿匝黎雅的祈禱」）和三童歌（天主教稱「三青年讚美上主歌」），放在但以理書第三章。此外，以斯帖記（天主教稱「艾斯德爾傳」）在翻譯成希臘文後，加上了希臘文部分（「以斯帖記補篇」），表達她對宗教的虔誠。

在現今的聖經版本中，天主教聖經附有次經，而由於新教某些宗派仍然重視次經的價值，故此新教的某些聖經版本也是附有次經的。到了十九世紀末葉，次經也有中文翻譯，並由聖經會出版。據現存的版本資料，美國聖經公會最早於1898年在上海出版了《聖經外傳》，包括了舊約的次經譯本。1918年之後，中華聖經公會先後出版了由都孟高（M. H. Throop）和黃葉秋翻譯的《瑪喀比傳》、《便西拉智訓》、《多比傳》、《所羅門智訓》、《猶滴傳》及其他等。都孟高也在1938年出版了所譯的《使徒遺傳》（主要是希坡律陀傳述的著作），同時也有譯者不詳的《三聖傳集》出版，附載早期教父的某些著作，雖然這些不是次經的作品，卻反映了當時對早期教會著作已有一定規模的翻譯和出版。1933 年，北平中華聖公會出版了《次經全書》，1949 年重印。新教教會現今所用的次經，主要是根據這個版本而印製的。近年次經的修訂工作，正在進行，大概要在數年之後才完成。至於天主教的中文次經版本，則見於《思高聖經》。

舊約次經的名稱和撰寫時期

基督教譯名（英文名稱）	天主教譯名（英文名稱）	估計撰寫時期
多比傳（Tobit）	多俾亞傳（Tobias）	約公元前 180 年
猶滴傳（Judith）	友弟德傳（Judith）	約公元前 150 年
所羅門智訓（Wisdom of Solomon）	智慧篇（Wisdom）	約公元前一世紀後期
便西拉智訓或傳道經（Sirach 或 Ecclesiasticus）	德訓篇（Ecclesiasticus）	約公元前 180 年
馬加比一書（1 Maccabees，瑪喀比傳上卷）	瑪加伯上（1 Maccabees）	約公元前二世紀後期
馬加比二書（2 Maccabees，瑪喀比傳下卷）	瑪加伯下（2 Maccabees）	約公元前二世紀末至公元前一世紀初之間
巴錄書（Baruch）	巴路克一至五章（Baruch 1-5）	約公元前二至公元前一世紀
耶利米書信（Epistle of Jeremiah）	巴路克六章（Baruch 6）	約公元前三至公元前一世紀
以斯帖記補編（Additions to Esther）	艾斯德爾傳十章 4 節至十六章 24 節（Esther 10:4-16:24）	約公元前二世紀末至公元前一世紀
亞撒利雅之禱言與我祖之歌頌（Prayer of Azariah）/三青年之歌（Song of the Three Young Men，三童歌）	達尼爾三章 24 至 90 節（三青年讚美上主歌/阿匝黎雅的祈禱）（Daniel 3:24-90）	約公元前二至公元前一世紀

基督教譯名（英文名稱）	天主教譯名（英文名稱）	估計撰寫時期
蘇撒拿傳（Susanna）	達尼爾十三章（附錄：蘇撒納）（Daniel 13）	約公元前二至公元前一世紀
比勒與大龍（Bel and the Dragon）	達尼爾十四章（附錄：貝耳與大龍）（Daniel 14）	約公元前二至公元前一世紀
以斯得拉一書（1 Esdras，以斯拉續篇上卷）	厄斯德拉前書（或三書，1 Esdras）	約公元前二至公元前一世紀
以斯得拉二書（2 Esdras，以斯拉續篇下卷）	厄斯德拉後書（或四書，2 Esdras）	約一世紀
瑪拿西禱言（Prayer of Manasseh）	瑪拿西禱言（Prayer of Manasseh）	約公元前二至公元前一世紀

1.7.3　舊約次經的內容

舊約次經包括了不同的文體，其寫作目的也各有不同，大致可以分為以下四類：歷史性（historical）作品、傳奇性（legendary）作品、先知性（prophetic）作品，以及倫理性／靈修性（ethical/devotional）作品。

1.7.3.1　歷史性作品

次經的歷史性作品包括《以斯得拉一書》（或譯「以斯拉續篇上卷」）、《馬加比一書》（或譯「瑪喀比傳上卷」）和《馬加比二書》（或譯「瑪喀比傳下卷」）。

《以斯得拉一書》是根據三卷舊約正典書卷（歷代志、以斯拉記和尼希米記）的部分內容寫成的，約成書於公元前二世紀，強調約西亞、所羅巴伯和以斯拉的宗教改革，但也有舊約正典所沒有的傳奇故事。《以斯得拉一書》有時也稱為《希臘文以斯拉記》（*Greek Ezra*），以有別於正典的以斯拉記。

「以斯得拉」（Esdras）是「以斯拉」（Ezra）一字的希臘文音譯。由於當這個名字是用於次經或偽經的經卷時，可以指不同的書，而有時因著名稱重複，同一名字在不同經文版本中會有不同所指，極易引起混淆。現今所用的名稱，主要依據英文聖經的稱謂傳統。下表可供參考：

以斯拉記、尼希米記和次經《以斯得拉書》的名稱和編排

英文聖經	希臘文《七十士譯本》	拉丁文《武加大譯本》	中文《和合本》	中文《思高聖經》
Ezra	以斯得拉二書	以斯得拉一書	以斯拉記	厄斯德拉上
Nehemiah	以斯得拉二書	以斯得拉二書	尼希米記	厄斯德拉下
1 Esdras	以斯得拉一書	以斯得拉三書	–	–
2 Esdras	–	以斯得拉四書	–	–

「馬加比」是公元前二世紀帶領猶太人獨立的祭司家族名稱（原初是瑪他提亞第三子猶大約名稱），領導猶太人反抗敍利亞在軍事、政治和宗教上的壓迫。《馬加比一書》原書於公元前二世紀末以希伯來文寫成，記載馬加比家族領導猶太人反抗安提阿古四世伊皮法尼（Antiochus IV Epiphanes）的經過。在公元前四世紀，希臘的亞歷山大大帝征服了巴勒斯坦地區，然後由他的將領所建立的王朝先後接管。到了公元前二世紀，統治者安提阿古四世強迫猶太人拜偶像、接受希臘文化、禁止割禮和守安息日等，導致不少猶太人反抗和殉道。安提阿古在鎮壓猶太人的一次暴亂中，洗劫耶路撒冷聖殿，結果引發馬加比家族領導猶太人起革命。公元前 165 年，馬加比家族成功奪回耶路撒冷聖殿和使猶太地區取得獨立，免於希臘化，直至公元前一世紀羅馬人入侵。《馬加比一書》記述了這個動人的歷史事迹。

《馬加比二書》不是《馬加比一書》的續集，而是記載了與《馬加比一書》差不多相同的事件，旨在把猶太人爭取獨立一事提升至神學的層面。不過，這卷書有較多神蹟奇事，其歷史可靠性也相對較低。《馬加比二書》的原書於公元前一世紀以希臘文寫成。

1.7.3.2 傳奇性作品

次經的傳奇性作品包括《多比傳》、《猶滴傳》、《以斯帖記補篇》、《但以理書補篇》，《但以理書補篇》部分段落包括有《亞撒利雅之禱言與我祖之歌頌》、《三青年之歌》（或譯「三童歌」）、《蘇撒拿傳》和《比勒與大龍》（或譯《彼勒與大龍書》）。

《多比傳》大約於公元前二世紀以亞蘭文或希伯來文寫成，作品後來被譯成希臘文。這卷書記載多比和他的兒子多比雅斯（Tobias）被亞述王放逐不久後，在尼尼微城所遇到的傳奇性歷程。

《猶滴傳》於公元前二世紀以希伯來文寫成，書中所描述的猶太寡婦猶滴勇敢過人，全然信靠上帝，終使其村莊免被尼布革尼撒屬下的將軍所毀。這卷書有幾個年份和事迹的記載，出現嚴重錯誤，故此可能是虛構的作品，但書中所述繼承了士師記的英雄傳統，也反映馬加比時代的掙扎、張力和惶恐。

《以斯帖記補篇》是在原本的以斯帖記版本上附加的希臘文補篇共六篇（合共 107 節），被收錄在希臘文《七十士譯本》，後來在翻譯拉丁文聖經時，把補篇一併納入原書的末章，成為十章 4 節至十六章 24 節，結果擾亂了原書的事件發生時序。學者相信這些補篇的目的，是要在一部對「神」這名字隻字不提的作品中（以斯帖記沒有提過神的名字），注入「神」的名稱和宗教信仰的元素。

《但以理書補篇》是在希臘文譯本中加插在但以理書內的次經補篇，原本約於公元前二世紀以希伯來文或亞蘭文撰寫，大約到了公元前 100 年翻譯成為希臘文。其中有《亞撒利雅禱言》、《三青年之歌》、《蘇撒拿傳》和《比勒與大龍》。

《亞撒利雅之禱言與我祖之歌頌》和《三青年之歌》敘述在但以理時代，

三名猶太青年因不肯拜尼布甲尼撒王鑄立的金像，被丟入火窰，卻沒有燒死，並且能在烈火中歌頌上帝的故事。其中《亞撒利雅之禱言》是亞撒利雅（亞伯尼歌）在火窟中的禱言；《三青年之歌》原來可能是兩篇個別的作品結合而成，內容主要為以色列所犯的罪懺悔，並祈求上帝叫以色列的敵人蒙羞的禱言，隨後接著一首讚頌之歌，囑咐人要讚美上帝。《蘇撒拿傳》於公元前二世紀或公元前一世紀以希臘文寫成（亦有認為是以亞蘭文或希伯來文撰寫），記載一位漂亮的女子被兩位好色的長老追求的經過，後來當她被誣害時，得到聰明的但以理為她辯護。《比勒與大龍》於公元前二世紀或公元前一世紀以希伯來文寫成，內容旨在説明拜偶像是何等愚昧的事，以及異教祭司的虛假，藉此鼓勵上帝的子民，只要有信心忍耐到底，終必得勝。

1.7.3.3 先知性作品

次經的先知性作品包括《巴錄書》、《耶利米書信》、《以斯得拉二書》（或譯「以斯拉續篇下卷」）。

《巴錄書》以希伯來文寫成，據稱原著乃出自先知耶利米的書記巴錄的手筆。這書似乎是由兩部分組成，第一部分是散文（一 1～三 8），主要是叫人知罪悔改；第二部分是詩集（三 9～五 9），旨在頌讚智慧，並安慰受壓迫的耶路撒冷。兩部分可能在約公元前 100 年才合併成一本書。

《耶利米書信》約撰於公元前三世紀，託耶利米之名論拜偶像的罪。現今的天主教聖經把這書歸入《巴錄書》第六章。

《以斯得拉二書》屬猶太天啟文學作品，當中記載了許多異象和象徵，於一世紀末至三世紀之間以希伯來文寫成。全書由三個部分所組成：三至十四章（可稱為《以斯拉四書》）主要包括上帝向身兼文士和先知身分的以斯拉所啟示的七個異象，而另外兩部分則是於二至三世紀由基督徒加入的希臘文補篇，這兩部分是一至二章（可稱為《以斯拉五書》）及十五至十六章（可稱為《以斯拉六書》），旨在告發羅馬政府的罪行，為耶路撒冷的不幸而哀慟。

1.7.3.4 倫理性/靈修性作品

次經的倫理性/靈修性作品包括《便西拉智訓》（或譯《傳道經》）、《所羅門智訓》、《瑪拿西禱言》。

《便西拉智訓》（另稱《西拉之子耶穌/約書亞的智慧》）約於公元前 200 至公元前 170 年間，由生活在耶路撒冷的約書亞．便．西拉（Joshua ben Sirach）以希伯來文寫成，後來由他的孫兒於公元前 132 年左右翻譯成希臘文，並加上序言。書中收集了道德教條，適用於不同情況，包括家庭和人際、對社會國家，尤其是對上帝的義務的規勸和建議。書末是對上帝的讚美和頌歌。

《所羅門智訓》約於公元前一世紀的亞歷山太城以希臘文寫成，是一部託名的作品，宣稱其為以色列尊貴的君王所著。本書是屬後期智慧文學傳統的作品，內容大致是警告邪惡的人、讚頌智慧，並且列舉上帝在過往施行大能的例子，從而嘲弄拜偶像的愚昧行為。

《瑪拿西禱言》大概於公元前二或公元前一世紀以希臘文寫成（也有認為是以亞蘭文或希伯來文寫的），以歷代志下三十三章 11 至 13 節為基礎，記述瑪拿西王在被擄後悔改的禱詞。這段禱詞只有 15 節，在不同版本的聖經裏被編入不同的位置。例如，在《七十士譯本》中被放在正文，但在拉丁文聖經被放在附錄裏，在東正教的聖經就成為了歷代志下的第三十三章，至於中文《思高聖經》則沒有收錄。

建議閱讀書目

Coogan, M. D., ed. et al. *The New Oxford Annotated NRSV Bible with the Apocrypha.* 3rd edition New York: Oxford University Press, 2001. 本書是次經的英文版本。

de Silva, D. A. *Introducing the Apocrypha: Message, Context and Significance*. Grand Rapids, MI: Baker, 2002. 近代對次經書卷的導論。中譯本:《次經導論——信息、語境和意義》。梁工、吳珊譯。北京:商務印書館,2010。

Harrington, D. J. *Invitation to the Apocrypha*. Grand Rapids and Cambridge: Eerdmans, 1999. 近代對次經書卷的縱覽。

Metzger, Bruce M. *An Introduction to the Apocrypha*. New York: Oxford, 1957. 本書是對次經的最佳入門概論,列出了可能的典故和相關的討論。

《次經全書》。〔中國〕: 中華聖公會書籍委員會,1933。本書是新教的中文版次經,翻譯了十五卷次經的內容。本書一直有重印的版本。

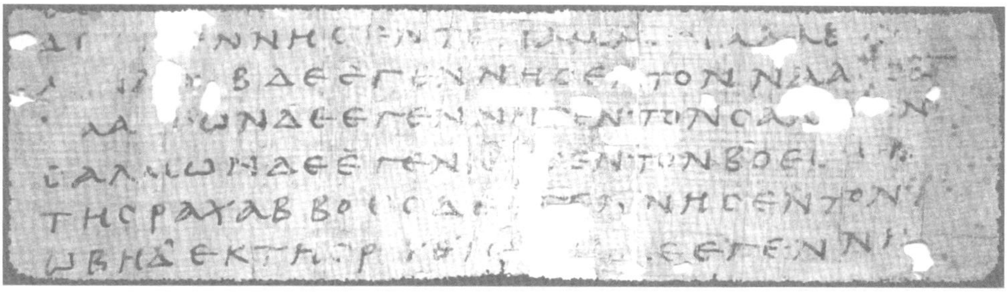

第二部　譯與傳

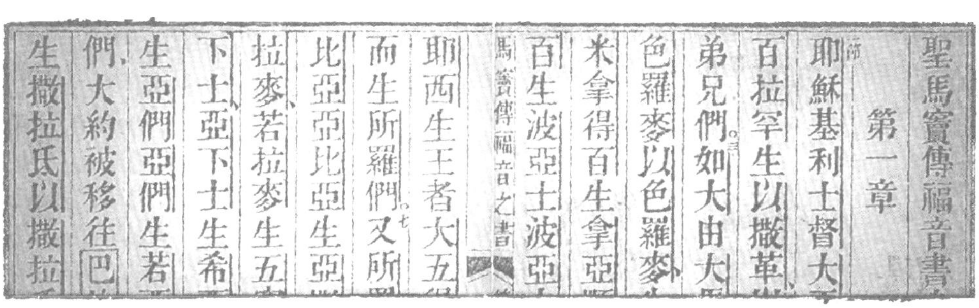

聖馬竇傳福音書
第一章
節 耶穌基利士督大
百拉罕生以撒革
弟兄們、三如大由大
色羅麥以色羅麥
米拿得百生拿亞
百生波亞士波亞
馬竇傳福音之書
耶西生王者大五
而生所羅們、七又所
比亞亞比亞生亞
拉麥若拉麥生五
下士亞下士生希
生亞們亞們生若
們、大約被移往巴
生撒拉氏以撒拉

2.1 早期的譯本

早期基督教會所認識的聖經，主要是指猶太教的《希伯來聖經》，加上新約的希臘文正典。隨著教會在希臘語世界的傳播，逐漸奉舊約聖經的希臘文譯本《七十士譯本》為圭臬，並以此為聖經原文翻譯成其他語言的文本，也成為聖經翻譯故事的開端。

在福音傳播的最初數世紀間，隨著基督教信仰到達當時所認識的世界角落，包括歐洲和小亞細亞地區，聖經被翻譯成不同的地區語言，包括在東方教會通行的敘利亞文、科普替文、亞美利亞文、格魯吉亞文、埃塞俄比亞文、阿拉伯文等，以及在西方教會通行的拉丁文。

讓我們隨著時代的步伐前進，瀏覽聖經在早期教會時代翻譯成不同語言的故事，以及聖經在這些語言中的近代概況。當中的盎格魯撒克遜文聖經雖然古老，但由於與英語聖經有較大的關係，故此放在本書 2.3 章中介紹。

早期的聖經翻譯

語言	時期	早期聖經翻譯部分
古希臘文	公元前三世紀	《七十士譯本》
亞蘭文	一世紀	五經的《他爾根》
撒瑪利亞文	二世紀	五經
敘利亞文	二世紀	新約
	約三世紀	聖經
拉丁文	二世紀	新約
	四至五世紀	《武加大譯本》
波海利文(科普替文)	三世紀	大部分新約
法雍文(科普替文)	不確定	斷片
沙希地文(科普替文)	四世紀	聖經
哥德文	四世紀	聖經大部分
埃塞俄比亞文	四世紀	斷片
	六或七世紀	聖經
亞美尼亞文	五世紀	聖經
格魯吉亞文	五世紀	聖經
盎格魯撒克遜文	七世紀	凱德蒙(Caedmon)的意譯
	八世紀	比德(Bede)的約翰福音一至六章 9 節
	九世紀	詩篇
	十世紀	福音書
阿拉伯文	八世紀	詩篇

* 整理自 Eric M. North, *The Book of a Thousand Tongues; being Some Account of the Translation and Publication of All or Part of the Holy Scripture into More Than a Thousand Languages and Dialects with over 1100 Examples from the Text*(New York: American Bible Society, 1938), 37 的附表。表中的時期僅為參考，學者對部分時期有不同的意見。

2.1.1　希臘文

在公元前四世紀亞歷山大大帝征服地中海和歐洲地區之後，希臘文逐漸成為各國人民間溝通的主要語言。即使在公元前一世紀，羅馬帝國成為這個區域的共主，希臘文仍然是主要的共通語言。當時在地中海東部地區，所通行的是通用希臘文（Koine Greek）。在基督教時代的最早期，新約的作品都是以通用希臘文抄寫成的，使新約作品廣泛通行於羅馬世界。（雖然部分福音書可能以亞蘭文撰寫，不過由於這些抄本已經不存在，因此學者對此沒有定論。）至於原來以希伯來文撰寫的舊約，在公元前三世紀也翻譯成為希臘文。

舊約聖經現存最古老的希臘文譯本，被稱為《七十士譯本》，約在公元前三至公元前一世紀根據希伯來文本譯成。相傳這部譯本是由耶路撒冷祭司長以利亞撒應公元前三世紀的多利買王朝君主多利買二世．非拉鐵非斯（Ptolemy II Philadelphus）的要求，從以色列十二支派中各選六人，合共七十二人在亞歷山太城翻譯而成。他們各人獨居一室，把整本《希伯來聖經》翻譯成為希臘文，最後各人的譯本彼此之間竟然一字不差。事實上，這部譯本為散居外地的猶太人（他們不再說希伯來文）所採用，律法書與其後各卷譯文的體例和用詞差異極大。根據譯文的語言，最早的律法書五卷於公元前三世紀完成，其餘部分約到公元前一世紀之前才完成，翻譯歷時超過一百多年。

《七十士譯本》所根據的希伯來文原文，往往與現存希伯來文《馬所拉經文》有很大的差別，不過它源自的希伯來原文究竟是甚麼經文，則仍然未能確定。大體上，《七十士譯本》的五經與「馬所拉經文」較為一致，而在昆蘭的死海古卷顯示，《七十士譯本》的撒母耳記至列王紀則與古老的巴勒斯坦經文傳統相符，後者可以早至公元前四世紀。

《七十士譯本》除了聖經的正典外，也收錄了一些被稱為次經的書卷。《七十士譯本》與《希伯來聖經》的編排方式略有不同，《希伯來聖經》文本分為律法書、先知書和聖卷等三部分；《七十士譯本》則有四部分：律法書、歷史書、詩歌、先知書，把次經各卷插在適當位置。西方教會近代聖經譯本保留了《七十士譯本》的編排方式，而有別於猶太教《希伯來聖經》之處，只是刪除了次經。

由於早期基督教教會主要是使用希臘語，故此新約聖經不少引用舊約經文之處，都是出自《七十士譯本》，它也是早期教會常用的舊約譯本。不過，猶太人認為基督教教會的做法是糟蹋了聖書，於是不再使用此譯本，故此《七十士譯本》在新約時代之後，都是只在基督教教會的範圍內使用。

《七十士譯本》的早期版本稱為《古希臘文譯本》（*Old Greek Version*）。由於現存最主要的《七十士譯本》抄本是源自四世紀以後的基督教教會，因此《古希臘文譯本》這個名稱特別是指在四世紀之前未受基督教教會影響的舊約希臘文譯本。

現存最古老的《七十士譯本》抄本，是二至四世紀的「貝蒂蒲草紙抄本集」（Chester Beatty Papyri）。到了三世紀，由於《七十士譯本》的各抄本相互差異甚大，訛誤甚多。三世紀初，俄利根的《六欄經文合參》（*Hexapla*）把六種不同舊約版本並列，以希伯來文和希臘文對照合參，試圖予以校正。《六欄經文合參》有一欄希伯來文聖經和五欄希臘文抄本，後者包括以希臘文音譯的希伯來文聖經、亞居拉譯本（Aquila）、辛馬庫譯本（Symmachus）、由俄利根修訂的《七十士譯本》和狄奧多田譯本（Theodotion version）。亞居拉譯本約於二世紀初翻譯完成，由原本信奉基督教，但後來改信猶太教的亞居拉所譯，其所依據的希伯來文經文與「馬所拉經文」差不多完全一樣。這譯本極拘泥字面的直譯，存留至今的僅是殘篇，但包含了大部分聖經經卷。辛馬庫譯本於二世紀末或三世紀初譯成，有關翻譯者辛馬庫的生平資料甚少。俄利根於 245 年完成了《七十士譯本》校訂本（*Origen's recension of LXX*），也排在《六欄經文合參》之內。至於狄奧多田譯本是於二世紀末葉譯成，估計是一個較早的譯本（稱為「原始狄奧多田版本」〔Ur-Theodotion verion〕）的修訂本，狄奧多田可能是一個歸化猶太教的以弗所人。根據早期教父的傳說，上述最後四類譯本也以獨立的形式存在，稱為《四欄經文合參》（*Tetrapla*）。

對於《七十士譯本》，有許多修訂的版本。例如，《該格校訂本》（*recension of Kaige*）是一個力求接近希伯來原文的希臘文《七十士譯本》修訂版，約於公元前一世紀末至一世紀初在巴勒斯坦完成。由於它將希伯來文的「和亦」（*wegam*）一字翻譯成一個不常用的希臘文，故以該字的音譯「該格」（*kaige*）命名。此外，傳統認為《路迦諾校訂本》（*recension of Lucianic*，另稱「安提阿經文本」〔Antiochene text〕）是由在 311 或 312 年殉道的路迦諾（Lucian of Antioch）修訂《七十士譯本》而成，它可能是第一部主要的《七十士譯本》校訂本。還有《赫西糾校訂本》（*recension of Hesychius*），傳說是由約 311 年殉道的一位埃及主教赫西糾（Hesychius）修訂《七十士譯本》而成，不過現今對這部譯本所知甚少。

由於新約時代的猶太人大多使用《七十士譯本》，故此在新約中不少引文都是來自這譯本。據統計，在新約引用舊約的 263 處直接引文中，其中 88 處相當接近《七十士譯本》、64 處只有輕微的差異、37 處是有相同的意思但用了不同的字詞、16 處是較為接近希伯來文的意思，而只有 20 處是與希伯來文和希臘文經文有別的（以上合共 225 處）。顯然，聖經作者在撰寫新約書卷時，按照聖靈的感動，而決定引用的方式。

《七十士譯本》在早期教會極具影響力，耶柔米在翻譯通俗拉丁文本舊約時，最初也是根據《七十士譯本》。在四世紀抄寫的「梵蒂岡抄本」和「西奈抄本」都包括了《七十士譯本》舊約差不多全部經文。至於《七十士譯本》的最早印刷版本，則包含在希伯來文、希臘文和拉丁文合參的《康普路屯多語對照聖經》中。

近代的希臘文舊約版本是《劍橋七十士譯本》(*Cambridge Septuagint*)，在 1906 至 1940 年間出版。這版本共分四卷，包括由創世記至尼希米記，加上三卷次經，主要依據「梵蒂岡抄本」編整，輔以「亞歷山太抄本」和「西奈抄本」。

除了《七十士譯本》以外，在早期的希臘文譯本中，還有約二世紀他提安(Tatian)所編制的敍利亞文《四福音協調本》(*Diatessaron*)。這是四卷福音書的對排並列版本，最初可能是以希臘文編成的，從約 175 年流傳至五世紀。現今沒有任何抄本存留，只可以從它的翻譯、註釋書和徵引中，重新整理它的內容(參下文對敍利亞文譯本的介紹)。

16 Διότι τόσον ἠγάπησεν ὁ Θεὸς τὸν κόσμον, ὥστε ἔδωκε τὸν Υἱὸν αὐτοῦ τὸν μονογενῆ, διὰ νὰ μὴ ἀπολεσθῇ πᾶς ὁ πιστεύων εἰς αὐτόν, ἀλλὰ νὰ ἔχῃ ζωὴν αἰώνιον. 17 Ἐπειδὴ δὲν ἀπέ-

希臘文約翰福音三章 16 節(1934 年版)。

2.1.2　亞蘭文

亞蘭文(Aramaic，或譯「阿拉姆語」；以往亞蘭文被稱為 Chaldaic，這是一個容易引起誤解的混淆名稱，現今學者已很少採用)是閃語最古老的語言之一，傳統被視為敍利亞語言。在亞述帝國時代，亞蘭語成為近東的通用語。例如在公元前八世紀亞述大軍圍攻耶路撒冷時，希西家的臣僕就要求亞述官員以亞蘭語對話(王下十八 26)。到了公元前六至公元前五世紀，亞蘭語成為波斯帝國的官方語言，它也是舊約聖經後期書寫時所用的語言。在以後的幾個世紀中，亞蘭文在廣泛的地區流通。

由於猶太人在公元前六世紀被擄之後不再運用希伯來文，所以直至耶穌

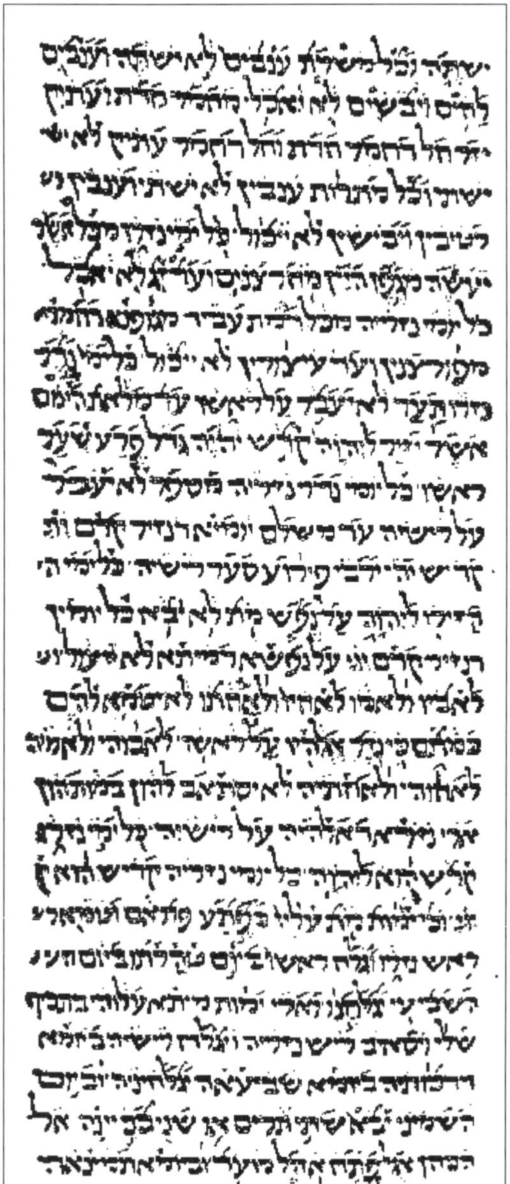

時代，巴勒斯坦的猶太人都是以亞蘭文為日常用語，而亞蘭文譯本在禮拜儀式上扮演了重要的角色。哥林多前書十六章22節的「主啊，願你來！」(Maranatha)，就是在新約中使用的亞蘭文字例。當時猶太會堂有「翻譯者」(稱為 turgeman 或 Meturgeman)的設立，協助把希伯來文五經或先知書的經文翻譯成為亞蘭文。由於亞蘭文與希伯來文相近，故此它一直被使用，直至八至九世紀被阿拉伯文取代，至今仍被中東某些小族羣使用。

為了滿足禮拜的需要，巴勒斯坦的猶太社區把摩西五經由希伯來文翻譯成亞蘭文。亞蘭文的舊約譯本被稱為《他爾根》(*Targums*，希伯來文音譯字，原意是「翻譯」或「解釋」)。《他爾根》通常不是逐字照譯的譯本，而是相當口語化的意譯本，直至後期才規範為可供書寫的形式。《他爾根》有時會加上註釋，而不只是希伯來文的字面直譯，故此包含了猶太釋經者怎樣理解聖經

亞蘭文他爾根(Targum Onkelos)的民數記六章3至10節，現存大英圖書館。

的大量資料。

現存的《他爾根》都是屬於早期基督教時代的作品，但部分可以追溯至更早期。其中最重要的《他爾根》是五經，分為「巴勒斯坦的五經他爾根」(Palestinian Pentateuch Targum)和「盎克羅的他爾根」(Targum Onkelos，名字也可以拼寫為 Targum Onqelos)。「巴勒斯坦的五經他爾根」是最早期的，它很早被傳至巴比倫，在此修訂和整理成為最具權威的五經「盎克羅的他爾根」。傳說後者是由二世紀的猶太教領袖盎克羅(Onkelos)編著的，現今所存的是三世紀在巴比倫的猶太學者所編譯的版本，也可能是早期意譯本的修訂。「盎克羅的他爾根」較傾向直譯，經文保留了猶太人豐富的傳統，反映了拉比的釋經取向，以聖經作為他們生活的規範。到了九世紀之後，「盎克羅的他爾根」傳回巴勒斯坦，取代了較古老的《他爾根》版本。

在「巴勒斯坦的他爾根」中，最著名的是「約拿單」(Jonathan)的《他爾根》。「約拿單」一名是十四世紀文士的筆誤，把縮略語"TJ"誤解為"Targum Jonathan"(約拿單的他爾根)，以為它是由一世紀希列的門生約拿單．便．烏薛(Jonathan ben Uzziel)所撰的，實際上這個字應是"Targum Jerusalem"(耶路撒冷的他爾根)，故此現今一般在書名加上「偽」(Pseudo)字，寫成「偽約拿單的他爾根」(Targum Pseudo Jonathan)。它是一部複合的作品，含有早期的資料，也較完整，但比「盎克羅的他爾根」更為意譯。

撒瑪利亞人五經也有一部亞蘭文譯本，它沒有猶太人的《他爾根》那麼字面化翻譯，但其經文從未被正式確定。

先知書的《他爾根》也是源自巴勒斯坦，但最終修定是在巴比倫，它實際上是不同時代的複合著作。至於聖卷(Hagiographa)的亞蘭文譯本是較為後期的作品，至少在五世紀之後，包括除了但以理書、以斯拉記及尼希米記之外的每一卷舊約聖卷，不過都是不完整的聖經片斷，而且較為後期才被發現和出版，例如在十七世紀以後才出版「歷代志的他爾根」。聖卷的《他爾根》起源不詳，也沒有廣泛的流傳。

近代仍有對早期《他爾根》版本的發現，例如十九世紀末在古開羅的以斯拉會堂藏經庫中發現的「開羅藏經庫的他爾根殘篇」（Fragments of the Targums from the Cairo Genizah），它被認為屬於在以色列中說亞蘭語的猶太人所用。此外，1956 年在梵蒂岡圖書館發現和確認的「尼奧菲特的他爾根」（Targum Neofiti），這是「耶路撒冷的他爾根」的一個版本，最初於 1949 年被發現時，是在梵蒂岡圖書館中「尼奧菲特翻頁書 1 號」（Codex Neofiti I）的名下，故按此為名。

現今印行的《他爾根》版本，通常都會附上希伯來文的經文，以此作為對照。

2.1.3 撒瑪利亞文

撒瑪利亞人是原本居住在今以色列國北部撒瑪利亞地區的人，他們顯然是在公元前 721 年亞述人征服以色列王國時，倖未與其他猶太人一起被放逐。當公元前六世紀，大批猶太人結束流亡返回故土，重建耶路撒冷城期間，乃至新約時代，撒瑪利亞人都與猶太境內的猶太人關係緊張。猶太人批評他們血統不純，不應該在基利心山另建聖殿，與真正的猶太教分裂。少數撒瑪利亞人的殘餘後裔，直至今日仍然存在。撒瑪利亞文是巴勒斯坦亞蘭文的形式，其字母是源自古代希伯來文字母的。

撒瑪利亞人強調，他們的五經抄本是在約書亞征服迦南地後寫成的，亦有認為這是在公元前五世紀尼希米時代成書的。不過若從書寫形式、歷史考據等角度看，撒瑪利亞人五經的抄寫傳統恐怕不會早於公元前二世紀。

中世紀保存的最古老撒瑪利亞文抄本，應屬撒瑪利亞五經（Samaritan Pentateuch）。這是五經的抄本，只包括創世記至申命記。它是以撒瑪利亞字母撰寫的（源自古希伯來文字體），通常稱之為亞比沙古卷（Abisha scroll），這是撒瑪利亞人由大馬士革攜回拿布勒（Nablus）所保存的。現亞比沙古卷正在被拍照和仔細檢查，有關研究仍在進行中。

1616 年，意大利旅行家瓦勒（Pietro della Valle）在大馬士革的一份抄本中，發現了撒瑪利亞五經。他把抄本帶往東方，由耶穌會士莫蘭（Jean Morin）在巴黎的多語聖經（1628 ～ 1645 年）中出版，以後在倫敦多語聖經（1654 ～ 1657 年）中再版。

撒瑪利亞文申命記六章 6 至 17 節（1657 年版）。

近年，西班牙希伯來語言學者卡斯特羅（F. Pérez Castro）致力研究撒瑪利亞五經，以照相方式複印了完整的經卷，並且認為在這部古卷中，只有民數記三十五章至申命記三十四章是非常古老的（可能約十一世紀），而其餘都是屬於十四世紀後期的抄本。撒瑪利亞五經大約有 6,000 處別於「馬所拉經文」的地方，其中有 1,900 處與《七十士譯本》相同。不過，只有少量是有重要的區別，例如教義、釋經、語法或用字。

撒瑪利亞五經的重要性，在於它是有別於後期發展的獨立希伯來文見證。從昆蘭發現的某些出埃及記殘篇，顯示了在基督教時代之前的巴勒斯坦經文形式，並且證明它是一直忠誠地抄寫保存的。

2.1.4 敍利亞文

古代敍利亞文是亞蘭文的一支，在基督教時代之前於美索不達米亞西北部通行。當時的宗教和文化語言是以伊得撒（Edessa，在現今土耳其的烏爾法〔Urfa〕）為中心的，由於當地人民不懂拉丁文或希臘文，所以使用的是敍利亞文（近似亞蘭文的閃族語言）。二世紀中葉，當福音傳至敍利亞的伊得撒地區時，聖經被翻譯成古敍利亞文，成為在亞洲地區的聖經翻譯歷史之始祖。由於早期教會在這些地方十分活躍，獲得許多翻譯成果，包括早期教父的著作。

古敍利亞文譯本是指早期流傳的譯本，舊約可能早在二世紀時出現，新約的早期譯本則是二世紀的他提安所編制的《四福音協調本》，把四卷福音書對排並列。這部合參本最初可能是以希臘文編成的，從約 175 年流傳至五世紀，不過現存只有古敍利亞文抄本的片斷。此外，古敍利亞文譯本現今主要有兩份福音書抄本，分別為「庫熱頓敍利亞文抄本」（Curetonian）和「西奈敍利亞文抄本」（Sinaitic），兩份抄本代表不同的古敍利亞文譯本抄寫傳統。古敍利亞文譯本在九世紀修訂，以後仍有流傳。

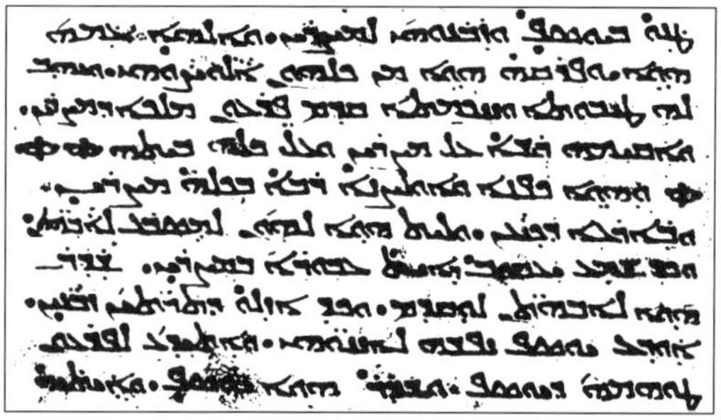

敍利亞文《別西大譯本》使徒行傳的一段（約 1216 年）。

除了古敍利亞文譯本外，最重要的敍利亞文譯本是「別西大譯本」（Peshitta Syriac，簡稱 syr [pesh]）。「別西大」意即「普通」或「簡單」，但是在九世紀往後才用這個名稱。舊約的經文內證顯示，「別西大譯本」在相當早期完成，部分可能是猶太人的翻譯。最早的譯本可能早至一世紀出現，以滿足在美索不達米亞北部的阿迪亞貝納(Adiabene)的猶太人羣體。事實上,「別西大譯本」有獨特的古體文法,以及受到猶太人影響的特徵,而猶太基督徒也可能有參與翻譯的工作。至於新約譯本可能於五世紀初或更早期成書,現知敍利亞文新約譯本大多只有二十二卷(缺彼得後書、約翰二、三書、猶大書和啟示錄),反映了早期敍利亞教會的新約正典書目。當傳教士在六至十世紀期間從波斯前往斯里蘭卡和中國傳教時,所攜帶的譯本極可能是《別西大譯本》。

除了「別西大譯本」外,在六至七世紀期間,「非羅森諾譯本」(Philoxenian version,簡稱 syr ^{phil};據記載這譯本的舊約部分是在非羅森諾主教的支持之下翻譯的,而新約譯本的結尾題署則提到是在 507 年或 508 年完成,但沒有記載誰是翻譯者)和「哈克連譯本」(Harclean 或 Harklean version,簡稱 syr ^{harc};據記載這譯本是由哈夸爾的多馬〔Thomas of Harqel〕於 616 年編譯完成,傾向運用拜占庭經文類型的希臘化語法形式)相繼出現。

「巴勒斯坦敍利亞文譯本」(The Palestinian Syriac,簡稱 syr ^{pal})是屬於另一系的譯本。對於這一系譯本的歷史所知不多,它是以巴勒斯坦的敍利亞文方言寫成,現今主要見於十一至十二世紀的經課集中,而有別於其他敍利亞文譯本,它反映了不同的經文類型。

早期其他的譯本還有《卡爾卡弗譯本》(*Karkaphensian Version*),這是古老文獻中常提到的一份敍利亞文譯本。此外,有《敍利亞文六欄經文合參》(*Syrohexapla version*),這譯本是安提阿大主教亞他那修一世(Athanasius I)授命翻譯的,於 615 年或 617 年完成,根據俄利根的《六欄經文合參》中第五欄的經文來翻成的敍利亞文版本。這譯本按字面翻譯,非常嚴謹和準確,有助研究殘缺不全的《六欄經文合參》。最後是由伊得撒的主教雅各(Jacob of Edessa）編纂的《雅各譯本》（*Jacob's version*），約成書於 705 年，也是依據《六欄經文合參》修訂而成的。

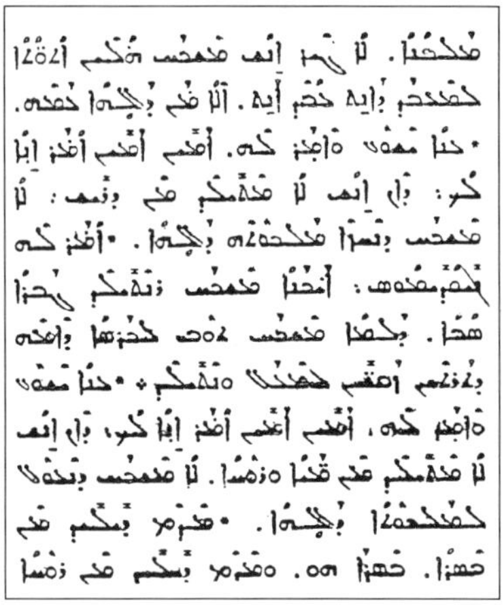

古敍利亞文約翰福音三章 13 至 17 節（1826 年版）。

2.1.5 拉丁文

拉丁文是新約時代羅馬帝國所用的語言，後來成為西方教會的通行語言，通用於北非，甚至遠及小亞細亞、高盧和西班牙。在二世紀下半葉的早期教會，有許多譯本是以拉丁語翻譯的。這些譯本一般被稱為《古拉丁文譯本》（Old Latin versions，拉丁文名稱為 *Vetus Latina*），在北非和高盧南部開始翻譯和使用，在三世紀初開始在羅馬出現（因此另稱「意大拉譯本」〔Itala versions〕）。由於現今只有片斷存在，因此難以確定它的來源，不過《古拉丁文譯本》的舊約是由希臘文《七十士譯本》翻譯而成，而不是直接譯自希伯來文。《古拉丁文譯本》的用語有許多變化，甚至有文

拉丁文手抄本聖經，現存英國馬姆斯伯里大教堂（Malmesbury Abbey），這部聖經於 1407 年在比利時抄寫，在修道院中朗讀。

法不通的情況，也有不少異文。《古拉丁文譯本》的價值在於它反映了古老的《七十士譯本》，特別是在俄利根的修訂本以前的版本。到了三世紀，已有幾部拉丁文譯本存在，而非洲和歐洲的版本是不同的。

由於《古拉丁文譯本》逐漸顯出它的不足，因此需要有另一部拉丁文譯本。到了四世紀結束時，拉丁教會教父耶柔米預備了一部拉丁文的福音書修訂本，運用了《古拉丁文譯本》的形式，以及某些希臘文抄本。由382年開始，在教宗達瑪蘇（Damasus）的委任下，耶柔米修訂了古拉丁文聖經，他的福音書譯本於383年或384年完成。耶柔米運用《七十士譯本》的舊約，翻譯了新的拉丁文詩篇，約於392年成書，由於這部詩篇版本在高盧通行，所以稱為《加利亞詩篇集》（*Gallican Psalter*，或譯《高盧詩篇集》）。耶柔米也翻譯了約伯記和其他書卷。不過，由於他不滿意《七十士譯本》，所以他開始從希伯來文聖經直接翻譯舊約，整部聖經於405年或406年面世。

耶柔米的譯本並非立即得到接納，直至六世紀中葉才被廣泛使用，八世紀以後成為西方大公教會通行的標準聖經《武加大譯本》（*Vulgate*，在拉丁文的意思是「通行版本」）。《武加大譯本》經過了多次修訂，例如八世紀的「埃米廷抄本」（Codex Amiatinus）是相當完整可靠的《武加大譯本》抄本，這份抄本上獻給教宗貴格利二世（Gregory II），現存於佛羅倫斯。十三世紀巴黎大學的版本也較為重要，它是為了神學教育而作的修訂本，而最早期的印刷版本也是建基於這部譯本。1455至1456年間，當古騰堡以活版印刷完成第一部聖經時，即這部拉丁文譯本，因其中一冊是屬於法國樞機主教邁扎爾（Jules Mazarin），所以當時稱它為《邁扎爾聖經》（*Mazarin Bible*）。

在中世紀許多的聖經版本和藝術作品，也是建基於《武加大譯本》的。例如，七世紀的《林迪斯凡福音書集》（*Lindisfarne Gospels*），就是附有盎格魯撒克遜文註釋之拉丁文福音書稿本。（參本書2.3章對盎格魯撒克遜文譯本的介紹。）這部福音書是愛爾蘭—撒克遜風格的藝術精品，插有約十世紀中葉的行間註釋，現存大英圖書館。

《武加大譯本》一直是中世紀西方教會的聖經，直至十六世紀宗教改革時代。在十六世紀的天特會議中，議決《武加大譯本》為聖經惟一權威的拉丁文譯本，而且規定必須以最少錯失的方式印刷。1592 年，教宗革利免八世（Clement VIII）批准修訂標準的版本，頒令《革利免武加大譯本》（*Clementine Vulgate*）為天主教會的權威聖經版本。這部版本一直成為權威性的標準版本。

1941 年的《兄弟之誼譯本》（*Confraternity Version*，由於受天主教機構 Episcopal Confraternity of Christian Doctrine 的資助而取名）翻譯出版，以《武加大譯本》為基礎，參考希臘文經文，作出更合適的翻譯。

在梵蒂岡第二次大公會議（Vatican II，1962～1965 年）之後，議決定成立委員會，由一羣聖經學者運用了現存最好的抄本，對《武加大譯本》作出修訂，成為近代的版本。

拉丁文聖經

譯本	約翰福音三章 16 節
《武加大譯本》	Sic enim Deus dilexit mundum, ut Filium suum unigenitum daret, ut omnis qui credit in eum non, pereat, sed habeat vitam æternam.

modo; si dixero vobis cælestia, credetis? Et nemo ascendit in cælum, nisi qui descendit de cælo, Filius hominis, qui est in cælo. Et sicut Moyses exaltavit serpentem in deserto, ita exaltari oportet Filium hominis; ut omnis, qui credit in ipsum, non pereat, sed habeat vitam æternam.
Sic enim Deus dilexit mundum, ut Filium suum unigenitum daret, ut omnis, qui credit in eum, non pereat, sed habeat vitam æternam. Non enim misit Deus Filium suum, in mundum, ut judicet mundum, sed ut salvetur mundus per ipsum. Qui credit in eum, non judicatur; qui au-

拉丁文《武加大譯本》約翰福音三章 13 至 17 節（1927 年版）。

2.1.6 科普替文

科普替教會的十字架，架上的文字是「耶穌基督，上帝的兒子」。

基督教在相當早期已在埃及(這裏的「埃及」一詞，即新約之埃提阿伯，或舊約之古實)不說希臘文的羣體中傳揚，這些羣體的主要語言是科普替語(Coptic)，而科普替教會主要是指以古代埃及亞歷山太主教轄區為中心的埃及教會。

傳說科普替教會是由耶穌的門徒馬可建立的。他們尊崇早期亞歷山太的學者和歷任主教，到了451年，由於迦克墩大公會議譴責基督一性論，科普替派遂從教會分離出去。當地教會的禮儀乃使用科普替文或阿拉伯文，有別於其他地區，到了六世紀發展至埃及大多數地區。由於教義紛爭、七和十一世紀阿拉伯人的入侵、十六世紀土耳其人的入侵，以及大批信徒改信伊斯蘭教，科普替教會至今已逐漸衰落。迄今科普替教會保留了古埃及的科普替語，遵守古代亞歷山太派的禮儀和聖事制度，保持隱修院傳統和結構，教會首腦由宗教議事廷選舉，再由埃及政府承認。

科普替語是從古埃及語演變而來的，包含了希臘文的大楷體字母，主要保存在基督教的文獻中。大約在公元前200年，由於當時埃及語深受希臘的語言和文化影響，便借用了希臘字母作為語言的音譯符號，加上原來保留的字母。同時，科普替文也借用了不少希臘文的詞彙。科普替文至少有五種方言(其中部分再分，目前已辨識合共七種)，可以分為：(1)波海利語(the Bohairic〔cop^{boh}〕)，用於北部地區(下埃及)，這是科普替教會的主要

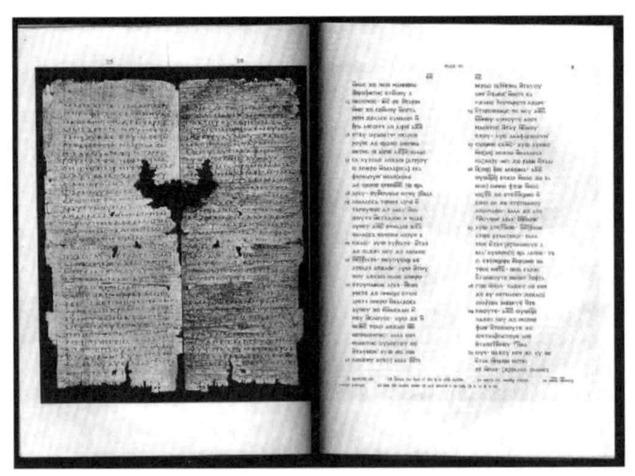

科普替文約翰福音蒲草紙文抄本，與現代印本對照，載於 1924 年在倫敦出版的聖經中。

語言，至今它仍是科普替地區教會的禮儀性用語。其中可以再分為原始波海利語(proto-Bohairic)。直至十九世紀末，波海利語仍是最為人所知的科普替方言。許多科普替文新約聖經也是以波海利語書寫的，所以波海利語的抄本遠比其他方言為多。(2)沙希地語（the Sahidic〔cop^sah〕)，用於南部地區（上埃及)；(3)中埃法雍語(Middle Egyptian Fayyumic)；(4)中埃語或曼非語(Middle Egyptian or Mesokemic)；(5)阿齊明語(Akhmimic)，其中可再分附屬阿齊明語(sub-Akhmimic)。

在基督教盛行之前，科普替文的方言尚未發展出書寫的文字，在譯本中所用的也是這些方言的文字，早期較為重要的是當時通行於埃及南部的沙希地語、當時通行於埃及北部的波海利語或法雍語等。科普替文譯本是相當字面化的翻譯，反映了二至三世紀之間亞歷山太希臘文經文類型，有少許西方經文類型的異文。大致上，科普替文的聖經翻譯經過了以下的階段：

(1)前古典時期(250～350 年)：早期的翻譯嘗試，不過對後期的譯本沒有多大影響。

(2)古典沙希地語和法雍語時期(350～450 年)：主要針對不懂或沒有希臘文聖經的地區。沙希地語是這段時期的主要譯本語言，反映了亞歷山太經文類型的影響，並混合了若干西方經文類型的讀文。法雍語也有少量譯本，不過流通不廣。

(3)沙希地語和法雍語時期後期(450～1000 年)：在這段時期中，阿拉伯人征服了科普替的地區，而沙希地語也開始失落。

(4) 波海利語時期(800 年之後)：波海利語譯本成為科普替教會的主要聖經譯本，早期大約於六至七世紀之間成書，然後逐漸標準化。

科普替語在十二世紀之後已不再通行，只存在於教會的禮儀之中。西方最早出版的科普替文譯本是在 1663 年出版的詩篇，並列了科普替文、阿拉伯文和拉丁文。新約在 1716 年出版，以後出版了許多不同版本。這些版本都是古代語言版本的整理，而不是重新翻譯。

科普替文波海利語約翰福音三章 16 節(1934 年版)。

ⲓ̅ⲋ̅. ⲡⲁⲓⲣⲏϯ ⲅⲁⲣ ⲁ ⲫϯ ⲙⲉⲛⲣⲉ ⲡⲓⲕⲟⲥⲙⲟⲥ ϩⲱⲥⲧⲉ
ⲡⲉϥϣⲏⲣⲓ ⲙ̀ⲙⲁⲩⲁⲧϥ ⲛ̀ⲧⲉϥⲧⲏⲓϥ ϩⲓⲛⲁ ⲟⲩⲟⲛ ⲛⲓ-
ⲃⲉⲛ ⲉⲑⲛⲁϩϯ ⲉ̀ⲣⲟϥ ⲛ̀ⲧⲉϥϣ̀ⲧⲉⲙⲧⲁⲕⲟ ⲁⲗⲗⲁ ⲛ̀-
ⲧⲉϥϭⲓ ⲛ̀ⲟⲩⲱⲛϧ ⲛ̀ⲉ̀ⲛⲉϩ.

2.1.7　哥德文

哥德人(Gothic)是日耳曼民族，哥德語是已消失的東日耳曼語。約在二世紀時，哥德人越過波羅的海南岸，遷移到黑海海岸地區。由三世紀開始，羅馬帝國小亞細亞和巴爾幹半島諸行省開始受到哥德人的侵擾劫掠。四世紀，哥德人以聶斯特河(Dniester River)為界，分為東哥德人(Ostrogoths)和西哥德人(Visigoths)，各自建立王國。

早期教會致力向哥德人傳揚福音，當哥德人遷移至多瑙河北岸之後，更多接觸到羅馬帝國東部的基督教會。對哥德人宣教極具影響力的人物，就是相傳最早翻譯哥德文聖經的烏斐拉(Ulfilas)主教，這位主教在歷史上被譽為「哥德人的使徒」。烏斐拉是小亞細亞傳教士，在 341 年由君士坦丁堡主教亞流派的尼科米底亞的優西比烏斯(Eusebius of Nicomedia)立為西哥德的主教，在多瑙河以北的哥德人中間工作，後來卒於君士坦丁堡。烏斐拉根據希臘文和拉丁文創造了哥德文的字母，並把聖經的若干部分從希臘文翻譯成哥德文。相傳烏斐拉的哥德語聖經譯本只缺列王紀，原因是這卷書內有很多軍事記載，而由於哥德族喜好戰爭，為防他們誤解，所以便沒有被翻譯。烏斐拉的譯本現今僅存約280頁的經文殘篇，包括部分的創世記、尼希米記、福音書和哥林多後書，以及數份殘篇。雖然這些抄本是源自希臘文，不過學者對於這些抄本究竟是否真的來自烏斐拉，仍然有許多疑問。

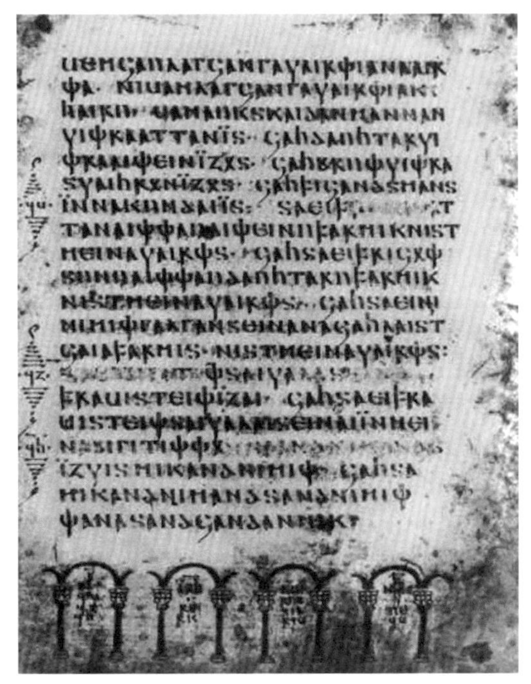

烏斐拉的聖經抄本（*Página de la Biblia de Ulfilas*）。

現存有其他在五至六世紀之間的哥德文聖經抄本，可能是源於古拉丁文譯本。對於語言學家來說，這些聖經抄本是研究日耳曼語言的重要材料。

2.1.8 埃塞俄比亞文

約四世紀初，基督教傳至阿比西尼亞（Abyssinia，埃塞俄比亞的舊稱）。埃塞俄比亞文（Ethiopic）的譯本也許在四世紀中葉已出現，但要到六世紀後期才有較完整的譯本。現存抄本不早於十世紀，大多數是十四世紀的抄本，這似乎反映了被科普替文譯本和後期的阿拉伯文譯本的影響，而且由「馬所拉經文」修正，不過並不確定是否由這些抄本直接翻譯過來。其中許多讀文都與希伯來文聖經相同，而有別於希臘文《七十士譯本》，可能這是由於

《六欄經文合參》的影響。埃塞俄比亞文譯本首先印刷的是新約，於 1548 至 1549 年在羅馬出版，這版本後來在華爾頓（Walton）重印。

在這類譯本中，其中有屬於古埃塞俄比亞文的法拉沙文譯本（Falasha version）。法拉沙人是信奉猶太教的埃塞俄比亞人，他們自稱是示巴女王與所羅門所生的兒子的後裔（實際上其祖先可能是第二共和時代改信猶太教的阿高人），使用吉茲語（Geez，古埃塞俄比亞的宗教語言）。舊約大約在五至七世紀期間才出現吉茲語的譯本，由希臘文《七十士譯本》翻譯過來，其中一個翻譯者可能是弗魯孟提烏斯（Frumentius）主教。

ሞስ ፡ ወይቤሎ ፡ እፎ ፡ ይትከሀል ፡ ዝንቱ ፡ ይኩን ። ወአውሥአ ፡ ኢየሱ ፲ ፡
ስ ፡ ወይቤሎ ፡ አንተ ፡ ሊቆሙ ፡ ለእስራኤል ፡ ወዘንተ ፡ ኢታአምር ። አማ ፲፩ ፡
ን ፡ አማን ፡ እብለከ ፡ ከመ ፡ ዘናአምር ፡ ንነግር ፡ ወበዘርኢነ ፡ ሰማዕተ ፡ ን
ከውን ፡ ወስምዐነሰ ፡ ተአብዩኒ ፡ ነሢአ ። ወሶበ ፡ እንዘ ፡ ዘበምድር ፡ እነግረ ፲፪ ፡
ክሙ ፡ ኢተአምኑኒ ፡ ወእፎ ፡ እንከ ፡ ተአምኑኒ ፡ እመ ፡ ነገርኩክሙ ፡ ዘበ
ሰማያት ። ወአልቦ ፡ ዘዐርገ ፡ ውስተ ፡ ሰማይ ፡ ዘእንበለ ፡ ዘወረደ ፡ እምሰ ፲፫ ፡
ማይ ፡ ወልደ ፡ እጓለ ፡ እመሕያው ፡ ዘውእቱ ፡ ይነብር ፡ ውስተ ፡ ሰማይ ።
ወበከመ ፡ ሙሴ ፡ ሰቀሎ ፡ ለአርዌ ፡ ምድር ፡ በገዳም ፡ ከማሁ ፡ ሀለዎ ፡ ለወ ፲፬ ፡
ልደ ፡ እጓለ ፡ እመሕያው ፡ ይሰቀል ። ከመ ፡ ኵሉ ፡ ዘየአምን ፡ ቦቱ ፡ ኢይ ፲፭ ፡
ትሐጐል ፡ አላ ፡ የሐዩ ፡ ለዓለም ። እስመ ፡ ከመዝ ፡ አፍቀሮ ፡ እግዚአብ ፲፮ ፡
ሔር ፡ ለዓለም ፡ እስከ ፡ ወልዶ ፡ ዋሕዶ ፡ ወሀበ ፡ ቤዛ ፡ ከመ ፡ ኵሉ ፡ ዘየአ
ምን ፡ ቦቱ ፡ ኢይትሐጐል ፡ አላ ፡ ይረክብ ፡ ሕይወተ ፡ ዘለዓለም ። እስመ ፡ ፲፯ ፡
ኢፈነዎ ፡ እግዚአብሔር ፡ ለወልዱ ፡ ውስተ ፡ ዓለም ፡ ከመ ፡ ይኰንኖ ፡ ለ
ዓለም ፡ ዘእንበለ ፡ ከመ ፡ ይሕየው ፡ ዓለም ፡ በእንቲአሁ ። ዘየአምን ፡ ቦቱ ፡ ፲፰ ፡
ኢይትኴነን ፡ ወዘሰ ፡ ኢየአምን ፡ ቦቱ ፡ ወድአ ፡ ተኰነነ ፡ እስመ ፡ ኢአም
ነ ፡ በስመ ፡ ወልደ ፡ እግዚአብሔር ፡ ዋሕድ ። ወዝውእቱ ፡ ኵነኔሁ ፡ እስ ፲፱ ፡
መ ፡ ብርሃን ፡ መጽአ ፡ ውስተ ፡ ዓለም ፡ ወአብደረ ፡ ሰብእ ፡ ጽልመተ ፡ እ
ምብርሃን ፡ እስመ ፡ እኩይ ፡ ምግባሪሆሙ ። እስመ ፡ ኵሉ ፡ ዘእኩይ ፡ ምግ ፳ ፡
ባሩ ፡ ይጸልእ ፡ ብርሃነ ፡ ወኢይመጽእ ፡ ኀበ ፡ ብርሃን ፡ ከመ ፡ ኢይትከሠ

埃塞俄比亞文約翰福音三章 10 至 19 節（1914 年版）。

2.1.9 亞美尼亞文

亞美尼亞位於現今土耳其東北部，屬印歐人種，使用印歐語系的語言，並有若干高加索語的特點。這個位於高加索地區的山區小國，相傳是舊約中挪亞方舟在大洪水退去後著陸之處。到了四世紀，亞美尼亞成為世界上第一個把基督教列為國教的國家，大部分國民信奉基督教，並且在之後的一千年間以獨立國家的形態存在。直至十六世紀中葉，亞美尼亞被伊朗和鄂圖曼帝國瓜分，至十九世紀初，東亞美尼亞被併入俄國，西亞美尼亞依然屬於土耳其。二十世紀初，亞美尼亞加入蘇聯。直至 1991 年蘇聯解體，亞美尼亞才得以獨立。亞美尼亞人信奉基督教，屬於羅馬天主教會的亞美尼亞天主教支派，或一性論亞美尼亞羅馬教宗教會。

亞美尼亞是由四世紀初被稱為「光照者」（the Illuminator）的貴格利．洛沙沃里克（Gregory Lousavorich）傳教而歸信基督教的，不過這個歷史上最早的基督教國家，一直只有希臘文和敍利亞文的聖經可供閱讀，然後由教士口述傳譯給會眾。五世紀的梅斯洛佩（Mesrop Mashtots）創造了現代亞美尼亞語（Armenian）三十八個字母中的三十六個，以致聖經可以翻譯成為平民的語言。在梅斯洛佩之後的薩哈克（Sahak）及其他學者，把希臘文《七十士譯本》和敍利亞文聖經翻譯成為流暢的亞美尼亞文。亞美尼亞人稱這種譯本為"Karpar"譯本，這個字的意思是「書寫（語）」，是指古典亞美尼亞文，這種語言成為亞美尼亞文學的基礎。在五世紀初，亞美尼亞文譯本譯成，包括部分次經（《十二族長遺訓》和《哥林多三書》）。直至七世紀，亞美尼亞文聖經才有次經的譯本。不過，以後亞美尼亞的聖經一直保存了許多次經的內容。現存最早的抄本是 887 年的四福音抄本。1565 年，亞尼美尼語的古體詩篇印行，一直沿用至十八世紀。到了十九世紀末，古體的亞美尼亞文譯本仍有出版。

不過，由於古代的亞美尼亞語已不再被認識，流傳始終有限，故此有必要再翻譯合用的聖經。現代的亞美尼亞語（Ashkharhik）在十六世紀之後出現，以此翻譯聖經的有兩類主要的文學方言：

（1）亞拉臘—亞美尼亞文（Ararat-Armenian）：這是亞美尼亞東部地區的方言，主要用於第比利斯（Tiflis）、波斯和印度地區。在 1895 至 1896 年間的大屠殺之後，這種語言減少使用，現今操這語言的人大多居於前蘇聯的境內。最早以此語言翻譯的是 1831 年的馬太福音，擁有古體和現代（東部）亞美尼亞文的對照，由新教巴色會（Basel Missionary Society）

傳教士迪特里希（A. H. Dittrich）翻譯。最早的新約是由英國聖經公會於1835年在莫斯科出版，以後有不同譯本出版。1883年，在君士坦丁堡出版了完整的聖經。不過，在二十世紀之後未見有這種語言的譯本再出版。

（2）君士坦丁—亞美尼亞文（Constantinopolitan-Armenian）：在伊斯坦堡和小亞細亞地區使用，與上述東部地區的語言有相當差異。新約的譯本是由佐哈（John Zohrab）翻譯的，於1825年在巴黎由英國聖經公會出版。跟著美國公理宗的美部會（the American Board of Commissioners for Foreign Missions）的傳教士繼續翻譯和修訂譯本，在1841至1842年間由阿傑（J. B. Adger）翻譯和出版了修訂的新約。1853年，他與亞美尼亞的傳教士共同合作，在以往譯本的基礎下，由美國聖經公會出版整部聖經，以後雖然一再修訂，卻成為標準的版本。

պարտ է Որդւոյ մարդոյ բարձրանալ, Որ-
պէս զի ամէնը որ անոր հաւատայ՝ չկոր-
սուի, այլ յաւիտենական կեանք ունենայ։
Քանզի Աստուած այնպէս սիրեց աշխարհ,
մինչև իր միածին Որդին տուաւ, որպէս
զի ամէնը որ անոր հաւատայ՝ չկորսուի,
այլ յաւիտենական կեանք ունենայ։

現代亞美尼亞文約翰福音三章15至16節。

2.1.10　格魯吉亞文

與亞美尼亞文譯本歷史相似的是格魯吉亞文（Georgian）譯本。格魯吉亞位於連接歐亞大陸的外高加索中西部，包括外高加索整個黑海沿岸、庫拉河中游和庫拉河支流阿拉紮尼河谷地。格魯吉亞民族的歷史可以追溯至五千年前，然而在歷史中多次經歷朝代替換，甚至成為列國爭奪和兼併的對象。在二十世紀，格魯吉亞成為蘇聯加盟共和國，到了1991年正式獨立。這個國家現今主要的民族是格魯吉亞族，其他主要的少數民族有亞美尼亞族、俄羅斯族和亞塞拜然族等，其宗教信仰多數為東正教，其他信奉伊斯蘭教。

四世紀，基督教傳播至格魯吉亞，整個民族也信奉基督教。按照亞美尼亞的傳統，最早的格魯吉亞文聖經譯本是梅斯洛佩，他也是前述把福音傳往亞美尼亞的聖人）的作品。現存的格魯吉亞文詩篇大概不早過五世紀（約在七至八世紀之間），其中某些經文可能是建基於希臘文譯本，而不是亞美尼亞文譯本。近代研究認為，格魯吉亞文譯本最初是從古敍利亞文譯本翻譯過來的，在十一世紀期間再根據希臘文聖經作修訂。

現存最早期的格魯格亞文福音書譯本，是一部源自 897 年的福音書抄本（Adysh manuscript），跟著在下一世紀出現了其他聖經抄本，大多數是福音書的譯本（例如“Opiza Gospels”〔913 年〕、“the Dzruc Gospels”〔936 年〕、“the Parhal Gospels”〔973 年〕、“the Tbet' Gospels”〔995 年〕、“the Athos Praxapostols”〔在 959～969 年間〕，以及“the Kranim Apocalypse”〔978 年〕），它們代表了格魯格亞文聖經的第二代譯本。在十世紀之後，格魯吉亞文譯本經過修訂，其中最著名的是阿陀斯的尤錫米烏斯（Euthymius of Athos）的譯本。

近代出版的格魯吉亞文聖經，主要是建基於上述抄本。1743 年，在莫斯科出版了第一部格魯吉亞文聖經，是以古代字母印刷的，不過沒有再版，而另一個新約版本則是以非教會性字母（nonecclesiastical alphabet）在 1816 和 1818 年出版的。此外，於 1862 年在倫敦出版了以十一世紀抄本為基礎的約翰福音。在 1910 年有另一部譯本，也是建基於兩份分別為 913 年和 995 年的抄本。

格魯吉亞文約翰福音三章 10 至 18 節（1816 年版）。

2.1.11 阿拉伯文

阿拉伯語原用於阿拉伯半島，隨著七至八世紀伊斯蘭教的傳播，而延伸至由西班牙至印度及中亞地區，是現今大部分伊斯蘭教國家所用的語言。阿拉伯語是閃語一系，近乎阿迦得語（Akkadian，另譯「亞甲文」，古代近東的主要語言）、迦南語和亞蘭語，具有口語和古典語的形式。口語的阿拉伯語在現今成為不同口語的變體，現代的阿拉伯口語擁有超過 50 種方言，通行於主要的阿拉伯語國家。古典的阿拉伯語是伊斯蘭教《古蘭經》所用的語言，故此也稱為「古蘭經阿拉伯語」（Koran Arabic），是各種口語變體的標準書面形式，也是通用的語言。阿拉伯文是由右至左，共有 28 個子音。阿拉伯文學的偉大時代出現於六至十二世紀，早期文學差不多全是詩歌，形式十分複雜。

基督教在四世紀傳至阿拉伯地區，然而不能確定早期阿拉伯基督徒是否有阿拉伯文的聖經譯本。按照現存的資料，要至七世紀阿拉伯人歸信伊斯蘭教之後，才有聖經譯本的出現。那時《古蘭經》已經成功傳播，使阿拉伯語得以標準化，成為文學的語言。猶太人和基督徒在伊斯蘭教的統治下，感到對阿拉伯文聖經的迫切需要。現存最古老的阿拉伯文聖經抄本，是在九至十世紀之間出現。

中世紀的猶太評註家和哲學家薩阿迪亞．果昂（Saadia Gaon）直接從希伯來文舊約翻譯成阿拉伯文，包括註釋、解釋和文法摘要，成為猶太人在伊斯蘭世界的標準聖經。現今註釋部分大多已遺失，但經文仍然存留，甚至成為葉門地區猶太人（Yemenite Jews）的禮儀基礎，他們在會堂中的《妥拉》譯本會翻譯為亞蘭文《他爾根》和果昂的阿拉伯文譯本。這部譯本也影響了埃及的基督徒，而它對摩西五經的翻譯，在十一至十二世紀之間被阿布．哈桑

(Abu al-Hasan)接納成為撒瑪利亞人所用的五經譯本。現存較重要的阿拉伯文舊約譯本，都是在十世紀根據「馬所拉經文」所譯的版本。

至於阿拉伯文新約譯本，則經過十分複雜的抄傳過程。至今尚存的阿拉伯文新約抄本，可以早至九世紀的使徒行傳、保羅書信和大公書信的「西奈抄本」(Mt. Sinai Arabic Codex 151)，它的譯文完成時間可能再早一至兩個世紀。阿拉伯文譯本還有在十世紀由一個西班牙基督徒所翻譯的福音書譯本、十一世紀的《阿勒坡詩篇集》(*Aleppo Psalter*)，以及十三世紀譯自科普替文的《亞歷山太武加大譯本》(*Alexandrian Vulgate*)等。

現存最早的阿拉伯文聖經印刷版本，是 1516 年的詩篇多語對照譯本。然後是福音書和詩篇的版本。到了十七世紀初，阿拉伯文的新約和舊約譯本才出現。1671 年，天主教會在羅馬出版了整部阿拉伯文聖經。阿拉伯文的聖經譯本大多見於多語聖經，除了阿拉伯文譯本之外，也附上希伯來文、希臘文、科普替文、敍利亞文、拉丁文，甚至是撒瑪利亞文的聖經。

十九世紀，許多傳教士致力翻譯阿拉伯文聖經。例如 1816 年在加爾各答(在亞洲地區宣教工作的主要基地)由英國聖經公會出版的新約，成為早期的版本。然而，隨著宣教工作的推展，愈來愈發現必須有更佳的阿拉伯語譯本，由希伯來文和希臘文原文翻譯，再給語言學者、神學家和本地學者作校勘工作。結果，在美國公理會的領導下，阿拉伯語教授史密斯(Eli Smith)和馮．德克(Cornelius Van Dyck)翻譯了阿拉伯文聖經。整項計劃是由史密斯於 1847 年在貝魯特開始的，在他逝世之後由馮．德克領導。1860 年出版新約，1864 至 1865 年間出版整部聖經。他們的譯本一般稱為「史密斯—馮．德克經文」(Smith-Van Dyck text)，由敍利亞差會和美國聖經公會支持，銷量極好。這部譯本被科普替教會和新教教會接納，以後經過多次修訂，迄今仍然是標準的聖經版本。

1973 年，國際聖經協會（International Bible Society）開始一項新的譯經計劃（*the Arabic Life Application Bible*），1982 年出版新約，1988 年完成舊約。1992 年，該會出版了另一部譯本（*Today's Arabic Version*），以動態對等（dynamic equivalence）的方式翻譯出一部容易理解的譯本。

至於阿拉伯語的其他譯本，有以其他字體印刷的版本和各地方言的譯本。例如，阿爾及利亞語（Algerian）、查德語（Chad）、埃及語（Egyptian）、猶太—突尼西亞語（Judaeo-Tunisian）、北非語（North African）、巴勒斯坦語（Palestinian）、蘇丹語（Sudan），以及突尼西亞語（Tunisian）等，都有聖經的譯本。不過它們大多是在十九世紀末至二十世紀初才出現的，由傳教士所翻譯，許多只有個別的書卷，部分有完整的新約，其中北非語有整部聖經的譯本。

إنجيل يوحنا ٣

٥ أجاب يسوع الحق الحق أقول لك إن كان أحد لا يولد من الماء والروح لا يقدر أن ٥
يدخل ملكوت الله. ٦ المولود من الجسد جسد هو والمولود من الروح هو روح. ٦
٧ لا تتعجب أني قلت لك ينبغي أن تولدوا من فوق. ٨ الريح تهب حيث تشاء وتسمع صوتها ٧
لكنك لا تعلم من أين تأتي ولا إلى أين تذهب. هكذا كل من ولد من الروح
٩ أجاب نيقوديموس وقال له كيف يمكن أن يكون هذا. ١٠ أجاب يسوع وقال له ٩
أنت معلم إسرائيل ولست تعلم هذا. ١١ الحق الحق أقول لك إننا إنما نتكلم بما نعلم ١١
ونشهد بما رأينا ولستم تقبلون شهادتنا. ١٢ إن كنت قلت لكم الأرضيات ولستم تؤمنون ١٢
فكيف تؤمنون إن قلت لكم السماويات. ١٣ وليس أحد صعد إلى السماء إلا الذي نزل ١٣
من السماء ابن الإنسان الذي هو في السماء
١٤ وكما رفع موسى الحية في البرية هكذا ينبغي أن يرفع ابن الإنسان ١٥ لكي لا يهلك ١٤
كل من يؤمن به بل تكون له الحياة الأبدية. ١٦ لأنه هكذا أحب الله العالم حتى بذل ١٦
ابنه الوحيد لكي لا يهلك كل من يؤمن به بل تكون له الحياة الأبدية. ١٧ لأنه لم يرسل ١٧
الله ابنه إلى العالم ليدين العالم بل ليخلص به العالم. ١٨ الذي يؤمن به لا يدان والذي ١٨
لا يؤمن قد دين لأنه لم يؤمن باسم ابن الله الوحيد. ١٩ وهذه هي الدينونة إن النور قد ١٩
جاء إلى العالم وأحب الناس الظلمة أكثر من النور لأن أعمالهم كانت شريرة. ٢٠ لأن ٢٠
كل من يعمل السيآت يبغض النور ولا يأتي إلى النور لئلا توبخ أعماله. ٢١ وأما من ٢١
يفعل الحق فيقبل إلى النور لكي تظهر أعماله أنها بالله معمولة
٢٢ وبعد هذا جاء يسوع وتلاميذه إلى أرض اليهودية ومكث معهم هناك وكان يعمد. ٢٢
٢٣ وكان يوحنا أيضا يعمد في عين نون بقرب ساليم لأنه كان هناك مياه كثيرة وكانوا ٢٣
يأتون ويعتمدون. ٢٤ لأنه لم يكن يوحنا قد ألقي بعد في السجن ٢٤
٢٥ وحدثت مباحثة من تلاميذ يوحنا مع يهود من جهة التطهير. ٢٦ فجاءوا إلى ٢٥
١٤٩

阿拉伯文約翰福音三章 5 至 25 節。

建議閱讀書目

Comfort, Philip W. *Essential Guide to Bible Versions*. Revised and expanded edition Wheaton, IL: Tyndale House Publishers, 2000. 本書是對於聖經的抄本和譯本的淺白著作，介紹聖經譯本的形成和不同譯本之間的分別。

Metzger, Bruce M. *The Early Versions of the New Testament: Their Origin, Transmission, and Limitations*. Oxford: Clarendon, 1977. 本書介紹新約的早期譯本。

2.2 中世紀和宗教改革時期的譯本

從中世紀至宗教改革時期，教會主要使用拉丁文《武加大譯本》。不過，聖經翻譯工作卻未曾間斷，不斷有新譯本出現。到了 1456 年，印刷術的發明，為書本製作帶來了革命性的影響，從此可以大量印製書本，而價錢也更低廉。約在這時，西方世界也恢復了對希臘文的研究，在這情況下，伊拉斯姆於 1516 年刊行了希臘文新約。伊拉斯姆是荷蘭聖經學者，也是文藝復興時期的神學家及人文主義學者。他相當重視希臘文文法與聖經原文文本的研究。伊拉斯姆在 1516 年出版的希臘文新約，被視為是第一本希臘文的校勘版本。這版本的經文以後經過數次修改，最後成為 1611 年英文《欽定本》的文本基礎。除作了少許的修改，伊拉斯姆的希臘文新約後來被稱為《公認經文》。

在德意志地區，路德出版了由希臘文本和希伯來文本翻譯成德語的譯本，新約於 1522 年出版，全本聖經於 1534 年出版。路德的譯本以後成為幾種歐洲語言譯本的基礎。同時，在 1522 年出版了多語聖經（這是指任何以三種或以上語言印行的聖經）。

在英語的地區，威克里夫主導了第一部完整的英文聖經的翻譯，譯者可能包括他的友人，分別於 1380 年和 1384 年出版（後者是較通行的版本），兩者都是基於拉丁文《武加大譯本》翻譯的。在一個多世紀之後，丁道爾在 1525 至 1535 年間翻譯了新約和部分舊約。1604 年，英王詹姆斯一世委派翻譯英文聖經《欽定本》，1611 年出版，成為在英語世界中影響最大的譯本。

至於在其他非英語的地區，都在這時期出現了重要的譯本，例如西班牙語的雷納（Casiodoro de Reina）、匈牙利語的卡羅萊（Gáspár Károly）、葡萄牙語的阿爾梅達（João Ferreira d'Almeida）和法語的奧利弗坦（即羅柏特，Pierre Robert Olivétan）等人的譯本。

由這段時期開始，本書限於篇幅，不可能一一闡述所有語言的譯本，只可以略述每一語言的較重要成果。事實上，它們每一類語言的聖經翻譯歷史，都可以撰寫成一部獨立的著作。由於華人信徒對英文聖經有較多的接觸，故此有關英文聖經的故事，就留待下一章。

中世紀與宗教改革時代前期的聖經翻譯

語言	時期	早期聖經翻譯部分
斯拉夫文	九世紀	可能是整部聖經
捷克文/波希米亞文	九世紀	可能是整部聖經
德文	十一世紀	雅歌
	十三世紀	馬太福音部分
低地德文	十一世紀	詩篇
普羅旺斯文	十二世紀	新約
羅曼文	十二世紀	部分
荷蘭文	十二世紀	使徒行傳（Lambert）
	十三世紀	韻文聖經（Rijmbijbel）
法文	十三世紀	聖經
意大利文	十三世紀	福音書

語言	時期	早期聖經翻譯部分
冰島文	十三世紀	部分出埃及記和申命記
西班牙文	十三世紀	五經、詩篇、新約
英文	十四世紀	聖經
波斯文	十四世紀	部分
挪威文	十四世紀	歷史書
波蘭文	十四世紀	福音書
弗州文（法文）	十四世紀	新約
嘉泰羅尼亞文（西班牙）	十四世紀	詩篇
	十五世紀	聖經
匈牙利文	十五世紀	福音書、詩篇、雅歌
瑞典文	十五世紀	五經意譯

* 整理自 Eric M. North, *The Book of a Thousand Tongues; being Some Account of the Translation and Publication of All or Part of the Holy Scripture into More Than a Thousand Languages and Dialects with over 1100 Examples from the Text* (New York: American Bible Society, 1938), 37 的附表。

2.2.1　斯拉夫文

斯拉夫語族（Slavic）是印歐語系的東北分支，一般分為南部斯拉夫語支（如保加利亞語）、西部斯拉夫語支（如波蘭語）和東部斯拉夫語支（如俄語）。自九世紀就有古教會斯拉夫語的書面記錄流傳下來，它的現代形式仍為東正教作為禮拜語言使用。

最早期的古教會斯拉夫語（Old Church Slavonic）譯本的出現，是在傳教士濟利祿（Cyril）及他的兄弟梅篤丟斯（Methodius）在 863 年到達摩拉維亞（Moravia）之後不久。這兩兄弟原本是君士坦丁堡大學的教授，後來前往宣教，並且有系統地建立斯拉夫語的字母，把聖經及禮儀著作翻譯成為斯拉夫語。濟利祿與梅篤丟斯使用古教會斯拉夫語來著述，這些斯拉夫語演進成為教會斯拉夫語，成為保加利亞、馬其頓、俄羅斯、塞爾維亞與其他地區的斯拉夫東正教教會的禮拜語言。到了十七、十八世紀，教會斯拉夫語在非宗教性的作品上，逐漸被俄羅斯語取代。現今，教會斯拉夫語只用於禮拜之中。

現存最古老的斯拉夫語聖經文稿，可以追溯至十一世紀和十二世紀之間。最早期的聖經印刷版本是 1491 年的詩篇，就像當時的希臘文聖經和拉丁文聖經一樣，這部譯本也是印行當時已經存在的經文抄本，而不是全新的翻譯。跟著，福音書在 1512 年出版，使徒行傳及書信在 1564 年出版。最早期的完整聖經印刷版本是於 1581 年在波蘭—立陶宛國協的奧斯特洛地區出版的《奧斯特洛聖經》(*Ostrog Bible*)。《奧斯特洛聖經》是翻譯自希伯來文和希臘文《七十士譯本》，是第一次以西里爾字母的形式來印刷出版的聖經，成為以後俄語聖經的出版模範。1633 年和 1712 年，這部聖經在莫斯科先後經過修訂。1751 年在聖彼得堡的修訂本，是由彼得大帝(Peter the Great)欽命作翻譯，再由伊利沙伯女皇欽命印刷，所以被稱為「伊利沙伯聖經」(the Bible of Elizabeth)，並成為斯拉夫語聖經的標準版本。

斯拉夫語聖經一般都是以教會斯拉夫語翻譯的，然而近代也出現了不同的語言譯本。例如在 2003 年底，芬蘭赫爾辛基大學發現一部以十九世紀初的馬其頓希臘文和斯拉夫文撰寫的福音書，稱為《庫爾尼科福音書》(*Konikovo Gospel*)，它獨特之處在於兩者都不是運用教會語言，而是運用日常的方言(一般翻譯聖經用的希臘文和斯拉夫文都不是口語)。現今這部斯拉夫文福音書，是已知反映馬其頓南部近代日用方言的最古老聖經版本。

至於現今其他斯拉夫語支的聖經翻譯是獨立的故事，例如俄語或波蘭語。以這些語言所翻譯的聖經，往往也塑造了它的語言風格。不過，由於篇幅所限，無法在此一一介紹。

古教會斯拉夫文聖經

譯本	約翰福音三章 16 節
Bible in Church Slavonic	16 Та́кѡ бо возлюбѝ бг҃ъ мíръ, ꙗ҆́кѡ и҆ сн҃а своегѡ̀ є҆диноро́днаго да́лъ є҆́сть, да всѧ́къ вѣ́рꙋѧй въ ѻ҆́нь не поги́бнетъ, но и҆́мать живо́тъ вѣ́чный.

Гл. г҃. Єѵ҃лїе ѿ Ї҆ѡа́нна.

ı҃. Ѿвѣща̀ Ї҆и҃съ и҆ речѐ є҆мꙋ̀: ты̀ є҆сѝ ᲂу҆чи́тель ї҆и҃левъ, и҆
сих̑ъ ли не вѣ́си;
а҃ı. А҆ми́нь а҆ми́нь глаго́лю тебѣ̀, ꙗ҆́кѡ є҆́же вѣ́мы, глаго́-
лемъ: и҆ є҆́же ви́дѣхомъ, свидѣ́тельствꙋемъ: и҆ свидѣ́тельства
на́шегѡ не прїе́млете.
в҃ı. А҆́ще земна̑ѧ реко́хъ ва́мъ, и҆ не вѣ́рꙋете: ка́кѡ, а҆́ще
рекꙋ̀ ва́мъ нбⷭ҇наѧ, ᲂу҆вѣ́рꙋете;
г҃ı. И҆ никто́же взы́де на нб҃о, то́кмѡ сше́дый съ нбⷭ҇ѐ, сн҃ъ
человѣ́ческїй сы́й на нбⷭ҇ѝ.
д҃ı. И҆ ꙗ҆́коже Мѡѷсе́й вознесѐ ѕмі́ю въ пꙋсты́ни, та́кѡ по-
доба́етъ вознести́сѧ Сн҃ꙋ чл҃вѣ́ческомꙋ:
є҃ı. Да всѧ́къ вѣ́рꙋѧй въ ѻ҆́нь не поги́бнетъ, но и҆́мать
живо́тъ вѣ́чный.
ѕ҃ı. Та́кѡ бо возлюбѝ Бг҃ъ мíръ, ꙗ҆́кѡ и҆ Сн҃а своегѡ̀ є҆дин-
оро́днаго да́лъ є҆́сть, да всѧ́къ вѣ́рꙋѧй въ ѻ҆́нь, не поги́бнетъ,
но и҆́мать живо́тъ вѣ́чный.
з҃ı. Не посла́ бо Бг҃ъ Сн҃а своегѡ̀ въ мíръ, да сꙋ́дитъ мíрови,
но да спасе́тсѧ и҆́мъ мíръ.

斯拉夫文約翰福音三章 10 至 17 節（1881 年版）。

2.2.2　捷克文／波希米亞文

捷克語（Czech）或稱波希米亞語（Bohemian），後者是指古代波希米亞王國居民的語言，它的地域位於現今捷克境內。所以波希米亞與捷克可以算是同義字。由於捷克語與斯拉夫語十分相近，在捷克境內最早期使用的聖經，是來自九世紀的傳教士濟利祿及他的兄弟梅篤丟斯的翻譯（參上段）。

第一部完整的捷克語聖經是翻譯自拉丁文《武加大譯本》，在 1360 年出

濟利祿和梅篤丟斯兩兄弟在羅馬的畫像。

版，稱為《德累斯頓聖經》(*Bible of Dresden*)，後期的譯本許多都是翻譯自這部譯本。可惜，這部抄本在第一次世界大戰期間遺失了。

在早期宗教改革運動的暗湧下，捷克殉教修士胡司(Jan Hus)和哲學家海爾奇茨基(P. Chelcicky)寫過許多有分量的作品。胡司高舉聖經，熱中於改教，強調基督對教會的主權，猛烈批評當代教會濱權和貪財的情況，為後來的宗教改革鋪路，最後被判火刑殉道。他曾經修訂濟利祿和梅篤丟斯的新約譯本，再由他的跟隨者倫柏(Martin Lupáč，卒於 1468 年)作修訂，然後經過不知名的譯者作最終整理，於 1475 年在紐倫堡出版(對於出版的地點，現今仍有爭議)。這時候，距離胡司逝世已有六十年。這部版本現今只餘兩部，分別藏於維也納帝國圖書館和布拉格大學圖書館。

在宗教改革前夕的 1487 年，布拉格出版了首部捷克語新約(*New Testament of Dlabač*)，而首部完整聖經是在 1488 年出版，稱為《布拉格聖經》(*Bible of Prague*)。這部譯本是根據胡司和倫柏的譯文，由市政府和大學教授一同合作。另一部重要的捷克語譯本，是在 1489 年印刷的"*Bible of Kutná Hora*"，這部聖經在不同城市多次再版和修訂。

到了十六世紀末，出版了捷克語的《克拉利卡版聖經》(*Bible of Kralice*)(1579～1593 年，分六冊)。這是一部從舊約希伯來文和新約希臘文翻譯過來的聖經，促進了現代捷克語的誕生。克拉利卡是在莫拉維亞(Moravia)的一個城堡，由八名出色學者組成的翻譯委員會在此翻譯和印行了這部新的譯本，他們都是波希米亞弟兄會（Bohemian Brethren）的成員。這部譯本的第三版（1613 年版）被視為是經典，它所用的語言，直至今天仍是標準的波希米亞語。

相對之下，天主教會所用的譯本是較舊的捷克語聖經，運用了 1488 年的版本達百多年之久。耶穌會在 1677 年（新約）和 1712 至 1715 年（舊約）之間翻譯了一部譯本，稱為“Wenceslas Bible”，在布拉格出版，那是翻譯自拉丁文《武加大譯本》，並建基於 1506 年的《威尼斯聖經》（*Venice Bible*），同時又參考了《克拉利卡版聖經》。不過，這部譯本的影響力相對不及《克拉利卡版聖經》。

另一部較近期的捷克語聖經是由一個捷克弟兄會（Evangelical Church of the Czech Brethren）的傳道人齊卡（F. Zilka）所翻譯的新約。齊卡是布拉格的胡司神學院（Hus Theological Seminary）的教授，他的新約在 1933 年出版。

捷克文聖經

譯本	約翰福音三章 16 節
Czech Bible of Kralice, *1579 – 1593*	Nebo tak Bůh miloval svět, že Syna svého jednorozeného dal, aby každý, ^kdož věří v něho, nezahynul, ale měl život věčný.

16. Nebo tak Bůh milowal ſwět, že Syna ſwého gednorozeného dal, aby každý,. kdož wěřj w něho, nezahynul, ale měl ži-wot wěčný.

捷克文約翰福音三章 16 節，《克拉利卡版聖經》哥德式字體版本（1870 年版）。

2.2.3 德文

早期的德語譯本在中世紀已經出現，在馬丁．路德之前的1466年，已有德語聖經的印刷版本"the Mentel Bible"出版，那是按照拉丁文《武加大譯本》的字面翻譯。這部聖經在斯特拉斯堡(Strassburg)出版，印行了大約十八版，直到1522年才由路德的新譯本取代。

位於德國的瓦特堡(Wartburg Castle)，路德在此翻譯了德文新約。

路德在十六世紀所翻譯的聖經，是近代最具影響力的德語聖經譯本，其權威相等於英語的《欽定本》。路德在推動宗教改革期間，於1521年的沃木斯會議(Diet of Worms)上重申聖經的權威。(傳聞在這次會議上，他說了「這是我的立場，求上帝幫助我」這一名言。)然而，由於面臨被拘捕的危險，路德在返回家鄉的途中，被朋友以假綁架的方式擄走，藏在瓦特堡(Wartburg)中。在這座城堡的半年多，路德把所有精力投注在寫作上，撰寫了大量著作，並且從1521年秋開始翻譯新約，在短短的十一個星期內把整部新約翻譯成德文，於1522年出版。後來他又翻譯了舊約，兩者一起組成了著名的《路德聖經》(德文稱為"*Die Luther Bibel*")。路德的完整德語聖經第一版在1534年出版，以後一直修訂，直至他逝世。

路德的譯本不是逐字逐句，而是以大眾的語言翻譯，融合了南德和北德方言的中德方言(這是他家鄉的方言)，因而非常生動和易懂。路德的譯本對於德語的發展，就像《欽定本》在英語上的影響一樣。路德的德語聖經也成為其他歐洲北部語言（丹麥語，荷蘭語和瑞典語）版本的基本材料。這部聖經在以後歷年都有作修訂，目前所用的《路德聖經》是 1984 年的修訂版本。不過，儘管經過修正，這部聖經現今所用的語言已經有點古老，並不太適合不是以德語為母語的人所用。

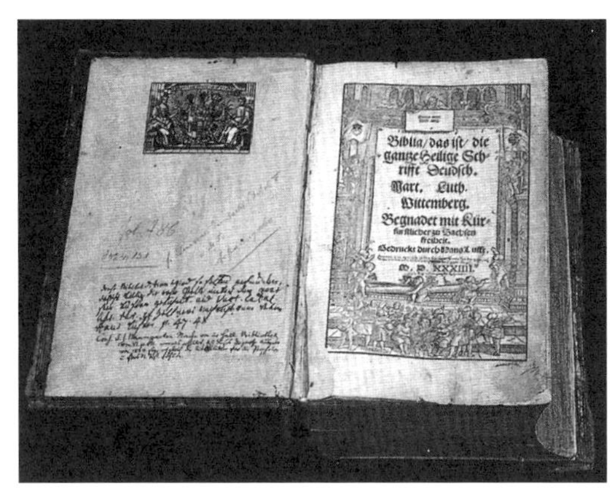

1534 年的《路德聖經》。

由於路德的德語聖經帶來重大的影響，德國天主教會也出版它自己的版本，其中最值得注意的是《艾斯瑪聖經》（*Emser Bibel*），由艾斯瑪（Jerome Emser）翻譯，於 1527 年出版，成為標準德國天主教聖經。不過，這部聖經與《路德聖經》沒有多大的差別。

路德翻譯聖經的書桌。

其他著名的德語聖經版本還有 *Zürcher Bibel*、*Elberfelder*、*Schlachter*、*Buber-Rosenzweig*（只有舊約）、*Pattloch*、*Herder*、*Hoffnung für Alle*、*Die Gute Nachricht*、*Gute Nachricht Bibel* 等。事實上，德語

聖經在以後的數百年間，擁有豐富的譯經傳統，差不多每十年便有重要的翻譯或修訂。此外，也有少量德語的方言譯本出版。

天主教的聯合譯本“*Einheitsübersetzung*”的新約在 1972 年出版，舊約在 1980 年出版，它是德國天主教會主教轄區所用的第一部共同譯本。這部聯合譯本的新約和詩篇，被一個由天主教徒和新教徒學者組成的委員會所接納，因而可以被羅馬天主教會和新教教會使用，至於舊約的其餘部分則跟隨天主教的傳統。不過，德國的新教教會不願意一同進行這部聯合譯本的修訂工作。

近年值得一提的另一部現代譯本《新福音譯本》(*Neue Evangelische Übertragung*)，這項翻譯工作是由萬海頓(Karl-Heinz Vanheiden)開始的，每當他完成一卷新的翻譯時，就會在他的網站上發放，並且歡迎公眾的修正和建議(http://www.kh-vanheiden.de/)，這個版本也致力讓非基督教徒可以理解聖經的話語。

德文聖經

譯本	約翰福音三章 16 節
Luther Bibel, 1545	Also hat Gott die Welt geliebt, daß er seinen eingeborenen Sohn gab, auf daß alle, die an ihn glauben, nicht verloren werden, sondern das ewige Leben haben.
Elberfelder Bible, 1855	Denn so hat Gott die Welt geliebt, daß er seinen eingeborenen Sohn gab, damit jeder, der an ihn glaubt, nicht verloren gehe, sondern ewiges Leben habe.
Luther Bibel, 1984	Denn also hat Gott die Welt geliebt, dass er seinen eingeborenen Sohn gab, damit alle, die an ihn glauben, nicht verloren werden, sondern das ewige Leben haben.
Neue Evangelische Übertragung, 2007 (網上版本)	Denn so hat Gott der Welt seine Liebe gezeigt: Er gab seinen einzigen Sohn dafür, dass jeder, der an ihn glaubt, nicht zugrunde geht, sondern ewiges Leben hat.

Vnd als moyſes derhöchte dē ſchlangen in der wůſte
alſuſt gezimpt zů derhöchen den ſun der maide: das
ein ieglicher d' an in gelaubt nichten verderbe: wañ
das er hab das ewig leben. Wann alſuſt hett gott
lieb die werlt das er gab ſein eingeborn ſun: das ein
ieglicher der an in glaubt nichten verderbe: wann daz
er hab das ewig leben. Wann gott ſant ſein ſun in
die werlt nicht das er vrteil die werlt: wann daz die
werlt wurd behaltē durch in. Der do gelaubt an in
der wirt nit geurteilt. Wañ der do nichten glaubt
ietzunt iſt er geurteilt: wann er gelaubt nit an dē
namen des eingeborn ſun gotz. Wann ditz iſt das
vrteil: wann das liecht kam in die werlt: vnd die
leůt hetten mer liep die vinſter deñ das liecht. Wañ
ire werck die warn vbel. Wann ein ieglicher der do
thůt das vbel der haſt das liecht: vnd kumpt nicht
zů dem liecht: das ſein werck nit werden geſtrafft.
Wañ der do thůt die warheit d' kumpt zů dem liecht
das ſein werck werden deroffent: wañ in gott ſeint
ſy gethan. Nach diſen dingē ihēſus kam in daz land
iudee vnd ſein iungern: vnd entwelten do mit in
vnd taufft. Wann iohannes was tauffent in enon
bey ſalem: wann do waren manige waſſer. vnd ſy

德文約翰福音三章 14 至 23 節（1466 年版）。

2.2.4　荷蘭文

荷蘭文是西日耳曼語的一個變體，為荷蘭、比利時、蘇利南和安的列斯羣島大約二千萬人所使用。這種語言有不同的變體，現今荷蘭文的聖經譯本主要可分為荷蘭語和法蘭德斯語（Flemish）的譯本，雖然兩者有少許語法上的差異，但實際的分別十分微小，主要是在發音上。此外，還有克里奧爾語（Creole）和格羅寧根語（Gröningen）的少量聖經譯本。在 1800 年以前，絕大多數荷蘭文譯本都是以哥德式字體印刷，在 1800 年以後則以羅馬字體為主。

在宗教改革之前，荷蘭文聖經主要是意譯本或單卷的押韻譯本。到了十二世紀末，荷蘭經歷了宗教上的復興，以致對方言聖經有更大的需要。最早的例子是約於 1270 年，根據二世紀敍利亞基督徒他提安的《四福音合參》所翻譯的譯本“*the Liège manuscript*”，這部譯本可能是源自一部已經失傳的古拉丁文譯本。至於押韻的譯本，最著名的版本是由荷蘭文學之父馬爾蘭特（Jacob van Maerlant）於 1271 年的說教詩。還有舒特肯（Johan Schutken）於 1384 年譯的新約和詩篇譯本，雖然這部譯本的質素不高，卻成為中世紀時，最廣泛使用的荷蘭語譯本。

現存最早的荷蘭文聖經印本是 1477 年的舊約 "*Delftse bijbel*"，不過書中缺了詩篇，也不見新約的版本。這部譯本是由不知名的譯者從《武加大譯本》翻譯過來的。同年，有另一部在不同地方出版的書信和福音書禮儀性譯本，同樣是由不知名的譯者從《武加大譯本》翻譯過來的。

十六世紀，荷蘭的新教教會受到宗教改革運動加爾文派的影響，在宗教改革期間，對聖經的研究產生了更多的興趣。路德的德文譯本一再翻譯成為荷蘭文，其中最重要的譯本是由萊斯維爾德（Jacob van Liesveldt）於 1526 年翻譯出版，成為最早的荷蘭語完整版聖經。由於這部譯本廣受歡迎，羅馬天主教會於是自行翻譯了荷蘭文聖經，由一名加爾默羅修會（Carmelite）的修士布蘭克蓋特（Alexander Blanckaert）在科隆大學（University of Cologne）的支持下負責翻譯，在 1548 年出版。不過，這部譯本後來被魯汶神學院所譴責。同一年，神學院所屬的天主教魯汶大學（Katholieke Universiteit Leuven）的溫思（Claes van Winghe）按照《武加大譯本》修訂，成為荷蘭天主教會的重要譯本。

在十六世紀，荷蘭天主教和新教的聖經翻譯發展得相當蓬勃，幾乎每隔數年就有重要的譯本或修訂出現。到了 1599 年，莫倫托夫（Jan Moerentorf）出版了一部修訂版本，成為荷蘭天主教會的標準譯本。直至二十世紀初，這部譯本才由彼得凱尼休斯協會（Peter Canisius Association）的譯本取代（1929～1939 年），為現今所通用。

在 1618 至 1619 年的多特會議（the Synod of Dort）上，新教教會提出了從原文翻譯一部荷蘭文譯本的需要。結果，大會委任了六位譯經者（部分譯經者在工作開始前已逝世）作翻譯工作。在經過多年的工作後，1637 年首先出版了荷蘭改革宗教會的標準聖經（*Statenvertaling*），也是第一部被荷蘭國家認可的聖經版本，其地位與路德的德文版本和英國的《欽定本》一樣。直至 1951 年，它才被荷蘭聖經公會（Nederlands Bijbelgenootschap）的聖經（簡稱為“NBG translation”）所取代。

在十七世紀之後，天主教與新教的荷蘭語譯本一直有豐富的翻譯成果，直至近代，而且大部分至少完成了新約。至於荷蘭文的其他方言，如克里奧爾語和格羅寧根語，前者有 1781 年的新約，後者有 1950 年代的馬可福音、使徒行傳和約翰書信的譯本，不過兩者的流通都不廣泛。

近代流行的荷蘭文譯本還有 *Groot Nieuws Bijbel*、國際聖經協會的 *Het Boek* 和天主教的 *Willibrordvertaling*。2004 年，新的荷蘭語譯本 *Nieuwe Bijbelvertaling* 出版，它被接納為教會所用的版本。同時，也有其他習用語的譯本出現。

荷蘭文聖經

譯本	約翰福音三章 16 節
Statenvertaling, 1637	Want alzo lief heeft God de wereld gehad, dat Hij Zijn eniggeboren Zoon gegeven heeft, opdat een iegelijk die in Hem gelooft, niet verderve, maar het eeuwige leven hebbe.
Nieuwe Bijbelvertaling, 2004	Want God had de wereld zo lief dat hij zijn enige Zoon heeft gegeven, opdat iedereen die in hem gelooft niet verloren gaat, maar eeuwig leven heeft.

16 o Want alsoo lief heeft Godt 19 de
werelt gehadt / dat hy synen eenighgebo=
renen Sone gegeven heeft/ op dat een ye=
gelick die in hem gelooft/ niet en verderve/
maer het eeuwige leven hebbe.

荷蘭文約翰福音三章 16 節（1648 年哥德字體版）。

2.2.5 法文

法文屬印歐語系羅曼語。在羅馬帝國統治法國地區期間，由於拉丁語的通行，故此法語被融合，直至八世紀查理曼帝國時代，才把法語規範化。隨著法國人在歐洲的政治地位日高，法語在十世紀成為官方語言，在十一世紀後成為歐洲最廣泛通行的語言。現代官方法語的基礎是在巴黎附近地區的方言，但法語其實擁有相當多方言。除了主要的法語外，其中至少有九種方言曾有聖經的譯本，大多出現在十九至二十世紀初期間，不過僅有少量福音書的譯本，其中只有古典佛多斯語（ancient Vaudois）在 1890 年有新約譯本。

法文聖經最早的完整版本，是在十三世紀由巴黎大學出版的。到了這世紀的結束，穆蘭斯（Guyart des Moulins）的聖經歷史書出版。兩者的作品成為以後在巴黎出版的聖經的修訂基礎。此外，在十五世紀末也有一些修訂的版本（包括 1474 年的新約和 1483 年的詩篇）。

法文聖經的近代歷史由 1523 年出版的新約開始，那是由法蘭西人文主義者和神學家勒菲弗爾（Jacques Lefèvre d'Étaples）所翻譯的作品。1528 年，舊約在安特衛普出版，兩者在 1530 年合併為《安特衛普聖經》（*Antwerp Bible*），這是第一部以法語印行的聖經。他的譯文也成為後來一些羅馬天主教譯本的參考基礎。勒菲弗爾的聖經譯本在十六世紀傳至英國，英王亨利八世（Henry VIII）也擁有一部，現存於大英博物館。

首部真正屬於新教的法文譯本，是羅柏特的作品。羅柏特是加爾文的表兄，他受到路德把聖經譯成德文之舉所感動，因此決定翻譯法文聖經。因著他深宵不寐，外面常見羅柏特窗上的燈光，故此他被稱為「夜半燈油」（Olivétanus）。羅柏特的聖經版本在 1535 年出版，在十六世紀經過多次修訂，最值得紀念的版本是加爾文在 1552 年修訂的譯本，這是第一部引用埃蒂安納的分節方式的聖經版本。1560 年，在加爾文的指導下，對羅柏特的聖經進行修訂，成為著名的法語《日內瓦聖經》(留意現今所説的《日內瓦聖經》，一般是指英語的另一同名版本)，這是十六至十七世紀最多使用和修訂的法文聖經版本。

由於新教譯本的影響，羅馬天主教在 1550 年出版了一部新的譯本，稱為《魯汶聖經》(*Louvain Bible*)，那是建基於勒菲弗爾和羅柏特的譯本，由魯汶大學神學系的一個委員會修訂。在以後幾個世紀，羅柏特的譯本經過多次修訂。最後，勒密斯切兄弟(Antoine Lemaistre 和 Louis Isaac Lemaistre)在 1695 年所完成的譯本，稱為 *Port-Royal version*，被天主教會和新教教會共同接納。1724 年，奧斯特瓦爾德(Jean-Frédéric Ostervald)的譯本也得到廣泛接納。

在二十世紀之前，法文聖經有大量的翻譯和出版，足以撰寫另一部著作介紹，在此沒法全面縱覽。例如，在十九世紀末，許多講法語的新教徒都是使用賽加德譯本(*Louis Segond version*)，那是在 1880 年出版，在 1975 年和 1978 年修訂。美國聖經公會後來修訂了這部譯本，稱為“*Revised Louis Segond Bible*”。直至二十世紀末，更多現代法語的譯本出版，例如 1987 年的法語聖經(*Bible en Français Courant*)廣受讀者歡迎。國際聖經協會在 1999 年出版了另一部新的譯本“*La Bible du Semeur*”，是近年較重要的通用法語聖經譯本。天主教會則有《耶路撒冷聖經》(*La Bible de Jérusalem*)，那是由道明會的耶路撒冷聖經學院(École Biblique de Jérusalem)教授翻譯的，在 1954 年首次出版，1973 年修訂。這座學院是道明會的聖經研究中心，也是法國考古學的基地。至於猶太教的法語希伯來聖經(*La Bible du rabbinat français*)則在 1906 年出版，在 1966 年修訂。

法文聖經

譯本	約翰福音三章 16 節
Louis Segond, 1910	Car Dieu a tant aimé le monde qu'il a donné son Fils unique, afin que quiconque croit en lui ne périsse point, mais qu'il ait la vie éternelle.

Moyse esleua le serpent au desert/ semblable
ment fault que le filz de lhōe soit esleue: * af-
fin que tout home qui croit en luy / ne perisse
point/mais quil ayt vie eternelle. ¶ ☞ Car
Dieu a tant ayme le ²monde/quil a dōne son
seul filz/affin que tout home qui croit en luy/
ne perisse point/mais quil ayt vie eternelle.
Car Dieu na point enuoye son filz au monde
pour condemner le monde / mais affin que le
monde soit par luy sauue. Qui croit en luy il
nest point iuge. Mais qui ne croit poīt il est
desia iuge:car il ne croit point au nom du seul

法文約翰福音三章 14 至 18 節（Le Fèvre version 1541 年版）。

2.2.6 意大利文

意大利文屬於印歐語系的羅曼語族，雖然與拉丁文有密切的關係，但意大利文的譯本是相對較遲才出現的。現存的抄本可以追溯至十三世紀，主要包括福音書和詩篇。這些中世紀的譯本，並非從原文翻譯過來，而是受法語和普羅旺斯語（Provençal）的翻譯，以及十二和十三世紀間在法國南部通行的拉丁文《武加大譯本》所影響。在十三世紀初，也有一部譯本是直接翻譯自希伯來文的。

意大利文聖經最早的印刷版本是 1471 年在威尼斯出版，由麥克勒米（Niccolò Malermi）翻譯拉丁文《武加大譯本》而成的。在 1559 年，教宗保祿四世（Paul IV）禁止教會以外的所有方言聖經的印行和閱讀。這做法被庇護四世（Pius IV）在 1564 年重申，以致天主教的翻譯工作停止了二百年。

第一部新教的聖經是由希伯來文和希臘文學者迪沃達提（Giovanni Diodati）從拉丁語和猶太文獻所翻譯的（1607 年在日內瓦出版，1641 年修訂）。這部譯本一再出版，成為二十世紀以前的標準新教譯本。

1757 年，教宗本篤十四世（Benedict XIV）修訂禁令，於是天主教會在譯經工作上有所行動。1781 年，由天主教學者馬蒂尼（Antonio Martini）翻譯的聖經在那不勒斯出版，這部聖經合共二十三冊。到了二十世紀，天主教學者有更多譯經上的成果。從 1920 年代之後，在宗座聖經學院（Pontifical Biblical Institute）的支持下，天主教學者從希伯來文和希臘文直接翻譯出完整的聖經譯本。1968 年，在法語《耶路撒冷聖經》的影響下，天主教、新教、正教和猶太教學者在米蘭出版了一部聯合譯本（*Biblia Concordata*）。

意大利文聖經

譯本	約翰福音三章 16 節
The Holy Bible: Italian Translation	Dio infatti ha tanto amato il mondo da dare il suo Figlio unigenito, perché chiunque crede in lui non muoia, ma abbia la vita eterna.

de lhuomo:ſi che chiunque crede in lui
non periſca:ma habia uita eterna. Tan-
to amo Dio el mondo che gli dette el
ſuo unigẽito figluolo:acio che ogni huo-
mo che crede in lui non periſcha:ma'ha
bia uita eterna. Dio non mando el ſuo
figluolo nel mondo per iudicarlo:ma p
ſaluarlo:achio chel mondo ſia facto ſal-
uo per lui. Et quel el qual crede in lui
non ſe iudicato. Ma quel che non cre-
dera e gia iudicato:imperho che nõ cre-

意大利文約翰福音三章 15 至 17 節（1471 年版）。

2.2.7 西班牙文

西班牙文不只在西班牙通用，在拉丁美洲國家也通用，在美國和墨西哥某些地區亦以西班牙語作為常用語言。全世界約接近四億人說西班牙語，僅次於漢語、印地語和英語。

1430 年的舊約譯本《亞爾巴聖經》(*Alba Bible*)，記載了挪亞在洪水之後差出雀鳥的故事，這是由希伯來文翻譯為中古卡斯提爾語(Mediaeval Castilian)，是最早期的羅曼語(Romance)譯本之一。

最早期在西班牙的聖經翻譯工作，是翻譯阿拉伯文譯本，而不是西班牙文譯本。西班牙文聖經的歷史，是始於詹姆斯一世(James of Aragon)在 1233 年頒令禁止羅曼語(Romance，西班牙的一種方言)聖經的印行，不容許教士和平民擁有地方方言的譯本，並且把聖經燒燬。當時猶太人已翻譯了一些西班牙文聖經的舊約部分。在接著下來的六百年，西班牙政府對西班牙文聖經的印行設定了很多的限制。直至 1793 年，第一部完整的聖經譯本才在西班牙的土地上印行。在這之前的聖經版本，都是在歐洲其他地方印刷的。因此相對之下，西班牙文聖經的譯本數量也不多。

西班牙文聖經翻譯的歷史，與其他中世紀歐洲語言聖經的分別，是在於它不是建基於拉丁文《武加大譯本》，而是來自希伯來文聖經。這是因為猶太人在西班牙的本土語運動中扮演了重要的角色，大約在十四至十五世紀間，猶太人翻譯了部分的舊約譯本，也有從西哥特人（Visigoth）的拉丁文經文翻譯了新約。1417 年，整部聖經被翻譯為成嘉泰羅尼亞語（Catalan，西班牙的方言之一），不過這部聖經後來被宗教裁判所銷毀。宗教裁判所是在 1231 年設立的宗教法庭，負責偵查、審判和裁決被認為是異端的法庭，讓審判官擁有特殊權力，以對付異端團體，西班牙的宗教裁判所尤其聲名狼藉。

在 1479 至 1504 年間，西班牙的皇家法律規定民間方言的聖經是非法的，猶太人在 1492 年被驅逐，以致西班牙不再成為聖經翻譯活動的中心，而西班牙文聖經的翻譯活動也要在外地進行。最早印行的西班牙文聖經是 1490 年的福音書，然後是 1543 年的新約，1553 年的舊約。1557 年，西班牙的宗教裁判所禁止本地方言的聖經傳播，且刊登了《禁書目錄》，其影響力直至十八世紀。

到了十九世紀，宗教裁判所被終止，西班牙文聖經開始大量湧現。從十九世紀初至二十世紀末，天主教會和新教教會合共出版了超過四十部新的聖經譯本，部分仍在出版。此外，在 1917 年，西班牙裔美語（Hispano-Americana）的新約在西班牙首都馬德里出版，成為西班牙語世界通行的聖經版本。至於第一部從原文翻譯過來的羅馬天主教通行語言聖經，是 1944 年在薩拉曼卡宗座大學（Pontifical University of Salamanca）的指導下，在馬德里出版。近年西班牙文聖經譯本不斷出現，顯示這類語言譯本的蓬勃發展。

西班牙文聖經

譯本	約翰福音三章 16 節
Spanish Reina Valera	Porque de tal manera amó Dios al mundo, que ha dado á su Hijo unigénito, para que todo aquel que en él cree, no se pierda, mas tenga vida eterna.

S.Iohan.
q̃ue voſotros naſçieſedes de lo alto. El viento
ſopla donde quiere, y tu oys ſu voz, pero no
ſabes de donde benga, ni adonde baya. Aſi es
todo hombre que es naſçido del eſpiritu. Reſ
pondio Nicodemos, y dixo le: Como puedẽ
eſtas coſas ſer hechas? Reſpõdio Ieſus, y dixo
le: Tu eres maeſtro en Iſrael, y no ſabes eſtas
coſas? En verdad en verdad te digo, que lo q̃
ſabemos hablamos: y lo que hemos viſto te
ſtificamos: y voſotros no reſçebis nueſtro te
ſtimonio, Si yo os he dicho coſas terrenas, y
no las creeis, ſi os dixere coſas celeſtes como
Ephes. 4 las creereis? Y ninguno ſube al çielo, ſino el
que baſo del çielo, el hijo del hombre que eſta
Num. 21. enel çielo. Y aſi como Moiſes en ſalzo la ſer
piente enel deſierto, aſi tanbien es neçeſario
que ſea enſalzado el hijo del hombre; para q̃
todo hõbre que crei enel no perezca, ſino aya
Act. 10. la vida eterna. Por q̃ en tãta manera amo Di
16. os al mundo, que dio a ſu vnigenito hijo: pa
Adelã. 6 ra que todo hombre que crei enel no pereſca,
ſino aya la vida eterna. Por que no embio di
os ſu hijo al mundo, para condẽnar al mũdo:
1. Ioh. 4. ſino para que el mundo ſea ſaluado por el. El
que crei enel, no es condẽnado. Pero el q̃ no
crei, ya es cõdẽnado, por q̃ no crei enel nõbre
del vnigenito hijo de Dios. Y eſta es la condẽ
naçiõ: Que la luz vino enel mũdo, y amaron
los hõbres mas las tinieblas q̃ la luz. Por q̃ erã
ſus obras malas. Por q̃ todo hõbre q̃ haze co
ſas malas, aborreze la luz: y no biene a la luz,
por q̃ ſus obras no ſeã reprehẽdidas. Pero el
q̃ obra verdad viene a la luz, para q̃ ſeã mani
fieſtas

| 西班牙文約翰福音三章 8 至 20 節（1543 年版）。

2.2.8 挪威文

挪威在地理和文化上屬斯堪的納維亞（Scandinavia）半島，這地區包括挪威和瑞典，在文化與政治上也包括丹麥。斯堪的納維亞文是源自北日耳曼語系，分為東斯堪的納維亞文（丹麥語和瑞典語），以及西斯堪的納維亞文（挪威語、冰島語和法羅語），彼此之間有相似之處。在宗教改革之前，只有部分斯堪的納維亞文譯本翻譯出來，這些譯本都是在拉丁文譯本的基礎上再進行翻譯的。

在斯堪的納維亞文中，在此選擇介紹挪威文聖經。最早期的古老挪威文譯本，大概是十四世紀初的抄本，稱為“*Stjórn* manuscript”。1814 年，挪威從丹麥分離出來，啟發了挪威語言的文藝復興。現今最早期的挪威語新約是在 1819 年出版，修訂自丹麥語譯本（*Danish Svaning-Resen version*；兩者的語言相近），由剛於 1816 年成立的挪威聖經公會委任的委員會負責。1834 年，最早的挪威語聖經出版。在十九至二十世紀之間，挪威語聖經有數部譯本的翻譯和出版。

現行在挪威國內有兩套挪威語的書寫形式，分別是「書面挪威語」（或稱「巴克摩挪威語」，挪威語稱為：Bokmål）和「新挪威語」（或稱「耐諾斯克挪威語」，挪威語稱為：Nynorsk），兩者略有分別。前者是大多數挪威人的主要語言，後者則較少應用。最早的新挪威語聖經譯本，是 1882 年的羅馬書，跟著由布利克斯（E. Blix）等翻譯的譯本（新約 1889 年；整部聖經 1921 年）。以這種新標準的語言所修訂的聖經，由恩德雷布（R. Indrebö）負責，在 1938 年由挪威聖經公會出版。

MATTEUS 1

Evangeliet etter
MATTEUS

1 Ættetavle for Jesus Messias, Davids sønn, Abrahams sønn:

2 Abraham fikk sønnen Isak. Isak fikk Jakob. Jakob fikk Juda og hans brødre.
3 Juda fikk sønnene Peres og Serah med Tamar. Peres fikk Hesron. Hesron fikk Ram.
4 Ram fikk sønnen Aminadab. Aminadab fikk Nahson. Nahson fikk Salmon.
5 Salmon fikk sønnen Boas med Rahab. Boas fikk Obed med Rut. Obed fikk Isai.
6 Isai ble far til kong David. David fikk Salomo med Urias hustru.

7 Salomo fikk sønnen Rehabeam. Rehabeam fikk Abia. Abia fikk Asa.

8 Asa fikk sønnen Josafat. Josafat fikk Joram. Joram fikk Ussia.

9 Ussia fikk sønnen Jotam. Jotam fikk Akas. Akas fikk Hiskia.

10 Hiskia fikk sønnen Manasse. Manasse fikk Amon. Amon fikk Josia.
11 Josia fikk Jekonja og hans brødre på den tid da folket ble bortført til Babylon.

12 Etter bortførelsen til Babylon fikk Jekonja sønnen Sealtiel. Sealtiel fikk Serubabel.
13 Serubabel fikk sønnen Abiud. Abiud fikk Eljakim. Eljakim fikk Asor.
14 Asor fikk sønnen Sadok. Sadok fikk Akim. Akim fikk Eliud.
15 Eliud fikk sønnen Eleasar.

MATTHEW 1

The Gospel According to
MATTHEW

1 The book of the genealogy of Jesus Christ, the Son of David, the Son of Abraham:
2 Abraham begot Isaac, Isaac begot Jacob, and Jacob begot Judah and his brothers.
3 Judah begot Perez and Zerah by Tamar, Perez begot Hezron, and Hezron begot Ram.
4 Ram begot Amminadab, Amminadab begot Nahshon, and Nahshon begot Salmon.
5 Salmon begot Boaz by Rahab, Boaz begot Obed by Ruth, Obed begot Jesse,
6 and Jesse begot David the king. David the king begot Solomon by her *who had been the wife* of Uriah.
7 Solomon begot Rehoboam, Rehoboam begot Abijah, and Abijah begot Asa.
8 Asa begot Jehoshaphat, Jehoshaphat begot Joram, and Joram begot Uzziah.
9 Uzziah begot Jotham, Jotham begot Ahaz, and Ahaz begot Hezekiah.
10 Hezekiah begot Manasseh, Manasseh begot Amon, and Amon begot Josiah.
11 Josiah begot Jeconiah and his brothers about the time they were carried away to Babylon.

12 And after they were brought to Babylon, Jeconiah begot Shealtiel, and Shealtiel begot Zerubbabel.
13 Zerubbabel begot Abiud, Abiud begot Eliakim, and Eliakim begot Azor.
14 Azor begot Zadok, Zadok begot Achim, and Achim begot Eliud.
15 Eliud begot Eleazar, Eleazar

9

近代挪威語及英語的對照譯本（馬太福音序言）。

挪威文聖經

譯本	約翰福音三章 16 節
2005 年 Nynorsk 語譯本（*Bibelen*）	For så elska Gud verda at han gav Son sin, den einborne, så kvar den som trur på han, ikkje skal gå fortapt, men ha evig liv.
2005 年 Bokmål 語譯本（*Bibelen*）	For så høyt har Gud elsket verden, at han ga sin Sønn, den enbårne, for at hver den som tror på ham, ikke skal gå fortapt, men ha evig liv.

16. Thi ſaa har Gud elſket Verden,
at han gav ſin Søn, den enbaarne, for
at hver den ſom tror paa ham, ikke
ſkal fortabes, men have evigt Liv;

挪威文約翰福音三章 16 節（1905 年版，哥德式字體）。

2.2.9 匈牙利文

匈牙利最古老的聖經是由胡司派（Hussitism）信徒派西（Tamás Pécsi）和烏伊拉基（Bálint Újlaki）所翻譯的，故此被稱為《胡司派聖經》（*Hussite Bible*）。派西和烏伊拉基分別在 1399 年和 1411 年進入布拉格大學（Univerzita Karlova）唸書，接納了胡司的宗教改革概念。這兩位方濟會修士在 1416 年開始譯經的工作，大概在 1441 年完成。由於受宗教裁判所的迫害，派西及其跟隨者逃離匈牙利，而這部最早期的匈牙利語聖經也被沒收充公。現存的胡司派聖經只有零碎的段落（其中最重要的抄本有 *Codex of Munich*、*Codex of Wien* 和 *Apor Codex*）。

在宗教改革運動期間，由於新教信義宗對信仰的傳揚，產生了幾部方言的譯本。1533 年，科瓦西（Benedek Komiathy）從拉丁文《武加大譯本》翻譯了保羅書信，是最早的匈牙利語聖經印刷版本，普斯蒂（G. Pesti）翻譯的福音書於 1536 年出版。1541 年，西爾維斯特（Sylvester János Erdõsi）從希臘文翻譯了第一部新約，成為現存最早的匈牙利文新約。

但由於土耳其人征服了匈牙利，再加上反宗教改革浪潮阻礙了更多方言聖經的出現。例外的只有在外西凡尼亞（Transylvania，在今羅馬尼亞北部的地區）的半獨立公國。故此，匈牙利聖經幾乎是由新教教會獨力開展的。最早的完整匈牙利文聖經在 1590 年出版，也是首部新教教會的聖經，被稱為《卡羅萊譯本》（*Gáspár Károli's translation*，或稱 *Vizsolyi Biblia*）。這部匈牙利文聖經得到廣泛的接納，甚至像英文《欽定本》一樣被視為是經典的譯本。至 2003 年，出版了修訂。

到了 1626 年，天主教會也出版了第一部完整的聖經譯本，由加爾第（György Káldi）翻譯，以後也經過多次修訂，最近一次是 1997 年的修訂版本。

整體而言，在十七至十九世紀期間，只有少量的匈牙利文聖經翻譯和出版。至二十世紀，新教有一部新的標準聖經版本出版，在 1950 年代初出版新約，而舊約則在 1951 年至 1966 年間，由匈牙利的改革宗教會負責出版。至於天主教的現代譯本，乃是一部源自希臘文的新約，1957 年在羅馬出版。

匈牙利文聖經

譯本	約翰福音三章 16 節
《卡羅萊譯本》（*Károli's translation*）	Mert úgy szerette Isten e világot, hogy az ő egyszülött Fiát adta, hogy valaki hiszen ő benne, el ne vesszen, hanem örök élete legyen.
新教匈牙利聖經公會的譯本（*Magyar Bibliatársulat új fordítású Bibliája*）	Mert úgy szerette Isten a világot, hogy egyszülött Fiát adta, hogy aki hisz őbenne, el ne vesszen, hanem örök élete legyen.
天主教司提反學會的譯本（*Szent István Társulati Biblia*）	Mert úgy szerette Isten a világot, hogy egyszülött Fiát adta oda, hogy aki hisz benne, az el ne vesszen, hanem örökké éljen.
天主教耶柔米聖經協會的譯本（*Szent Jeromos Bibliatársulat*）	Mert úgy szerette Isten a világot, hogy egyszülött Fiát adta, hogy mindaz, aki őbenne hisz, el ne vesszen, hanem örök élete legyen.

16. Mert úgy szereté Isten e világot, hogy az ő egyetlenegy szülött Fiját adná, hogy minden, valaki hiszen ő benne, el ne veszszen, hanem örök * életet vegyen;

*** 1 Ján. 4, 9.**

匈牙利文約翰福音三章 16 節（1905 年版）。

建議閱讀書目

本段的討論主要參考以下兩部譯本目錄：

Darlow, T. H. and H. F. Moule, eds. *Historical Catalogue of the Printed Editions of Holy Scripture in the Library of the British and Foreign Bible Society, compiled by T. H. Darlow and H. F. Moule*. 2 vols. London: Bible House, 1903 ~ 1911.

Nida, Eugene A., rev. ed. *The Book of a Thousand Tongues*. London: United Bible Societies, 1972.

O' Sullivan, Orlaith, ed. *The Bible as Book: The Reformation*. London: The British Library & Oak Knoll Press, 2000. 本書包括十二篇論文，論宗教改革時期的聖經翻譯，特別探討了路德、丁道爾、諾克斯等人的譯經貢獻。

2.3 英文譯本

英語是印歐語系日耳曼語族中的一種語言，其文字歷史可追溯到盎格魯撒克遜語。在中世紀時代，英文被視為是農民所用的粗俗語言而受到忽略。在十四世紀的英國社會中，菁英所用的語言是法文和拉丁文。由於法國在中世紀的強盛國勢，其文化和語言成為歐洲各國仿傚的對象。當時，標準英語是由大法官官廳英語（Chancery English）演化而成的，經歷了不斷的整理和系統歸納。直至十五世紀，英文才開始逐步取代法文的地位，同時也出現了對英語文學和宗教作品的狂熱。中古英語與現代英語的區分，一般是約在1500年前後。

由於英語在西方世界日漸重要，對於出版英文聖經的需求也成為重要的議題。按照達洛和莫爾在二十世紀初的記錄，由英國聖經公會所藏，從1525年至1862年四百多年之間，合共有1,410部聖經譯本的出版。從十九世紀至二十一世紀初，每隔一兩年便有新的譯本出版（有時是在同一年內有多部譯本），由此可看出英文聖經翻譯的蓬勃。

以下對英文聖經的歷史作出大概的描繪，讓讀者有一幅粗略的圖像。

2.3.1 盎格魯撒克遜文譯本

早期的英語聖經歷史，一般是從盎格魯撒克遜文（Anglo-Saxon，即「古英語」）開始的，那是指自五世紀開始，由德意志北部和丹麥來到英格蘭的盎格魯（Anglo）、撒克遜（Saxons）和朱特（Jutes）等族羣所發展出來的共通語言，用於五至十二世紀之間。他們的語言取代了凱爾特語（Celtic），成為英語的早期形式，直至被諾曼語（Norman）取代。盎格魯撒克遜語是以修士傳入的愛爾蘭式拉丁字母書寫的，這是一種曲折變化、高度發展的語言，留存至今的文獻有八世紀時對拉丁語經文所加的註釋、保存在十一世紀手稿中的史詩《貝奧武夫》（*Beowulf*，作於八世紀）、一些古詩、歷史敘事詩、散文傳奇故事、法律文書等。

比德的畫像，源自 1493 年的《紐倫堡編年史》（*Nuremberg Chronicle*）。

英格蘭在歸信基督教之後的許多世紀，一般人仍然不可以用他們的語言直接閱讀聖經。除了活躍於 658 至 680 年間的凱德蒙（Caedmon）以韻律詩形式翻譯少量聖經之外，最早的盎格魯撒克遜語聖經經文，傳說是待至七世紀由歐德罕（Aldhelm，或譯「奧爾德海姆」）所翻譯的詩篇，不過現今沒有遺下任何可以確定的相關譯文。歐德罕是英格蘭馬姆斯伯里（Malmesbury）的修道院長和主教，也是一位技藝高超的教堂和修道院建築師。除了迄今已經湮沒無存的詩篇外，他也撰寫過拉丁語論文和書簡。此外，在巴黎國家圖書館另有一份屬於七世紀的詩篇一至五十篇的散文體譯文。

另一位在傳説中翻譯過聖經的是可敬的比德（Bede the Venerable），他是八世紀初的盎格魯撒克遜神學家及歷史學家，撰寫了大量的釋經著作和《英格蘭人民教會史》（*Historia Ecclesiastica Gentis Anglorum*）。據他的門生庫思伯特（Cuthbert）所述，比德在臨終之前口授了約翰福音譯本給他。儘管比德懂得希臘文，甚至通曉希伯來文，不過沒有證據顯示他曾翻譯舊約。

現存最早的盎格魯撒克遜語舊約，是九世紀的英格蘭國王亞弗烈（Alfred）所翻譯的部分出埃及記、使徒行傳和詩篇，他把這些譯本附加在當地的律法著述上。另一份現存的九世紀著名詩篇譯本，是韋斯巴薌詩篇（Vespasian Psalter）。在一個世紀之後，埃爾弗里克（Aelfric）修道院院長完成了舊約大部分的意譯本，不過他的譯本是近乎意譯和節錄的版本。

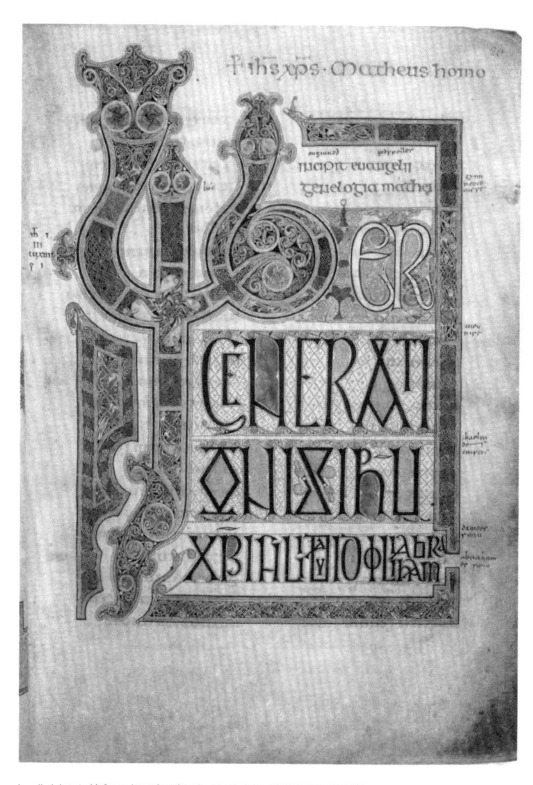

《林迪斯凡福音書集》馬太福音的開段。

早期的聖經版本，還有著名的《林迪斯凡福音書集》（*Lindisfarne Gospels*）和《魯舒沃思福音書集》（*Rushworth Gospels*）的註釋也是以盎格魯撒克遜文撰寫的。《林迪斯凡福音書集》是約七世紀的拉丁文福音書譯本，附有盎格魯撒克遜文註釋。這部福音書集也是藝術的精品，插有約十世紀中葉的行間註釋，現存放於大英圖書館內。林迪斯凡（Lindisfarne，又稱「霍利島」）是英國東北部海岸外的島嶼，是早期著名的基督教和學術中心。至於《魯舒沃思福音書集》也是早期教會拉丁文福音書譯本，在十世紀被發現，附有盎格魯撒克遜文註釋。這份稿本現存於英國牛津大學，以收藏它多年的魯舒沃思（Jack Rushworth）命名。

上述盎格魯撒克遜語譯本，大多已有研究和註釋出版，對於古英語的研究，有相當的參考價值。

16. God lufode middaneard swā þæt hē sealde his *āncennedan* Sunu, þæt nān ne forwurðe þe on hine gelȳfð, ac hæbbe þæt ēce līf.

盎格魯撒克遜文約翰福音三章 16 節。

2.3.2 早期英文譯本

在十二世紀中葉開始使用的英語是盎格魯諾曼語（Anglo-Norman），這是中古英語（Middle English），有別於早期的盎格魯撒克遜語。這種語言在英國使用了超過三世紀，不過以這種語言翻譯的聖經譯本不是太多，其中一部是約十三世紀的奧古斯丁修會（Augustinian Order）修士奧姆（Orm）所撰寫的福音書與使徒行傳韻文譯本，附有註釋，保存了中古英語的特徵，現存於牛津大

威克里夫的遺骸被挫骨揚灰，這幅圖見於 1563 年佛塞克（John Foxe）講述基督徒受逼迫的著作。

學的稿本可能是原稿。另一部是在十四世紀甚受歡迎，由肖雷漢姆的威廉（William of Shoreham）和羅爾（Michael Rolle）所翻譯的韻文詩篇。最後一部是由特利維薩的約翰(John of Trevisa)翻譯的完整聖經譯本，見於《欽定本》的序言所提。在十六世紀之後重印的最早版本，是1571年的福音書譯本。

最早的完整英文聖經於1382年出版，由威克里夫主導，譯者可能包括他和他的友人。威克里夫是歐洲宗教改革的先驅，也是英國佈道家及改革家，重視聖經的權威，攻擊教會的腐敗，他所提出的思想，有很多由後來的宗教改革家承接。1381年，當英王與教會共同鎮壓農民起義之後，威克里夫被迫幽居，他把聖經譯成英文，並完成神學著作。威克里夫在1384年逝世，在他逝世後三十年，他的作品被教會銷毀，遺骸被焚燒揚灰。威克里夫的追隨者被稱為「羅拉德派」（Lollardy），他的主張在英國廣為流傳，對宗教改革運動影響深遠。

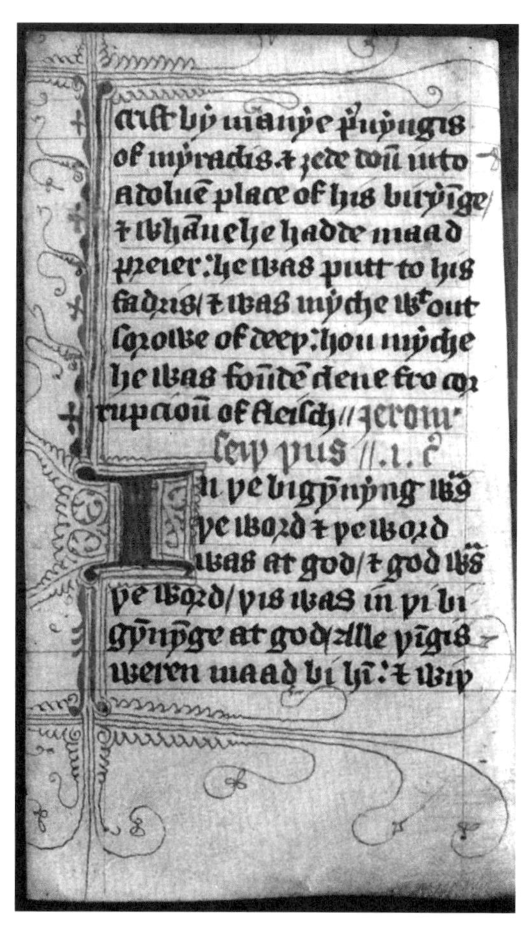

威克里夫譯本約翰福音的開首。這是一部袋裝本，由一名十四世紀末的羅德拉派（Lollard，威克里夫的追隨者）傳教士所用。

威克里夫的英文聖經譯本是從拉丁文《武加大譯本》翻譯成為英文的，因此是一部從譯本翻譯的譯本。這部譯本有兩部版本，分別於1382年和1388年出版（後者是較通行的版本），兩者均是基於拉丁文《武加大譯本》翻譯的。由於 1407 年的牛津會議（The Council of Oxford）禁止對聖經的全新翻譯，1415 年教會對威克里夫的譯本作出譴責，故此早期只有祕密流傳的版本存在。

威克里夫所翻譯的聖經雖然早已存在，但英國的平民百姓仍然不能接觸聖經。儘管在 1477 年已經出現印刷的技術，但在十五世紀之內還是沒有任何英文聖經被印刷出來。民眾對聖經的接觸，需待至十六世紀宗教改革時代後才開始。

2.3.3 宗教改革時期的譯本

到了十六世紀宗教改革運動的興起，英文聖經翻譯邁向了一個新時代。荷蘭聖經學者伊拉斯姆對希臘文聖經文本的研究和整理，也為後世的聖經翻譯鋪了道路。

當路德在 1522 年出版他直接譯自希臘文的德文新約後，許多人也期望可以用自己的母語來翻譯聖經，在英文聖經方面最具成果的例子是丁道爾。丁道爾是英國聖經翻譯者與改教家，在牛津大學接受教育，後來可能轉學至劍橋大學，原因或許是劍橋更支持宗教改革的信念。丁道爾也可能遇見過路德。但不論如何，他在 1524 至 1525 年間由原文直接把聖經翻譯為英文時，他和助手已經在德國定居。當他在 1525 年計劃出版這部聖經時，由於出版地是在天主教的轄區內，因此受到禁制。接著，丁道爾移往萊茵河上游的城市印製聖經，在 1526 年出版新約的英文版本，然後是摩西五經、約拿書和新約的譯本。他於 1531 年前往安特衛普，繼續翻譯舊約，但未完成便被拘捕，最後因其主張被判為異端而遭火焚。丁道爾的譯本對於以後的英文譯本（包括《欽定本》）極具影響力。現存的丁道爾譯本由於在科隆印刷，被稱為

《科隆四開本》(*Cologne Quarto*)，這版本幾乎被毀。在 1834 年，這版本的首六十四頁被發現，現存大英圖書館。

丁道爾的譯本只有新約和少量舊約書卷，而首部印刷的完整英文聖經版本是由科威對勒(Miles Coverdale)編譯的。科威對勒是劍橋的奧古斯丁修會修士，熱心宗教改革，後在伊利沙伯一世(Elizabeth I)統治下擔任大主教，成為清教徒領袖之一。他所翻譯的英文聖經在 1535 年完成，新約、摩西五經和約拿書主要是根據丁道爾的譯本，而其他部分可能是譯自拉丁文和德文聖經。這部聖經最初是在德國印刷的(1535 年)，但很快便傳入英國，在英國出版第二版(1537 年)，獻給亨利八世(Henry VIII)。

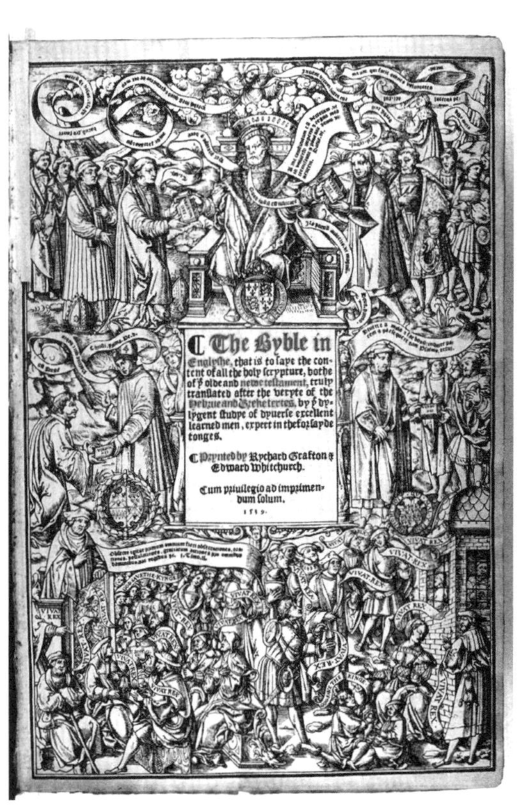

1539 年《大聖經》的封面。

在科威對勒的譯本之後，由於宗教改革的浪潮，出現了愈來愈多的英文聖經。首先是 1537 年的《馬太譯本聖經》(*Matthew's Bible*)，據稱它是由托馬斯．馬太(Thomas Matthew)翻譯，事實上這是丁道爾的朋友羅傑斯(John Rogers)的假名。這部譯本大多依循丁道爾的英文譯本(新約與舊約前半部分)，由羅傑斯編撰，在安特衛普出版。可惜它已被銷毀大部分，現存於大英圖書館的只有兩冊。另一部是《塔弗那聖經》(*Taverner's Bible*)，由塔弗那(Richard Taverner)修訂《馬太譯本聖經》，並於 1539 年出版。雖然他的譯本幾乎立即被其他譯本所掩蓋，但這部譯本是第一部在英國印刷的完整英文譯本。

第一部由英國政府正式出版的聖經，是 1539 年的《大聖經》(*The Great Bible*)。這是基於科威對勒所譯的版本，主要修訂《馬太譯本聖經》而來的版本。由於體積龐大（每頁約 15x10 吋），故稱為《大聖經》。在 1540 年的第二版中，它有克倫威爾（Thomas Cromwell）大主教的序言，所以又名《克倫威爾聖經》(*Cromwell's Bible*)。由於英國的政治變動，故此這部聖經在不同版本中也有稍微的修訂。

在英王愛德華六世（Edward VI）統治期間，出版和重印了許多英文聖經版本。在 1549 和 1551 年出版了由貝克（Edmund Becke）主教所編撰的聖經，稱為《貝克主教聖經》(*Bishop Becke's Bible*)。這是混合了《塔弗那聖經》舊約和《丁道爾聖經》新約的版本，由戴爾（John Daye）編輯，貝克修訂。

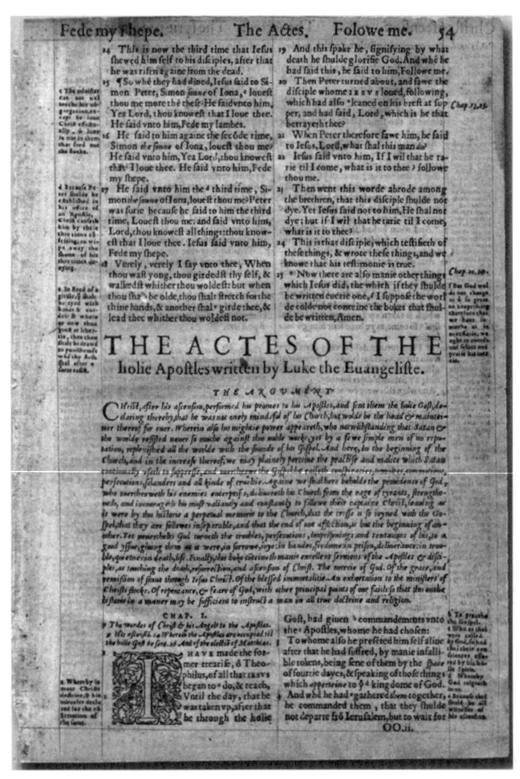
Fede my shepe. The Actes. Folowe me. 54

14 This is now the third time that Iesus shewed him self to his disciples, after that he was risen againe from the dead.
15 ¶ So whē they had dined, Iesus said to Simon Peter, Simon *sonne* of Iona, louest thou me more thē these? He said vnto him, Yea Lord, thou knowest that I loue thee. He said vnto him, Fede my lambes.
16 He said to him againe the secōde time, Simon *the sonne* of Iona, louest thou me? He said vnto him, Yea Lord, thou knowest that I loue thee. He said vnto him, Fede my shepe.
17 He said vnto him the third time, Simon *the sonne* of Iona, louest thou me? Peter was sorie because he said to him the third time, Louest thou me? and said vnto him, Lord, thou knowest all things: thou knowest that I loue thee. Iesus said vnto him, Fede my shepe.
18 Verely, verely I say vnto thee, When thou wast yong, thou girdedst thy self, & walkedst whither thou woldest: but when thou shalt be olde, thou shalt stretch forthe thine hands, & another shal girde thee, & lead thee whither thou woldest not.
19 And this spake he, signifying by what death he shulde glorifie God. And whē he had said this, he said to him, Followe me.
20 Then Peter turned about, and sawe the disciple whome IESVS loued, following, which had also leaned on his brest at supper, and had said, Lord, which is he that betrayeth thee?
21 When Peter therefore sawe him, he said to Iesus, Lord, what shal this man *do*?
22 Iesus said vnto him, If I wil that he tarie til I come, what is it to thee? followe thou me.
23 Then went this worde abrode among the brethren, that this disciple shulde not dye. Yet Iesus said not to him, He shal not dye; but if I wil that he tarie til I come, what is it to thee?
24 This is that disciple, which testifieth of these things, & wrote these things, and we knowe that his testimonie is true.
25 Now there are also manie other things which Iesus did, the which if they shulde be written euerie one, I suppose the worlde colde not conteine the bokes that shulde be written, Amen.

Chap. 13, 23.
Chap. 20, 30.

THE ACTES OF THE holie Apostles written by Luke the Euangeliste.

THE ARGVMENT.

Christ, after his ascension, performed his promes to his Apostles, and sent them the holie Gost, declaring thereby, that he was not onely mindeful of his Church, but wolde be the head & mainteiner thereof for euer. Wherein also his mightie power appeareth, who notwithstanding that Satan & the worlde resisted neuer so muche against this noble worke, yet by a fewe simple men of no reputation, replenished all the worlde with the sounde of his Gospel. And here, in the beginning of the Church, and in the increase thereof, we may plainely perceiue the practise and malice which Satan continually [illegible] to suppresse, and ouerthrowe the Gospel [illegible] conspiracies, tumultes, commotions, persecutions, slanders and all kinde of crueltie. Againe we shal here beholde the prouidence of God, who ouerthroweth his enemies enterprises, delivereth his Church from the rage of tyrants, strengtheneth, and incourageth his most valiantly and constantly to followe their capitaine Christ, leauing as it were by this historie a perpetual memorie to the Church, that the crosse is so ioyned with the Gospel, that they are felowes inseparable, and that the end of one affliction, is but the beginning of another. Yet neuertheles God turneth the troubles, persecutions, imprisonings and tentations of his, to a good yssue, giuing them as it were, in sorrowe, ioye: in bandes, fredome: in prison, deliuerance: in trouble, quietnes: in death, life. Finally, this boke conteineth manie excellent sermons of the Apostles & disciples, as touching the death, resurrection, and ascension of Christ. The mercie of God. Of the grace, and remission of sinnes through Iesus Christ. Of the blessed immortalitie. An exhortation to the ministers of Christs flocke. Of repentance, & feare of God, with other principal points of our faith: so that this onthe historie in a maner may be sufficient to instruct a man in all true doctrine and religion.

CHAP. I.

The wordes of Christ & his Angels to the Apostles. 9 His ascensiō. 14 Wherein the Apostles are occupied til the holie Gost be sent. 26 And of the electiō of Matthias.

1 I HAVE made the former treatise, ô Theophilus, of all that IESVS began to do, & teach,
2 Vntil the day, that he was taken vp, after that he through the holie Gost, had giuen commandements vnto the Apostles, whome he had chosen:
3 To whome also he presēted him self aliue after that he had suffred, by manie infallible tokens, being sene of them by the *space* of fourtie dayes, & speaking of those things which *perteine* to ŷ kingdome of God.
4 And whē he had gathered *them* together, he commanded them, that they shulde not departe frō Ierusalem, but to wait for

OO.ii.

1560 年《日內瓦聖經》的一頁。

在 1557 年出版由惠廷厄姆（William Whittingham）編訂新約修訂版本。不過，這版本很快便由更完整的版本《日內瓦聖經》所取代。《日內瓦聖經》（新約 1557 年，舊約 1560 年）的名稱，源於這是由一批特別是指在科威對勒和諾克斯（John Knox）的領導下，在日內瓦流亡的聖經學者所翻譯和出版的聖經。《日內瓦聖經》有不同的版本，例如1560年的《日內瓦聖經》俗稱為《馬褲版聖經》(*Breeches Bible*)，因為這版本在翻譯創世記三章7節時，謂亞當和夏娃在知道赤身露體後，穿上“breeches”(馬褲)，而不是譯作「裙子」，因而得名。不過，並不是所有《日內瓦聖經》都是這樣翻譯的。《日內瓦聖經》的邊註是從加爾文主義的觀點撰寫的，是第一本為每章聖經分節的英文聖經。

在十六至十七世紀之間的英文譯本，也有一些因出現印刷上的錯誤，而產生了奇特的外號，用來稱呼這些錯版的聖經。例如，《乳香聖經》(*Treacle Bible*)是1568年的《克倫威爾聖經》的俗稱，因為這一版本把耶利米書八章22節的「乳香」(treacle)一字誤植為“triacle”(故此它也俗稱為“Triacle Bible”)。同樣的錯誤，也出現在其他某些年份的版本中。例如，《他的聖經》(*The He-Bible*)是指1611年英文《欽定本》(參下段對《欽定本》的介紹)的一版，因為它在路得記三章15節翻譯為“he went”(後來改為“she went”)；《邪惡聖經》(*Wicked Bible*)是指1631年的英文聖經，這部聖經在印刷出埃及記十誡的第七誡“Thou shalt not commit adultery”(出二十14)一句的“not”字漏去，故此這部聖經有時也被稱作《姦淫聖經》(*Adulterous*

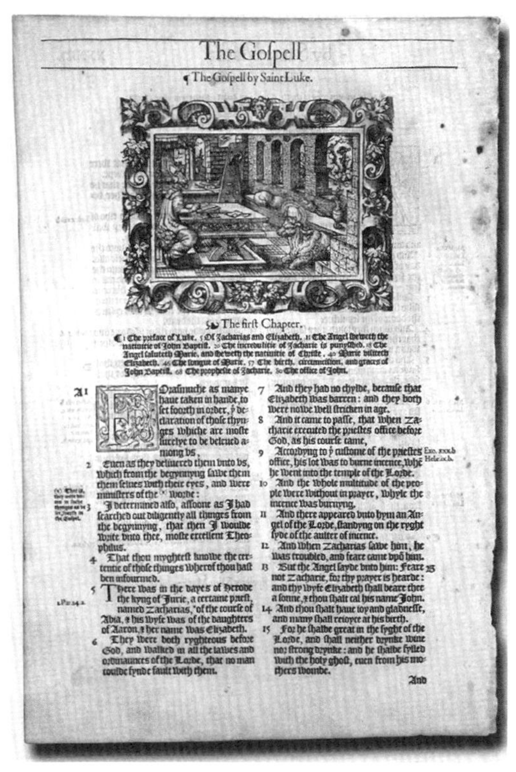
The Gospell

¶ The Gospell by Saint Luke.

The first Chapter.

¶ 1 The preface of Luke. 5 Of Zacharias and Elizabeth. 11 The Angel sheweth the natiuitie of John Baptist. 20 The incredulitie of Zacharie is punyshed. 28 The Angel saluteth Marie, and sheweth the natiuitie of Christe. 40 Marie visiteth Elizabeth. 46 The songue of Marie. 57 The birth, circumcision, and graces of John Baptist. 68 The prophesie of Zacharie. 80 The office of Iohn.

A 1 Forasmuche as manye
haue taken in hande, to
set foorth in order, ẏ de-
claration of those thyn-
ges whiche are moste
surelye to be beleued a-
mong vs,
2 Euen as they deliuered them vnto vs,
which from the begynnyng sawe them
them selues with their eyes, and were
ministers of the worde:
3 I determined also, assoone as I had
searched out diligently all thinges from
the begynnyng, that then I woulde
write vnto thee, moste excellent Theo-
philus.
4 That thou myghtest knowe the cer-
tentie of those thinges wherof thou hast
ben infourmed.
5 There was in the dayes of Herode
the kyng of Iurie, a certaine priest,
named Zacharias, of the course of
Abia, & his wyfe was of the daughters
of Aaron, & her name was Elizabeth.
6 They were both ryghteous before
God, and walked in all the lawes and
ordinaunces of the Lorde, that no man
coulde fynde fault with them.
7 And they had no chylde, because that
Elizabeth was barren: and they both
were nowe well stricken in age.
8 And it came to passe, that when Za-
charie executed the priestes office before
God, as his course came,
9 According to ẏ custome of the priestes
office, his lot was to burne incence, whē
he went into the temple of the Lorde.
10 And the whole multitude of the peo-
ple were without in prayer, whyle the
incence was burnyng.
11 And there appeared vnto hym an An-
gel of the Lorde, standyng on the ryght
syde of the aulter of incence.
12 And when Zacharias sawe him, he
was troubled, and feare came vpō him.
13 But the Angel sayde vnto him: Feare B
not Zacharie, for thy prayer is hearde:
and thy wyfe Elizabeth shall beare thee
a sonne, & thou shalt cal his name Iohn.
14 And thou shalt haue ioy and gladnesse,
and many shall reioyce at his birth.
15 For he shalbe great in the syght of the
Lorde, and shall neither drynke wine
nor strong drynke: and he shalbe fylled
with the holy ghost, euen from his mo-
thers wombe.

And

1568年《主教版聖經》的一頁。

Bible），最後整批被下令銷毀；還有《葡葡園聖經》（*Vinegar Bible*）是指 1716 至 1717 年的《欽定本》，因為這版本的路加福音二十章的標題「葡萄園的比喻」中的"Vineyard"一字被誤植為"Vinegar"。

由於《日內瓦聖經》流通廣泛，使英國官方承認的《大聖經》顯得失色，故此在 1564 年由坎特伯里大主教伯駕（Matthew Parker）推動，按《大聖經》修訂了另一個版本。因著參與修訂的成員大多是英國教會的主教，故此這版本被稱為《主教版聖經》（*The Bishops' Bible*），在 1568 年出版。

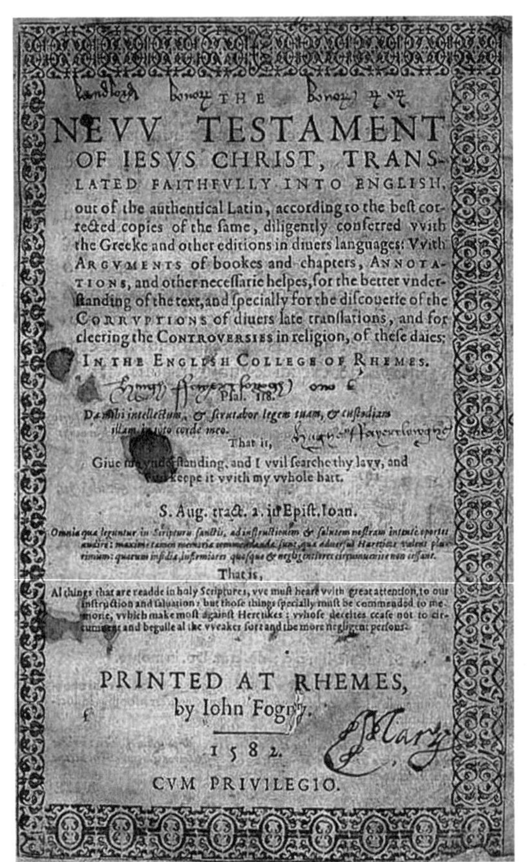

THE
NEVV TESTAMENT
OF IESVS CHRIST, TRANSLATED FAITHFVLLY INTO ENGLISH,
out of the authentical Latin, according to the best corrected copies of the same, diligently conferred vvith the Greeke and other editions in diuers languages: Vvith ARGVMENTS of bookes and chapters, ANNOTATIONS, and other necessarie helpes, for the better vnderstanding of the text, and specially for the discouerie of the CORRVPTIONS of diuers late translations, and for cleering the CONTROVERSIES in religion, of these daies:
IN THE ENGLISH COLLEGE OF RHEMES.

Psal. 118.
Da mihi intellectum, & scrutabor legem tuam, & custodiam illam in toto corde meo.
That is,
Giue me vnderstanding, and I vvil searche thy lavv, and vvil keepe it vvith my vvhole hart.

S. Aug. tract. 2. in Epist. Ioan.
Omnia quæ leguntur in Scripturis sanctis, ad instructionem & salutem nostram intente oportet audire: maxime tamen memoriæ commendanda sunt, quæ aduersus Hæreticos valent plurimum: quorum insidiæ infirmiores quosque & negligentiores circumuenire non cessant.
That is,
Al things that are readde in holy Scriptures, vve must heare vvith great attention, to our instruction and saluation: but those things specially must be commended to memorie, vvhich make most against Heretikes: vvhose deceites cease not to circumuent and beguile al the vveaker sort and the more negligent persons.

PRINTED AT RHEMES,
by Iohn Fogny.
1582.
CVM PRIVILEGIO.

1582 年《杜埃‧蘭斯新約》（*Douay-Rheims New Testament*）的標題頁。

英國在瑪麗‧都鐸（Mary Tudor）的統治下，不少新教領袖被迫逃亡海外，到了伊利沙伯一世統治的時代，天主教的領袖也流亡至其他地方，特別是法國地區。英國天主教學者因受政治迫害而逃往法國後，按照拉丁文《武加大譯本》翻譯，分別於 1582 年出版新約及 1609 或 1610 年出版舊約的英文聖經（實際上是舊約先完成翻譯，但較遲才出版）。這部聖經被稱為《杜埃‧蘭斯聖經》（*Douay-Rheims Bible*），是因為舊約在杜埃出版，新約在蘭斯出版。這部聖經是天主教學者在面對宗教改革運動時，持守天主教傳統而翻譯的，至今仍是傳統天主教派所用的聖經之一。

2.3.4 欽定本

在英語世界影響最廣泛的譯本，是 1611 年出版的《英王詹姆斯譯本》（*King James Version*，簡稱為《欽定本》）。它是於 1604 年由英王詹姆斯一世欽命委派下翻譯的英文聖經，成為極具影響力的英語譯本。不過，這個版本儘管常被説成是「欽定本」，但是它本身從來沒有被英國政府或英國教會正式承認。雖然現今距離出版日期已過了接近五個世紀，但基於它在英國屬於「永久王家版權」（perpetual Crown copyright），故此還是受版權保護的。

《欽定本》在新約運用了《公認經文》作為翻譯的基礎。為了讓更多未受過良好教育的人也能讀懂聖經，故此這部聖經只用了 8,000 個常用的英文單詞，以便人們理解。

《欽定本》自 1611 年面世以來，一直佔主導地位。由英王詹姆斯一世欽命的學者，繞過主宰基督教近千年的拉丁文《武加大譯本》，把以往某些英文譯本與當時可以找到的最優秀希伯來文及希臘文抄本作比較，然後產生這部難得的不朽聖經譯本。

1611 年《欽定本》的封面頁，頁頂畫有十二使徒，中間是摩西與亞倫，在四角的是四福音書的作者馬太、馬可、路加和約翰，分別坐在象徵他們的動物上。

《欽定本》對於日後的英文聖經

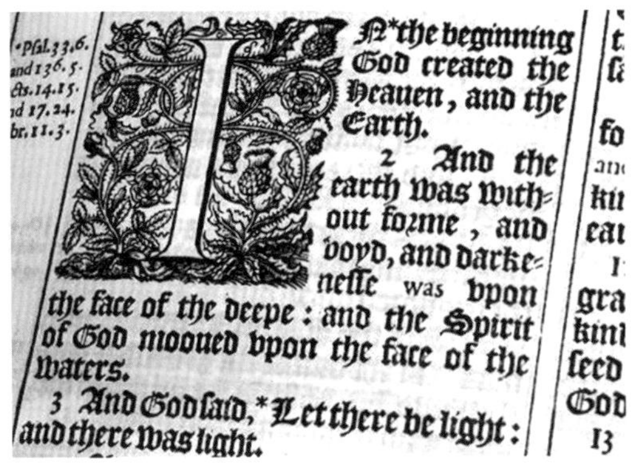
In* the beginning God created the Heauen, and the Earth.
2 And the earth was without forme, and voyd, and darkenesse was vpon the face of the deepe: and the Spirit of God mooued vpon the face of the waters.
3 And God said,* Let there be light: and there was light.

1611 年英文聖經《欽定本》的一段。

有重要的啟發，也影響了英國的語言和文學，啟發了不少詩人和藝術家，甚至成為現代英語的基石。

現行坊間的《欽定本》聖經是建基於 1769 年牛津大學的版本，而不是 1611 年的版本，這個版本糾正了一些微小的標點錯誤，仔細標記了漏掉的單詞，並且更新拼寫，使全書統一並與現代語言一致。

《欽定本》也經常作出修訂，例如《英國修訂譯本》(*English Revised Version*)、《新美國標準版聖經》(*New American Standard Bible*)、《修訂標準譯本》(*the Revised Standard Version*) 在某程度上都是修訂本。二十世紀最著名的《欽定本》版本是《司可福研經版聖經》(*Scofield Reference Bible*)。這部聖經在經文旁邊附加很多註解，指出隱晦的英文在哪裏被更新了。至於近代的《新英王詹姆斯譯本》(*New King James Version*) 的改寫就更徹底。雖然某些譯本沒有說明，但從中也可以見到《欽定本》的影響。

16 ¶*For God so loued yͤ world, that he gaue his only begotten Sonne: that whosoeuer beleeueth in him, should not perish, but haue euerlasting life.

英文《欽定本》約翰福音三章 16 節(1611 年版)。

2.3.5 從十七世紀至今

自 1611 年後，雖然仍然有許多英文譯本的翻譯成果，但《欽定本》已成為英文聖經的標準譯本。然而，隨著聖經學術的成長和英文使用的轉變，以致在十九世紀愈來愈感到有修訂《欽定本》的需要。

在過去四百年間，英語的變化極大，而且更重要的是，許多新的聖經抄本被發現。《欽定本》的經文基礎主要是所謂「主流經文」(Majority Text)，即在最多抄本中流傳的形式。這些抄本實際上大多來自拜占庭經文類型，跟羅馬衰亡之後的君士坦丁堡世俗權力有密切關係。不過，近代發現了更多古老的抄本，與這個傳統有分別。到了十九世紀中葉，已感到極有需要翻譯一部英文譯本，以反映在聖經翻譯學術上的成長。儘管當時不斷有新的譯本出現，例如 1862 年出版的《楊氏譯本》(*Young's Translation*)，由羅伯特·楊(Robert Young)翻譯，以逐字翻譯為原則，被稱為「史上最字面翻譯的譯本」；英國弟兄會領袖達秘(John N. Darby)改編和使用的譯本《達秘譯本》(*Darby's Translation*)，1871 至 1885 年出版，主要在弟兄會中流傳。不過，這些譯本大多只是反映某一神學傳統或翻譯原則。

在 1870 年坎特伯里會議(the Convocation of Canterbury)上，溫徹斯特(Winchester)主教威伯福斯(Samuel Wilberforce)提出必須對《欽定本》作出修訂，遂成立了一個修訂委員會，包括非英國國教的學者。他們對《欽定本》的經文作出少量的改動，忠於《欽定本》的表達方式。新約在 1881 年出版，舊約在 1885 年出版，而次經則在 1895 年出版。這部被稱為《修訂譯本》(*Revised Version*)的英文聖經，是中文聖經《和合本》(1919 年)的參考藍本之一。

由於在《修訂譯本》翻譯的過程中，美國學者經常感到他們的意見有別於英國的學者，但他們應允在十四年之內，不會出版一部有別於《修訂譯本》的美國譯本。結果，在十四年之後，由跨宗派的美國聖經學者聯合修訂(不包括次經)，1901 年出版了《美國標準譯本》(*American Standard Version*)。這部譯本在美國廣受接納，部分美國教會(例如長老會)幾乎立即以它取代了《欽定本》。

不論是《修訂譯本》和《美國標準譯本》，都是根據最新發現的新舊約抄本來修訂《欽定本》的譯本。由於許多更重要的考古發現（包括死海古卷）都是在這些譯本出版之後，故此，它們在出版後不久，就顯出有缺乏的地方。到了二十世紀初，在美國已經蘊釀對《美國標準譯本》作出修訂，可是由於美國經歷大衰退，結果直至 1937 年才可以開始進行重大的修訂。戰後最重要的成果是《修訂標準譯本》（*Revised Standard Version*），1946 年完成新約（1971 年再版），1952 年完成舊約，出版全本聖經，1957 年完成次經（1977 年擴展再版）。《修訂標準譯本》採用了最新的學術成果，主要以形式對等（formal equivalence）的方式翻譯。1990 年，《新修訂標準譯本》（*New Revised Standard Version*）面世，有中性用語（inclusive language）的版本，而不用陽性名詞或代名詞。

另外兩部重要的修訂本，也在二十世紀中葉完成，一是由美國學者所譯，另一是國際學者的成果。美國學者致力修訂《美國標準譯本》，於 1971 年完成《新美國標準聖經》（*New American Standard Bible*），它傾向直譯的翻譯方式。

近年重要的譯本是《新國際譯本》（*New International Version*），由來自不同國家和宗派背景的聖經學者所完成。《新國際譯本》的翻譯工作始於 1965 年，由紐約聖經會（今國際聖經協會〔International Bible Society〕）負責翻譯，1973 年出版新約，1978 年出版全本聖經。1984 年，在經過了更仔細的修訂後，最終的定本得以出版。這是目前在英語國家最為廣泛使用的聖經版本（近年再有修訂）。這部譯本以介乎形式對等與動態對等（dynamic equivalence，或稱功能對等〔functional equivalence〕）之間的方式，既採納了二十世紀中葉所發現的死海古卷等原始文本，也保留了傳統福音派神學觀點

（這版本沒有收錄次經）。

二十世紀中葉，美國現代著名的語言學家和翻譯理論家奈達（Eugene Nida）提出重要的翻譯理論，以動態對等的原則，處理聖經的翻譯。由美國聖經公會出版的《現代英文譯本》（*Today's English Version*）（新約，1966 年；舊約，1976 年），就是基於他的理論而翻譯的英文譯本。

英國的《新英文聖經》（*New English Bible*；新約於 1961 年，舊約於 1970 年出版）也是介乎動態對等與意譯之間，但往往採納了獨特的經文鑑別方式。《新英文聖經》經過改良、修訂和加入一些中性用詞之後，於 1990 年出版了《修訂英文聖經》（*Revised English Bible*）。

近代聖經研究的成果，也反映在聖經的翻譯上，例如《闡釋聖經》（*Amplified Bible*）是由美國樂可門基金會（Lockman Foundation）組成的十二人委員會，以逐字對等（verbal equivalence）的原則翻譯，新約基於魏斯科和霍特的希臘文版本，舊約基於「馬所拉經文」。1958 年出版新約，1964 年出版整本聖經。

雖然許多譯本改變了《欽定本》的地位，但近代仍有堅持維護《欽定本》翻譯原則的譯本，其中尤其是《新英王詹姆斯譯本》。這部在

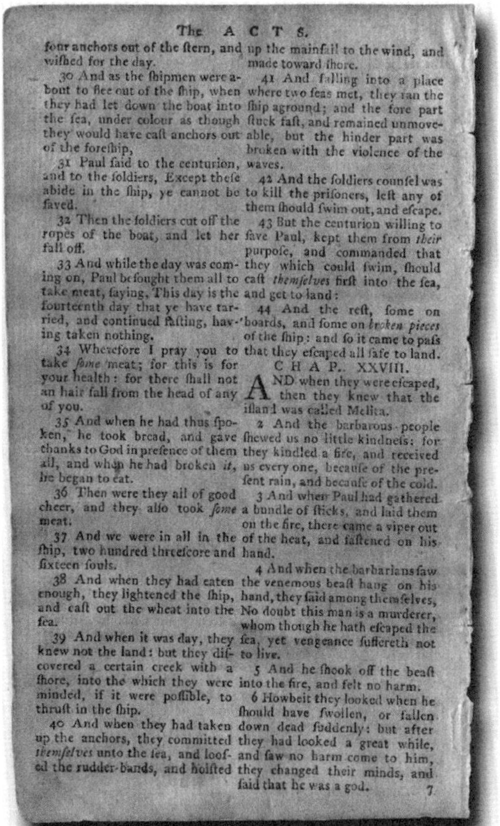
The ACTS.
four anchors out of the ſtern, and
wiſhed for the day.
30 And as the ſhipmen were a-
bout to flee out of the ſhip, when
they had let down the boat into
the ſea, under colour as though
they would have caſt anchors out
of the foreſhip,
31 Paul ſaid to the centurion,
and to the ſoldiers, Except theſe
abide in the ſhip, ye cannot be
ſaved.
32 Then the ſoldiers cut off the
ropes of the boat, and let her
fall off.
33 And while the day was com-
ing on, Paul beſought them all to
take meat, ſaying, This day is the
fourteenth day that ye have tar-
ried, and continued faſting, hav-
ing taken nothing.
34 Wherefore I pray you to
take *ſome* meat; for this is for
your health: for there ſhall not
an hair fall from the head of any
of you.
35 And when he had thus ſpo-
ken, he took bread, and gave
thanks to God in preſence of them
all, and when he had broken *it*,
he began to eat.
36 Then were they all of good
cheer, and they alſo took *ſome*
meat.
37 And we were in all in the
ſhip, two hundred threeſcore and
ſixteen ſouls.
38 And when they had eaten
enough, they lightened the ſhip,
and caſt out the wheat into the
ſea.
39 And when it was day, they
knew not the land: but they diſ-
covered a certain creek with a
ſhore, into the which they were
minded, if it were poſſible, to
thruſt in the ſhip.
40 And when they had taken
up the anchors, they committed
themſelves unto the ſea, and looſ-
ed the rudder-bands, and hoiſted
up the mainſail to the wind, and
made toward ſhore.
41 And falling into a place
where two ſeas met, they ran the
ſhip aground; and the fore part
ſtuck faſt, and remained unmove-
able, but the hinder part was
broken with the violence of the
waves.
42 And the ſoldiers counſel was
to kill the priſoners, leſt any of
them ſhould ſwim out, and eſcape.
43 But the centurion willing to
ſave Paul, kept them from *their*
purpoſe, and commanded that
they which could ſwim, ſhould
caſt *themſelves* firſt into the ſea,
and get to land:
44 And the reſt, ſome on
boards, and ſome on *broken pieces*
of the ſhip: and ſo it came to paſs
that they eſcaped all ſafe to land.
CHAP. XXVIII.
AND when they were eſcaped,
then they knew that the
iſland was called Melita.
2 And the barbarous people
ſhewed us no little kindneſs: for
they kindled a fire, and received
us every one, becauſe of the pre-
ſent rain, and becauſe of the cold.
3 And when Paul had gathered
a bundle of ſticks, and laid them
on the fire, there came a viper out
of the heat, and faſtened on his
hand.
4 And when the barbarians ſaw
the venemous beaſt hang on his
hand, they ſaid among themſelves,
No doubt this man is a murderer,
whom though he hath eſcaped the
ſea, yet vengeance ſuffereth not
to live.
5 And he ſhook off the beaſt
into the fire, and felt no harm.
6 Howbeit they looked when he
ſhould have ſwollen, or fallen
down dead ſuddenly: but after
they had looked a great while,
and ſaw no harm come to him,
they changed their minds, and
ſaid that he was a god.
7

1782 年第一本在美國印刷的英文聖經（稱為 *Aitken Bible*）。

1982 至 1983 年出版的譯本，把《欽定本》的十七世紀英語作出稍微的修訂。

新教與天主教的跨教派合作，也成為當代聖經翻譯的一大特徵（在其他語言中也有相似的成果）。新教教會與天主教會或其他基督教教派共用的聖經，被稱為《共同聖經》（*The Common Bible*），這個名稱特別是指 1973 年出版的《修訂標準譯本》，因為這一版本被羅馬天主教會允准使用。至於天主教聖經學者的譯經成果，特別見於《耶路撒冷聖經》（*Jerusalem Bible*），這是以法文版為翻譯藍本，在 1966 年翻譯出版的英文譯本。1985 年，這部聖經經過徹底修訂後，以《新耶路撒冷聖經》（*New Jerusalem Bible*）為名出版。

在這段期間，更淺白的聖經譯本愈來愈顯得有需要。這些譯本不是為了取代傳統譯本而作的，而是為了吸引更多人閱讀聖經。例如，菲力普斯（J. B. Phillips）於 1958 年在英國出版的新約。在這類譯本中，最著名的是戴肯尼（Kenneth Taylor）以《美國標準譯本》為藍本，意譯英文聖經，於 1962 年在美國出版《當代書信》（*Living Letters*），最後成為《當代聖經》（*Living Bible Paraphrased*），於 1971 年出版。在 1990 年代，《當代聖經》經過了大規模的修訂，翻譯成一部更合適的、功能對等的譯本，於 1996 年面世。這部聖經的英國版於 1974 年出版，以後被翻譯成多種文字的版本。中文版本在 1974 年完成新約部分，以《當代福音》為名出版，舊約則於 1979 年完成，定名為《當代聖經》，以後曾經過修訂。

在二十一世紀初，畢德生（Eugene Peterson）出版的《信息》（*The Message*）內也使用了相當活潑的用語。

英文聖經

譯本	約翰福音三章 16 節
King James Version, 1611	For God so loved the world, that he gave his only begotten Son, that whosoever believeth in him should not perish, but have everlasting life.
Douay-Rheims Version, 1609/1610	For God so loved the world, as to give his only begotten Son; that whosoever believeth in him, may not perish, but may have life everlasting.
American Standard Version, 1901	For God so loved the world, that he gave his only begotten Son, that whosoever believeth on him should not perish, but have eternal life.
The English Revised Version, 1881	For God so loved the world, that he gave his only begotten Son, that whosoever believeth on him should not perish, but have eternal life.
New International Version, 1973	For God so loved the world that he gave his one and only Son, that whoever believes in him shall not perish but have eternal life.

建議閱讀書目

Chamberlin, William J. *Catalogue of English Bible Translation: A Classified Bibliography of Versions and Editions Including Books, Parts, and Old and New Testament Apocrypha and Apocryphal Books*. Westport, CT: Greenwood Press, 1991. 本書是對近代英語聖經的較完整編目。

Hills, Margaret Thorndike, ed. *The English Bible in America, A Bibliography of Editions of the Bible and the New Testament Published in America, 1777-1957*. New York: American Bible Society and New York Public Library, 1961. 這套目錄對於在美國的英語譯本，有相當完整的介紹。

Simms, P. Marion. *The Bible in America: Versions That Have Played Their Part in the Making of the Republic*. New York: Erickson, 1936. 本書介紹不同語言的聖經譯本在美國建國時期的影響，以及在美國的聖經翻譯成果。

2.4 宣教時代的譯本

在十五世紀以前，聖經的譯本在歐洲以外地區並不多見，在亞洲和非洲地區只有七種亞洲語言和四種非洲語言的譯本。在 1450 年發明印刷術時，聖經只有大約 33 種不同語言的譯本。在宗教改革時代之後的十七世紀，傳教士的足迹逐步遍佈美洲、亞洲和非洲，不同語言的聖經譯本也陸續出現。在十六至十七世紀之間，更多歐洲譯本出版，美洲的譯本見於十八世紀，而非洲和亞洲語言的聖經則大多於十九世紀後才出現。到了 1800 年，譯本的數目升至 71 種語言，其中非歐洲語的聖經版本只有 13 部亞洲語言、四部非洲語言、三部美洲語言，以及一部大洋洲語言。

隨著基督教宣教運動的擴展，世界上許多地區都有不同語言的譯本出版。不同的譯本，在不同地區的傳播、經文傳統的歷史，以及它們在早期如何詮釋，都有不同的影響。在過去二百年，許多不同語言的聖經首次以成文的方式面世。這些努力的成果，除了譯經之外，也有這些語言的文法著作和詞彙字典，這些都豐富了本土文化的傳承。直至 2009 年底為止，全球至少擁有一卷完整書卷的聖經有 2,508 種語言。

聖經翻譯統計（迄2009年12月31日）

洲/地區	單卷	新約	聖經	合共
非洲	223	335	173	731
亞洲—太平洋地區	354	516	182	1,052
歐洲—中東	109	40	61	210
美洲	148	322	42	512
人工語言（Constructed Languages）	2	0	1	3
合共	836	1,213	459	2,508

* 根據聯合聖經公會網頁資料（http://www.biblesociety.org）整理

在二十世紀，非歐洲語言聖經的發展，乃是朝向以跨越不同方言的聯合語言為基礎所出版的「共同語言」聖經譯本（“common language”translation）上。例如，在1950年出版的非洲斯華西里語（Swahili）譯本，使非洲東部的人都可以閱讀聖經。在這些語言的聖經翻譯中，也有傾向把他們的譯文翻譯為更接近會話語言，特別是供當地基督徒學者使用。其中一個例子，是1955年的日語口語譯本。在二十世紀，羅馬天主教和新教的學者也有共同合作翻譯現代英文聖經。「共同語言」聖經譯本現今見於西班牙文、英文、泰文、德文、法文、芬蘭文、巴西文、葡萄牙文、韓文、日文、斯華西里文，以及中文。這些語言的譯本，成為二十一世紀下一階段聖經翻譯的努力方向。

下文將主要介紹歐洲、美洲、中東和非洲在這段時期的聖經譯本，以及在十九世紀末出現的世界語和盲文聖經。由於這些譯本的數量眾多，合共二千多種語言，所以在每一洲只能選擇其中一兩種語言作介紹。至於有關亞洲的譯本，則留待下一章。

2.4.1 西歐：威爾斯文

威爾斯文（Welsh）是在英國威爾斯地區使用的一種凱爾特語，在一切法律活動和行政事務中具有與英語同等的地位。威爾斯語擁有豐富的文藝背景，形成獨特的文學傳統。最早的作品是史詩《塔里辛集》(*Taliesin*，約六世紀)和散文故事《馬比諾吉》(*Mabinogi*，約十一世紀)，保存在中世紀手稿中，記錄了許多世紀以前的口述傳統。

1546 年，惠特徹奇(Edward Whitchurch)在倫敦已翻譯了主禱文、十誡和三節新約經文的威爾斯譯文。到了 1551 年，威爾斯文的詩篇在一部祈禱簿中出現，而其中的禮儀部分也是由上述譯者撰寫的。由威爾斯語著名翻譯家索爾茲伯里(William Salesbury)、戴維斯(Richard Davies)和休特(Thomas Huet)在 1567 年出版的新約譯本，成為最早的威爾斯文聖經。跟著是摩根(William Morgan)在 1588 年出版的完整聖經，不過書中有不少印刷上的錯誤。在摩根逝世後，聖阿薩夫(St. Asaph)主教帕里(Richard Parry)在戴維斯(John Davies)博士的協助下，修訂了 1588 年的譯本，在 1620 年出版整部聖經，是繼 1611 年英語《欽定本》之後的第一部威爾斯文譯本。不過，這部譯本一直被視為是摩根的譯本，它也成為以後三百多年威爾斯文聖經的標準版本，被視為是威爾斯語的《欽定本》，直至 1842 年才有新的譯本出現。摩根聖經的早期版本是放在教會中的大版本，在 1630 年之後才出現可以放在家中的較小版本，以致一般民眾也可以閱讀。1630 年出版了這部聖經的羅馬字版本，以後不斷再版。現今在威爾斯的聖阿薩夫大教堂(St. Asaph Cathedral)存放了一部最初期的版本。

關於威爾斯文聖經最著名的故事，就是有關瑪麗．瓊斯(Mary Jones)希望得到一部聖經，可是失望而回的故事，這促使目睹此事的教牧同工成立了英國聖經公會(參本書 2.6 章關於聖經公會的歷史)。

在 1842 年之後，有一些威爾斯文聖經翻譯和修訂出版，包括在 1936 年新的拼寫修訂本。1988 年，出版了新的威爾斯文的譯本(*Y Beibl Cymraeg*

Newydd），取代了摩根的譯本，然而對於它的譯文準確性，卻有不同的意見。2004 年，對於這部威爾斯文譯本再出版了新的修訂本。基本上，兩者都是相當字面性的威爾斯文。

威爾斯文聖經

譯本	約翰福音三章 16 節
Beibl William Morgan, 1588	Canys felly y carodd Duw y byd fel y rhoddodd efe ei unig-anedig Fab, fel na choller pwy bynnag a gredo ynddo ef, ond caffael ohono fywyd tragwyddol.
Y Beibl Cymraeg Newydd, 1988	Do, carodd Duw y byd gymaint nes iddo roi ei unig Fab, er mwyn i bob un sy'n credu ynddo ef beidio â mynd i ddistryw ond cael bywyd tragwyddol.

16 ¶ Canys felly y carodd Duw y byd fel y rhoddodd efe ei unig-anedig Fab, fel na choller pwy bynnag a gredo ynddo ef, ond caffael ohono fywyd tragwyddol.

威爾斯文約翰福音三章 16 節（1936 年版）。

2.4.2　東歐：意第緒文

意第緒語（Yiddish）是東歐猶太人使用的一種語言，九世紀時由古高地德語發展而來，採用希伯來字母書寫。"Yiddish"一詞也可以用來代表「德系猶太人」。由於在十世紀時，在中歐發展著一種獨特的猶太文化，稱為「亞實基拿人」（Ashkenazi，或稱「日耳曼猶太文化」，中世紀德國人用這個字稱呼當地的猶太人）。這些德系猶太人源自歐洲北部，在這居住地區發展出的風俗習慣、傳統、音樂和語言，有別於其他地區的猶太人（例如祖籍西班牙的猶太人）。由於文化上的相近，意第緒語和德語有大量相同的辭彙，以及

Y BEIBL CYS-
SEGR-LAN. SEF
YR HEN DESTA-
MENT, A'R NEWYDD.

2. Timoth. 3. 14, 15.
Eithr aros di yn y pethau a ddyſcaiſt, ac a ymddyried-
wyd i ti, gan wybod gan bwy y dyſcaiſt.
Ac i ti er yn fachgen wybod yr ſcrythur lân, yr hon
ſydd abl i'th wneuthur yn ddoeth i iechydwria-
eth, trwy'r ffydd yr hon ſydd yng-Hriſt Ieſu.

Imprinted at London by the Deputies of
CHRISTOPHER BARKER,
Printer to the Queenes moſt excel-
lent Maieſtie.

1588.

| 1588 年意第緒文聖經。

類似的語法結構。不過，語法界對於意第緒語與德語方言的關係，持有不同的意見。

在十九世紀和二十世紀初，意第緒語被當作是一種文學語言而盛行，不過它在文學上的作用，隨著 1930 年代蘇聯壓迫猶太文化的政策，以及在 1940 年代末以色列立國後，希伯來語被定為以色列官方語言而告衰微。然而，現今仍有少數在東歐及俄羅斯居住的猶太人所用。

意第緒文的聖經一般是以希伯來文字體印刷，最早的聖經印刷版本是 1544 年的五經，1676 至 1678 年間出版第一部舊約，由拉比學者處理。猶太人一直有修訂和翻譯意第緒文的聖經，儘管數量不多，且只限於舊約。至於新約，最早的譯本是在 1821 年由倫敦猶太人協會（London Jews Society，十九世紀初成立，致力於向猶太人傳教，使他們歸信基督教）出版。到了十九世紀下半葉，英國聖經公會再次翻譯新約，於 1872 至 1878 年出版，以後多次再版，成為最重要的新約。到了二十世紀，仍然有新約和舊約的翻譯和出版。例如在 1950 年由一位傳教士克羅倫鮑姆（A. Krolenbaum）把新約翻譯成現代的意第緒文。

2.4.3　北美洲：印第安語

印第安語是美洲原住民語言，這不是一種語言或語系，而是美洲所有原住民的各種語言總稱，相關的語言達數百種。由於美洲原住民在近代數量銳減，故此印第安語的確實語言數量並不能確定。以下只是稍舉一二例子闡述。

第一部在美洲地區出版的新約聖經，是由清教徒傳教士埃利奧特（John Eliot）在 1661 年完成的，供麻薩諸塞州（Massachusetts）的印第安人使用。兩年之後，他出版了整本聖經，成為在美洲印行的第一部聖經。此外，埃文斯（James Evans）在這時候發明了一種適用於克里族印第安人（Cree Indians）的音節文字（syllabary），結果在這基礎上，循道宗傳教士梅森（W. Mason）在 1862 年完成了該語言的聖經。

印第安語聖經還有許多事迹，以下作簡單扼要的敍述：1826 年，拉布拉多愛斯基摩語（Labrador Eskimos）的新約出版，而在 1871 年出版了整部聖經；1879 年，整部聖經被翻譯成達科塔印第安語（Dakota Indians）；奧吉布瓦族（Ojibwa）印第安語言的馬可福音和約翰福音在 1831 年出版，而整部新約在 1833 年出版，由黑姆斯（Edwin Hames）和坦納（John Tanner）翻譯，他們是在奧吉布瓦族中工作多年的傳教士。這些點滴，見證了最早期在美國印第安語的譯經成果。

16 Gaapij shauendv sv Kishemanito iu aki, ogionjimigiuenvn iniu baiezhigonijin Oguisvn, aueguen dvsh getebueienimaguen jibvnatizisig, jiaiat dvsh iu kagige bimatiziuin.

奧吉布瓦族印第安文約翰福音三章 16 節（1875 年版）。

2.4.4 中東：希伯來文

在過去了的二千五百年，希伯來語主要用於聖經與相關宗教方面的研究。到了中世紀，希伯來語主要是猶太學者所用的學術語言，用作解釋聖經及猶太法典。十九世紀末，猶太學者致力把希伯來文現代化，使它可以成為用於生活的語言。自從二十世紀，特別是以色列復國以來，希伯來語作為口語在猶太人中復活，漸漸取代阿拉伯語、猶太西班牙語和意第緒語（猶太人使用的國際交流語），以色列復國後更將希伯來語定為官方語言之一（另一種官方語言是阿拉伯語）。1953 年，希伯來語協會（Hebrew Language Council）成立，提倡這種結合古老和新穎的語言。

希伯來語屬閃語系，其歷史可以追溯到公元前 2000 年。古希伯來語是古代猶太民族的語言，也是猶太教的書面語。希伯來語亦如同其它大部分的閃語族系般，其拼寫法為橫寫由右至左。到了公元前六世紀，由於猶太人被擄及歸回後，他們所用的語言是亞蘭語，反而不懂以希伯來語撰寫的律法書，需要翻譯者解釋。舊約聖經主要是以希伯來文撰寫的，其中有少量亞蘭文的經文，這已反映了猶太人的語言傾向，而新約則是以希臘文撰寫的。亞蘭語成為被擄後猶太人的日常語言，直至新約的時代。由於亞蘭文的盛行，以致希伯來語不再成為猶太人通行的語言。

近代希臘文的新約已經被譯成希伯來文，並且經常由傳教士在猶太人中間分發。例如由德里慈（Franz Delitzsch）翻譯的聖經，在 1877 年首先出版，當中附上兩個不同經文版本（有元音和沒有元音）。由薩爾金森（Isaac Salkinson）翻譯、金斯伯格（Christian David Ginsburg）編輯的譯本，在 1885 年首先出版，由三一聖經公會（Trinitarian Bible Society）分發，現今由希伯來語聖經分發會（The Society for Distributing Hebrew Scriptures）所發行，現行的修訂版本是以希伯來語和英語印刷的。另一部譯本於 1976 年（1991 年修訂）由以色列聖經公會（The Bible Society in Israel）出版，顯然這版本也是建基於上述的德里慈譯本。

בו כי אם־יהיה חיי עולמים׃ כי־ככה אהב האלהים
את־העולם עד־אשר נתן את־בנו את־יחידו למען לא
יאבד כל־המאמין בו כי אם־יהיה חיי עולמים׃ כי

近代希伯來文約翰福音三章 16 節（Delitzsch version 1927 年版）。

2.4.5　非洲和大洋洲：科薩文和祖魯文

隨著歐洲人在非洲大陸的探索，經常面對創造手寫語言的需要，而聖經也往往成為最早的手寫文獻。在十九世紀，聖經被翻譯成為阿比西尼亞官話（Amharic），以及馬達加斯加（Malagasy）、茨瓦納（Tswana）、蘇莎（Xosa）和加蓬（Ga）等地的語言。同樣的情況也見於大洋洲，新約於 1829 年被翻譯成大溪地語（Tahitian）和爪哇語（Javanese），在 1835 年被翻譯成夏威夷語（Hawaiian）和低地馬來語（Low Malay）。到了 1854 年，這些語言都有整部聖經，如同 1851 年的庫克羣島（Rarotonga）的聖經版本一樣。

以下所舉的例子，主要是在南非地區的譯本，包括南非科薩族（Xhosa）語言和祖魯語（Zulu）。兩種語言背後的歷史，代表了非洲人在十九至二十世紀之間的苦難。

非洲科薩族是恩古尼人的南支，為南非第二大族，現主要分佈於東、西開普兩省，操恩古尼語系的科薩語（以往被稱為“Kaffir”）。十七世紀中葉，荷蘭人在開普敦開創定居點，然後逐漸擴展，在與土著的衝突中，大量土著淪為奴隸。到了十九世紀初，南非的東南海岸已由英國人控制。在荷蘭與英國的角力中，在非洲南端的種族不斷解體。農耕的科薩人因很早便與歐洲人接觸，引致不斷地出現領地衝突。在十九世紀，科薩人與英國人進行了十幾次戰爭，經歷了戰爭的慘敗。

在如此複雜的環境下，傳教士於十八世紀末前來非洲。德爾·康普（John Theodosius Van Der Kemp）協助建立荷蘭傳道會（Netherlands Missionary Society），他在 1798 年前往南非，在科薩族中傳揚福音。最早的科薩文聖經是 1833 年的路加福音，由博伊斯（William B. Boyce）及其他傳教士翻譯，衛斯理公會（Wesleyan Missionary Society）印行，1846 年出版第一部新約。由於衛斯理公會是這地區的主要傳教差會，因此以後的譯經工作主要由該會傳教士進行，只有少數例外。至於舊約，除了早期某些舊約經卷之外，在 1857 至 1859 年間，衛斯理公會的傳教士翻譯和修訂了舊約的譯本，分四部分完成出版。英國聖經公會在這項翻譯計劃上資助了紙張和一千英鎊。1864 年，英國聖經公會修訂了全本聖經，是把以往的譯文修訂以一冊出版，由衛斯理公會的阿普爾亞德（J. W. Appleyard）在倫敦印行。1870 年代，由數個差會的傳教士合作組成修訂委員會，結果在 1875 年出版新約，1889 年出版整部聖經。

在二十世紀，非洲科薩文的聖經有數次的修訂，大多建基於 1889 年的聖經譯本上。在 1934 至 1942 年和 1959 至 1962 年的版本，特別是按照新的拼寫方式而作出修訂。最近期的科薩文聖經版本是 1996 年的譯本。

16 ¶ Kuba wenje nje u-Tixo ukulitânda kwakê ihlabati, ude wancama unyana wakê okupêla kwamzeleyo, ukuze bonke abakôlwayo kuye bangatshabalali, koko babe nobomi obungunapâkade.

非洲科薩文約翰福音三章 16 節（1927 年版）。

至於另一種語言祖魯語，由南非共和國納塔爾省內操班圖語的民族祖魯人所用。這個民族在十九世紀曾經一度組成王國，將非洲南部其他民族驅趕，不過他們先後在 1830 年代被波耳人和在 1870 年代被英國人征服。1887

年，祖魯成為英國殖民地。在二十世紀南非種族隔離政策下，祖魯人被迫移居往誇祖魯（KwaZulu），到了 1970 年，祖魯人被列為誇祖魯公民，數以百萬的祖魯人被迫遷入誇祖魯境內。為了對抗不公平的種族隔離政策，在誇祖魯地區一直有大量的血腥衝突，直至 1990 年代非洲國民大會被解除抵制，暴力衝突才稍為減少。祖魯語是南非的十一個官方語言之一，國內有大約一半人懂得祖魯語。

美國公理會的傳教士在 1835 年到達當時的英國殖民地納塔爾港（Port Natal）。在十九世紀初，基督教傳教士科倫森（J. W. Colenso）、斯通（S. B. Stone）、卡拉韋（H. Callaway）和格蘭特（Lewis Grant）設計了撰寫祖魯文的方式。第一本祖魯文的基督教小冊子“*Incwadi Yokuqala Yabafundayo*”是由美國公理會傳教士亞當斯（Newton Adams）、牛頓（George Newton）和格勞特（Aldin Grout）在 1837 至 1838 年間撰寫的，解釋祖魯文的拼寫方式，以及舊約的歷史。1859 年，格勞特(L. Grout)出版了第一本祖魯文的文法著作。

祖魯文的聖經譯本在 1848 年首先出版馬太福音，1865 年完成第一部新約，1883 年完成整本聖經。這些聖經主要由美國公理會的傳教士翻譯，部分有其他差會的傳教士負責。在 1883 年的聖經出版之後，經過了數次修訂，在 1950 年代成立修訂委員會，最後由英國聖經公會於 1956 年出版新約，1959 年出版整部聖經，是迄今最主要的聖經。1986 年，出版了一部較容易理解的祖魯文新約和詩篇，舊約則有待完成。近年南非聖經公會（Bible Society of South Africa）致力於完成這項工作，不過估計要至 2016 年才能完成出版。

至於羅馬天主教會，早在 1886 年已有聖經譯本的出版。在 1890 年，出版了一部「學校聖經」（School Bible），跟著一直有關於聖經的材料出版，至於聖經的翻譯則相對較少成果。

16 Ngoba uNkulunkulu wa wu
tanda umhlaba kangaka, ngangoba
wa pa ngeNdodana yake ayizalayo e
yodwa, ukuba bonke abakolwa iyo
ba nga bubi, ba be nokupila okumiyo
njalo. 17 Ngoba uNkulunkulu ka
yi tumelanga iNdodana yake emhla-
beni ukuba ahlulele umhlaba; ko-
dwa ukuba umhlaba u sindiswe nga-
yo. 18 O kolwa iyo k'ahlulelwa: o
nga kolwa u s'ahlulelwe, loku e nga
kolwanga egameni leNdodana e yo-
dwa ayizalayo uNkulunkulu. 19
Ukwahlulela iloku, ukuti ukukanya
ku fikile emhlabeni, abantu ba tanda
ubumnyama kunokukanya: ngoba
imisebenzi yabo i bi mibi. 20 Ngo-
ba bonke abenza okubi ba zonda uku-
kanya, a b'ezi ekukanyeni, funa ku
dalulwe imisebenzi yabo. 21 Kepa
o wenza iqiniso u y'eza ekukanyeni,
ukuze imisebenzi yake i bonakale,
ukuti i setshenzwe ku Nkulunkulu.

| 祖魯文約翰福音三章 16 至 21 節（1924 年版）。

2.4.6 世界語

世界語（Esperanto）是被廣泛使用的人工語言，而沃拉普克語（Volapük）是在人工語言中較成功的第一個，是世界語的先驅。沃拉普克語是在大約 1880 年，由德國的天主教神父施萊爾（Johann M. Schleyer）創造出來的一種新的人造語，它不是任何民族的語言，而是人工語言的一種。這種語言是因為有特定目的與用途，或為了某特定使用族羣，而人為地創造出來的語言。沃拉普克語被稱為是 Volapük，這名稱的“vola-”來自英語的“world”（世界），而“-pük”來自“speak”（語言），所以這個字的字面意思是「世界語」。沃拉普克語的辭彙大多來自英語，少數來自拉丁語、德語、法語，而其語法規則受德語影響，然而由於語法複雜，推行不順利，故此到 1912 年，沃拉普克語終於滅亡，無法推行下去。

歷史上只有少量的沃拉普克語聖經出現，1888 年在紐約出版了一部約翰一書，譯者是許布希（Samuel Huebsch），那是現今惟一所知的沃拉普克文聖經。

沃拉普克語主禱文（1880 年）
O Fat obas, kel binol in süls, paisaludomöz nem ola! Kömomöd monargän ola! Jenomöz vil olik, äs in sül, i su tal! Bodi obsik vädeliki govolös obes adelo! E pardolös obes debis obsik, äs id obs aipardobs debeles obas. E no obis nindukolös in tendadi; sod aidalivolös obis de bad. Jenosöd!

2.4.7　盲文

對於失明人士，也有適合其閱讀的盲文聖經版本，主要由十九世紀後的聖經公會所出版。盲文聖經版本的差異，主要是在於盲文書寫系統。最早的盲文版本的英語譯本，分別有「布萊葉點字法」（Braille）、「波士頓線式」（Boston Line Type）和「紐約點式」（New York Point）等方法。

「布萊葉點字法」是較早被採用的方式，這由法國失明人士布萊葉（Louis Braille）在 1830 年代發明的盲字體系，用凸點符號代替字母，閱讀者用手指觸摸由突起的點組成的文字，進行閱讀。這是英語世界的標準方式，到了 1932 年，在美國接納了標準英語的布萊葉點字法，而以後出版的英語聖經也採用這方法。至於「波士頓線式」是在 1830 年代由豪爾（Samuel G. Howe）發明，而「紐約點式」是在十九世紀末由韋特（William Wait）發明，少量盲文聖經採用上述方式製作，不過並不廣行。

早期也有以其他盲文方式出版的聖經，其中「穆恩盲文字體」（Moon Type）是另一種較早使用的系統。這是由英國人穆恩（Willliam Moon）於 1845 年發明的盲文書寫體系，以拉丁字母為基礎，在英語國家中使用，此

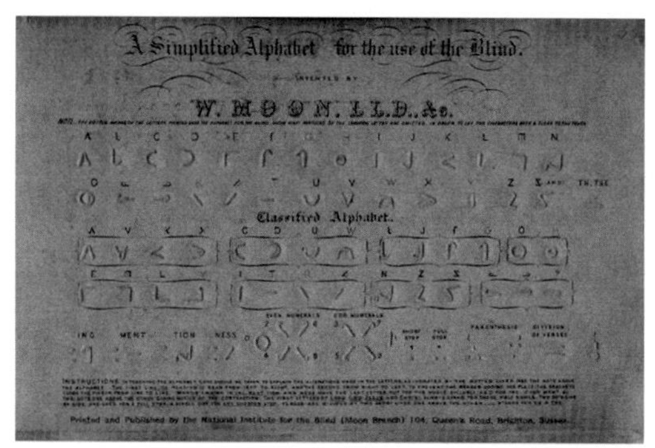

穆恩盲文字體的描述，附載於以此字體印刷的登山寶訓。

系統也出版過中文的馬可福音官話譯本。

至於當時的中文聖經，大多採用布萊葉點字法，以此體系來拼寫中文語言的字音，從而印刷聖經譯本，包括漢口官話、廈門話、福州話和廣州話等譯本。到了十九世紀晚期，在布萊葉點字法的基礎上，中國地區發展了「莫維廉號碼系統」(Murray Numeral Type System)和「秦州標準系統」(Tsinchow Standard System)。莫維廉(William Hill Murray)是蘇格蘭聖經公會駐北京的代辦，他的號碼系統是為北京官話的發音各給一個號碼，然後用布萊葉點字符號將這些號碼寫下來，在1890年代出版了數卷新約書卷，1905年出版新約全書。秦州標準系統是創始於甘肅秦州的官話聲母方式，是一種根據布萊葉點字法改進的盲人讀書方法，曾以此系統出版過官話譯本。

1913年，英國聖經公會和美國聖經公會決定使用稱為「和合布萊葉點字法」(Union Braille)的盲人書籍出版方式。這是依據秦州系統的發音表，以及採用標準羅馬字母注音法的綴音表，以此方式出版了四福音的官話譯本。

盲文聖經版本是其中一種服事失明人士的方式，近年聖經公會還有以錄音帶、卡式磁帶、唱片、光碟的方式出版聖經。

建議閱讀書目

本段的討論主要參考以下首兩部譯本目錄：

Darlow, T. H. and H. F. Moule, eds. *Historical Catalogue of the Printed Editions of Holy*

Scripture in the Library of the British and Foreign Bible Society, compiled by T. H. Darlow and H. F. Moule. 2 vols. London: Bible House, 1903 ~ 1911.

Nida, Eugene A., rev. ed. *The Book of a Thousand Tongues*. London: United Bible Societies, 1972.

2.5 亞洲語言的譯本

在十六世紀宗教改革運動後，歐洲新教徒早期的宣教事工進度緩慢。到了十七世紀，傳教士在非歐洲地區的宣教工作才有較多發展，包括在亞洲地區的宣教，也同時開始用這地區的語言翻譯聖經。

1613 年，耶穌會翻譯了一部完整的日語聖經，不過日語聖經的印行和出版，則晚至十九世紀。在亞洲最早的新教譯本是在 1629 年，馬太福音被翻譯為馬來語（High Malay），而在台灣的新港語（1661 年）和在南亞的錫蘭語（1739 年）也在這段時期出現。至於第一本在亞洲出版的新約，是 1715 年由信義宗傳教士齊根巴里（Bartholomäus Ziegenbalg）翻譯的泰米爾（Tamil）語新約，在 1727 年出版了一部完整的聖經。六年之後的 1733 年，出版第一部馬來語聖經。然而，這些早期工作都是零星的成果，新教在亞洲的宣教事工還要晚一點才湧現。

亞洲語言的譯經成果相當豐富，本書只能選擇部分語言的譯本，而且較為傾向介紹東亞和南亞地區。

近代亞洲語言的聖經翻譯

國家	譯成聖經的方言數量	最早出版聖經的方言及年份
伊朗	5 種	波斯語（Perisan，1546 年）
馬來西亞	2 種	馬拉語（Malay，1629 年）
印度	25 種	泰米爾語（Tamil，1715 年）
斯里蘭卡	3 種	僧加羅文（Sinhala，1739 年）
巴基斯坦	5 種	烏爾都語（Urdu，1805 年）
緬甸	5 種	緬甸語（Burmese，1815 年）
阿富汗	2 種	帕施圖語（Pashto，新約，1818 年）
蒙古	3 種	蒙古書面語（1819 年）
尼泊爾	2 種	尼泊爾語（Nepali，新約，1821 年）
泰國	2 種	泰語（Thai，1834 年）
日本	2 種	1837 年
印尼	12 種	巽他語（Sundanese，1854 年）
韓國	1 種	1882 年
菲律賓	7 種	班師蘭語（Pangasinan，1887 年）
越南	1 種	1890 年
柬埔寨	1 種	1899 年
寮國	1 種	1906 年

* 整理自 Scott W. Sunquist, ed., *A Dictionary of Asian Christianity*（Grand Rapids, MI.: W.B. Eerdmans, 2001）, 82～83，其中略去了中國和台灣語言的聖經譯本兩項。以上譯本的方言數量並不完整，而且存在差異，例如 2007 年底在印度聖經公會的網頁（http://www.bsind.org/print.htm）中列出，在印度方言中擁有完整聖經共有 46 種，擁有部分聖經共有 137 種，與上表的數據存在相當差距。本表所列只是讓讀者有一概念，以供參考。

2.5.1 孟加拉文

孟加拉語（Bengali）是巴基斯坦東部和孟加拉西部接壤之處部分人口所用的語言，這是一種相當古老的語言，見於十四世紀以後的古典文學。孟加拉語在日常生活中有不同地區的方言，包括古典形式（Sadhu Bhasha）和文學形式（Chahi Bhasda）兩類主要的方言。

十八世紀下半葉，英國教會在約翰．衛斯理和懷特腓德（George Whitefield）推動的福音復興運動影響之下，更多關注普世宣教的需要。這時候，英國傳教士威廉．克里（William Carey）致力投身海外宣教事業。1792年，克理呼籲教會正視向非基督教世界傳教的需要，迅速引起極大的回響。在短短數月內，浸信傳道會（Baptist Missionary Society）成立。1793年，克里與醫生湯瑪斯（John Thomas）前往英屬印度的加爾各答，成為首批到達該地的浸信會傳教士。他們迅即進行傳教和教育工作，並且著手翻譯聖經。

威廉．克里在印度時的環境極為惡劣，他的妻子甚至因生活壓力而精神失常。1800年，克里遷往加爾各答附近丹麥殖民地的弗雷德里克斯那格爾（Frederiksnagar），與馬殊曼（Joshua Marshman）和華德（William Ward）合作，設立傳教會。克里的差會位於印度中部以東的塞蘭坡（Serampore，舊譯「瑟蘭坡爾」或「錫蘭浦約」），這是加爾各答以北歷史最悠久的殖民地，在丹麥人的經營之下，逐漸成為北印的文化重鎮。威廉．克里等人在此建立傳教的基地，翻譯了印度語言和其他亞洲語言，包括由馬殊曼翻譯的最早中文聖經譯本（參本書3.5章）。在經過三十年的努力後，塞蘭坡差會共出版了45種語言的聖經版本，其中至少有35種的印度語言是第一次用來印製聖經的。直至1834年，克里在印度逝世，他始終沒有回過英國，但他的傳教報告卻激勵了許多差會的成立。

威廉．克里在到達印度之後，在五年之內把新約翻譯成為孟加拉文。孟加拉文的新約成為塞蘭坡差會最早的成果，在1800年出版馬太福音，1801年出版新約。孟加拉文聖經的出版，使塞蘭坡差會名揚天下。不過，由於克里在早期不能掌握孟加拉語的方言，使他當時的工作果效並不理想。克里一生曾八次翻譯和修訂孟加拉文聖經，而在他逝世前，兩次完整出版聖經全書。以後，孟加拉文的聖經經過多次修訂，大多是在加德滿都印刷出版的。

孟加拉語有一種混和了波斯文和烏爾都語（Urdu）字彙的方言“Musalmani-Bengali”，由東巴基斯坦的伊斯蘭教徒所用。最早的譯本是1854年的路加福音，以後所出版的大多是單卷聖經的版本。

১৬ কারণ ঈশ্বর জগৎকে এমন প্রেম
করিলেন যে, আপনার একজাত পুত্রকে
দান করিলেন, যেন, যে কেহ তাঁহাতে
বিশ্বাস করে, সে বিনষ্ট না হয়, কিন্তু
১৭ অনন্ত জীবন পায়। কেননা ঈশ্বর
জগতের বিচার করিতে পুত্রকে জগতে
প্রেরণ করেন নাই, কিন্তু জগৎ যেন
১৮ তাঁহার দ্বারা পরিত্রাণ পায়। যে তাঁহাতে
বিশ্বাস করে, তাহার বিচার করা যায় না;
যে বিশ্বাস না করে, তাহার বিচার হইয়া
গিয়াছে, যেহেতুক সে ঈশ্বরের একজাত
১৯ পুত্রের নামে বিশ্বাস করে নাই। আর
সেই বিচার এই যে, জগতে জ্যোতি
আসিয়াছে, এবং মনুষ্যেরা জ্যোতি হইতে

孟加拉文約翰福音三章 16 至 19 節（1937 年版）。

2.5.2　緬甸文

緬甸文（Burmese）是在緬甸中部和南部低地人民所用的語言，也是現今緬甸的官方語言。十九世紀初，西方傳教士開始在緬甸的宣教工作，緬甸語的聖經譯本也同時出現。1815 年，塞蘭坡差會出版了馬太福音，由浸信會傳教士費利克斯．克里（Felix Carey）和蔡特（J. Chater）所譯。費利克斯的父親就是威廉．克里，他派兒子前往緬甸傳福音，不過費利克斯很快就離開差會。

對於緬甸的傳教工作和聖經翻譯，最值得紀念的是美國浸信會傳教士耶德遜（Adoniram Judson）夫婦。他們是差會的第一對傳教士，在 1813 年前往緬甸宣教，經過六年傳教才使一人信主。耶德遜致力研讀緬甸語，在困難重重的環境下開始新約的翻譯。他在 1817 年開始翻譯和出版緬甸語聖經，最先是馬太福音（1817 年），由霍夫（G. H. Hough）協助印刷，然後是新約其他書卷。霍夫一直成為耶德遜的親密同工，協助聖經的翻譯和出版。耶德遜也編寫了緬英字典，以及宗教書籍。他的妻子協助女性的教育工作，以及醫療的事工。

在 1823 年已完成新約翻譯，不過由於在 1824 年英國和緬甸開戰之後，因著緬甸與歐洲之間的敵對關係，耶德遜以間諜之嫌而被囚禁了差不多兩年，全賴得到他妻子的照顧而存活下來。當時已經出版了部分新約，但餘下還未出版的文稿，最初收藏在他妻子的家中，為了避免因雨季的潮濕把文稿弄壞，最後被迫移走。耶德遜把手抄的譯本縫在枕頭中，因著枕頭十分難看，故此沒有獄卒或囚犯想過要偷它。不過，耶德遜後來被押往昂平里時，有一夥人曾進監中搶掠東西，拋棄了任何沒用的物品，而耶德遜的枕頭也不例外。這個枕頭湊巧被耶德遜家中忠心的女僕發現，拿回家藏著，過了好幾個月，才發現所藏的竟是一冊尚未完成的緬甸文聖經稿本。耶德遜後來出獄，再花了八年的時間把全部聖經翻譯成緬甸文，最後在 1831 年出版新約，在 1834 至 1835 年間完成整部聖經，成為緬甸語聖經最可紀念的一章。

耶德遜的聖經譯本在十九世紀下半葉一直被使用和出版，直至二十世紀初，英國聖經公會成立了一個委員會，在仰光主教斯特羅恩（J. M. Strachan）的主持下，把聖經翻譯和修訂，參與的譯者差不多包括當時在緬甸工作的差會的傳教士。最早的譯本是 1902 年的馬可福音和路加福音，以及 1903 年的馬太福音和約翰福音，1909 年出版新約，1926 年出版整本聖經，以後有修訂的版本。

緬甸文約翰福音三章 13 至 17 節（1832 年版）。

2.5.3　斯里蘭卡的僧伽羅文

僧伽羅文（Sinhala）與泰米爾文（Tamil）都是現今斯里蘭卡（舊稱「錫蘭」）的官方語言。在十六世紀開始，羅馬天主教傳教士在斯里蘭卡傳教，聖經被翻譯為通用的錫蘭文，以方便一般人使用。到了十八世紀初，荷蘭的新教傳教士把聖經翻譯為僧加羅文。在這時候，凱特（Simon Cat）翻譯了馬太福音和使徒行傳，由科尼伊（William Conijn）和韋茨勒厄斯（J. P. Wetzelius）修訂，並加上了馬可福音和約翰福音，於 1732 年在科倫坡（Colombo）新建立的印刷廠出版。接著，錫蘭傳道人菲利普斯（Henrick Philips）翻譯和出版了餘下的新約書卷，以及舊約的首五卷。

在翻譯和出版斯里蘭卡的僧伽羅文聖經過程中，充滿了爭議。由於聖經公會在 1812 年成立，推動了更多聖經翻譯的工作。1817 年出版了由托夫弗里（William Tolfrey）主導的新約譯本，得到了高度的評價，舊約也跟著在 1822 至 1824 年間分三次出版。然而，因著認為聖經公會的出版過分學術性，英行教會（Church Missionary Society）進行了另一項翻譯，新約在 1832 年出版，舊約在 1834 年出版。不過，這部被稱為“Cotta version”的譯本卻得不到大多數人的支持，因為它對於敬語的用法不正確。結果，在 1855 年發行了一部修訂的版本。可是，浸信會信徒也不同意某些神學用語的用法，因此他們的新約在 1862 年、舊約在 1905 年再度出版。1938 年，浸信會差會與聖經公會出版了一部譯本，然而它的文法和句法問題差強人意。因此在 1982 年，一部以現代僧加羅文翻譯的新譯本出現（新約在 1973 年，舊約在 1982 年），成為近代最廣受接納的譯本，也結束了近百年的譯經爭議。這部譯本也是跨宗教的作品，同時被羅馬天主教會所認可。

16 මක්නිසාද දෙවියන්වහන්සේ තමන්ගේ
ඒකජාත පුත්‍රයාණන් අදහාගන්නා සියල්ලන්
විනාශයට නොපැමිණ සදාකාල ජීවනය ලබන
පිණිස උන්වහන්සේ දෙමින් ලෝකයට එප

僧伽羅文約翰福音三章 16 節（1905 年版）。

2.5.4 泰米爾文

泰米爾人是斯里蘭卡和印度南部的一個民族，操達羅毗荼語，自公元前三世紀就有書寫記錄。據稱，第一位傳教至印度的是使徒多馬。近代新教最早到印度傳教的是丹麥信義宗傳教士齊根巴里（Bartholomäus Ziegenbalg）和普呂超（Henry Plutschau），他們在 1706 年抵達特冉克巴（Tranguebar），那是早在英國浸信會傳教士威廉·克理抵達加爾各答前約八十七年。齊根巴里在 1714 年出版了泰米爾語的福音書和使徒行傳，1715 年出版新約，所用的是這種語言的古典形式。1722 年，齊根巴里的同工舒爾茨（Benjamin

Schultze）修訂了新約。1723 至 1727 年間，齊根巴里和舒爾茨一同翻譯舊約。當齊根巴里逝世之時，已經完成了舊約至路得記，其他同工繼續他的工作，可是卻達不到原來的水準。他們的譯本不斷被修訂，最後由法布里丘斯（Johann P. Fabricius）在 1777 至 1796 年間，共花了二十多年，以舒爾茨的譯本為基礎，成為印度第一部完整聖經的語言譯本。在十九和二十世紀，泰米爾文聖經仍有翻譯和出版。

除了在斯里蘭卡之外，在十九世紀，德國教會組織丹麥哈來差會（Danish-Halle Mission）到印度傳福音，也將聖經翻譯成泰米爾文。雖然當時的英國東印度公司為了利益，阻攔這項工作，但在往後的 150 年間，這個差會差派了 2,100 位宣教士，帶領了幾十萬人信耶穌，至今在印度南部便有數以百萬計的福音派基督徒。

கடவுள் தமது ஒரே பேறான குமா 16
ரனில் விசுவாசமாயிருக்கிறவன் எவ
னும் கெட்டுப்போகாமல் நித்திய ஜீவ
னைப் பெறும்படி அவரைத் தந்தருளி,
இவ்வளவாய் உலகத்தில் அன்புகூர்ந்
தார். உலகத்திற்குத் தீர்ப்பிடுவதற் 17
கென்று கடவுள் தமது குமாரனை உல
கத்தில் அனுப்பாமல், உலகம் அவ
ராலே இரட்சிக்கப்படுவதற்கென்றே
அவரையனுப்பினார். அவரில் விசு 18
வாசமாயிருக்கிறவன் தீர்ப்பிடப்படா
ன்; விசுவாசமில்லாதவனோ கடவுளின்
ஒரேபேறான குமாரனுடைய நாமத்தில்
விசுவாசமாயிராதபடியினால் தீர்ப்பி
டப்பட்டாயிற்று. வெளிச்சம் உலகத் 19
தில் வந்திருக்கிறது, மனுஷருடைய
செய்கைகளோ பொல்லாதவைகள்.
ஆகலால் அவர்கள் வெளிச்சத்தைப்
பார்க்கிலும் இருளை அதிகமாய் விரும்
பினார்கள்; இதுவே அந்தத் தீர்ப்பு.
தீமைமுயல்வோன் எவனும் வெளிச் 20
சத்தைப் பகைக்கிறான், தன் செய்
கைகள் கண்டிக்கப்படாதபடி வெளிச்
சத்தினிடம் வராதிருக்கிறான். உண் 21
மையைச் செய்கிறவனோ, தன் செய்
கைகள் கடவுளுக்குள் செய்யப்பட்ட
வைகளென்று வெளியாகும்படி, வெ
ளிச்சத்தினிடம் வருகிறான்.

泰米爾文約翰福音三章 16 至 21 節（1929 年版）。

2.5.5 柬埔寨文

柬埔寨文又稱高棉語（Khmer），是柬埔寨的主要語言。這個在東南亞中南半島的國家，經過多年戰亂，聖經的翻譯也相對地較遲才出現。新教最早的譯本是 1899 年的路加福音，由英國聖經公會在新加坡出版，然後是 1900 年在紐約出版的路加福音和使徒行傳，新約全書要到 1925 至 1929 年才出現。這些譯本大多是傳教士與當地同工的合作成果。

在差不多同一時間，天主教的弗雷德里克（Marie-Joseph Guesdon）神父把拉丁文聖經翻譯成高棉語，他在 1910 年出版了福音書的經文，附以道明會（Dominican）的禮儀方式。1923 年，宣道會（Christian and Missionary Alliance）的傳教士哈蒙德（Arthur L. Hammond）開始與羅馬天主教的助手進行聖經翻譯，在經過多年的出版和修訂後，在 1954 年完成了第一部完整的高棉語聖經，由英國聖經公會出版。

在 1973 年原計劃了一部新的柬埔寨文跨宗派譯本，不過這個計劃在 1975 年卻中斷了。在 1975 年至 1979 年之間，柬埔寨在赤柬的血腥統治下，成為二十世紀最暴力的殺戮戰場。當四名柬埔寨譯經者在革命之中死去時，主理翻譯工作的法國教士就被迫暫時離開這個國家。由於赤柬極力清除所有宗教信仰，以致許多基督徒在這段時期受苦和喪生。直至 1990 年代，基督徒才可以公開崇拜。

1983 年，由法國聖經公會（French Bible Society）資助，進行了另一次嘗試，以共通語言翻譯跨宗派的譯本。在羅馬天主教和新教的學者一同努力下，於 1993 年完成新約，而完整的聖經（包括次經）則在 1998 年出版，剛好是第一部路加福音出版之後一百年。

柬埔寨文約翰福音三章 13 至 21 節（1934 年版）。

2.5.6 印尼—馬來文

印尼文（Indonesian）與馬來文（Malay）是東南亞的主要語言之一。兩者源流相似，但拼寫大不相同，在此把兩者一同介紹。馬來文另有一種混雜形式的集市馬來語，它在西方貿易與殖民主義到來之前已被使用。至於馬來亞華人社區，使用的是峇峇馬來語（Baba Malay），在十九世紀末至二十世紀初也有少量以此語言翻譯的聖經。

在十七世紀初葉，傳教士隨著荷蘭東印度公司（Dutch East-India Company）來到馬來人的地方，進行宣教活動。1629 年，馬太福音的馬來文譯本出版，成為在宗教改革之後最早以亞洲地區語言出版的聖經。跟著在 1638 年至 1652 年之間，先後出版了馬太福音、馬可福音、路加福音、約翰福音、使徒行傳和詩篇。其中一位譯者是荷蘭商人魯伊（Albert Cornelisson Ruyl），並由荷蘭東印度公司出版，反映出早期傳教工作與商業貿易之間的關係。

1668 年，新約以馬來語出版，在阿姆斯特丹印刷，由荷蘭牧師布勞爾（Daniel Brouwerius）翻譯，接著是 1733 年由荷蘭傳教士萊德爾克（Melchior

Leidekker）翻譯的聖經。萊德爾克在巴達維亞以阿拉伯文的書寫體，把舊約和大部分新約翻譯為馬來語，可是他未能在逝世之前完成。最後，這項工作由沃爾曼（Pieter van der Vorm）完成，在 1758 年出版了整本聖經。雖然這部譯本要定期修訂，卻在二十世紀初葉對馬來半島和印尼教會深具影響力。在 1912 年，它由美國傳教士希勒別（William G. Shellabear）主持的委員會所修訂。其他馬來語的譯本，包括由荷蘭傳教士克林特（H. C. Klinkert）在 1879 年翻譯的聖經，以及由博德（W. A. Bode）在 1939 年翻譯的新約，都是較完整的成果。

當第二次世界大戰結束時，印尼成為獨立的國家，印尼—馬來語（或稱為“Bahasa Indonesia”，意思是「印尼的語言」）成為國家的語言，把兩者的書寫統一，這種語言是發展自馬來語的口語。在荷蘭聖經公會的主持下（以後是印尼聖經公會〔Indonesian Bible Society〕），進行了新的翻譯。委員會在 1952 年開始工作，在 1970 年完成。完整的印尼語聖經在 1974 年出版，後廣泛通行。

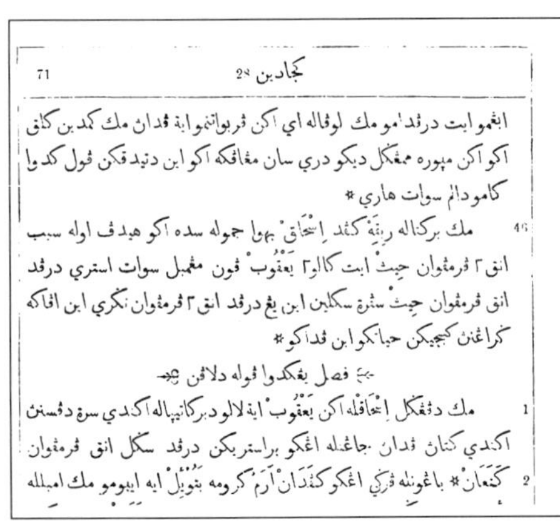

71 كجادين 28

ابڠمو ايت درڤدامو مك لوڤاله اي اكن ڤربواتنمو ايت ڤداڽ مك كمدين كاتق
اكو اكن مپوروه ممڠݢيل ديكو دري سان مڠاڤكه اكو اين دتيڠݢلكن ڤول كدوا
كامو دالم سوات هاري *
46 مك بركتاله ربقه كڤد اسحاق بهوا جمواه سده اكو هيدوڤ اوله سبب
انق٢ ڤرمڤوان حيث ايت كالو٢ يعقوب ڤون مڠمبيل سوات استري درڤد
انق ڤرمڤوان حيث سڤرتي سكلين اين يڠ درڤد انق٢ ڤرمڤوان نݢري اين اڤاكه
ݢراڠن كهيدوڤن حياتكو اين ڤدا اكو *
فصل يڠكدوا ڤوله دلاڤن
1 مك دڤڠݢيل اسحاق اكن يعقوب ايت لالو دبركتيڽاله اكندي سرة دڤسنڽ
اكنديا كتاڽ ڤدان جاڠنله اڠكو براستريكن درڤد سكل انق ڤرمڤوان
2 كنعان * باڠونله ڤرݢي اڠكو كڤدان ارام كروم بتوئيل ايه ايبومو مك امبيلله

馬拉文創世記，1894 年英國聖經公會出版。

在印尼獨立前，翻譯聖經的工作大部分由傳教士負責。到了 1970 年代，印尼聖經公會更強調需要操本地語言者來進行翻譯工作。根據這個原則，除了印尼語聖經之外，也出版了卡洛巴塔克語（Karo Batak）、多巴巴塔克語（Toba Batak）、巴里文語（Balinese）、巽他語（Sundanese）和昂科拉巴塔克語（Angkola Batak）等方言的聖經。

事實上，由於印尼是有許多方言的

國家，其他語言羣體的譯本也有完成。在十九世紀和二十世紀初，出現了爪哇語（Javanese）、多巴巴塔克語（Toba Batak）、孟加錫語（Macassar）、布吉斯語（Bugis）、巽他語（Sundanese）、托拉加（Toraja），以及尼亞斯島語（Nias）的聖經。到了 1992 年底，至少有 135 種印尼方言是有部分聖經的，而許多其他方言譯本的翻譯工作仍在進行。

2.5.7　日文

在亞洲地區最早期的日語聖經譯本，是由羅馬天主教傳教士承擔的。由於他們的聖經經文大多用在禮儀中，故此譯文相當禮儀化。他們把拉丁文經文翻譯成為部分舊約（包括詩篇）和福音書，於崇拜時使用。

1543 年，葡萄牙人成為第一批來到日本的歐洲人。一年之後，來自鹿兒島的彌次郎（Yajirō Angero）由於殺人罪而被緝拿，在逃避追捕中上了一艘葡萄牙船。跟著，彌次郎相信了基督教，在抵達印度果阿（Goa）之後，於 1548 年受洗。他進入耶穌會的學校讀書，掌握葡萄牙語。彌次郎在果阿翻譯了馬太福音，成為最早的天主教日語譯本。不過，彌次郎的譯文顯然欠佳，難以被日本人接受。

1549 年，羅馬天主教傳教士也開始翻譯聖經的經文，例如主禱文和十誡。1552 年，與方濟各・沙勿略（Francis Xavier）一同前來日本的西班牙耶穌會士格斯梅・德・多列（Cosme de Torres）和胡安・佛南田（Juan Fernández）修士，在彌次郎的協助下，出版了耶穌生平和受難的摘錄，最後在 1563 年出版四卷福音書，可是其手稿以後在一場火災中失去了。到了 1613 年，耶穌會士在京都翻譯了一部新約，可是現今已散佚。

在幕府時代，特別是豐臣秀吉之後，日本政府對基督徒有相當大的壓制，天主教徒被迫隱藏身分。在十六至十七世紀信奉天主教的祕密天主教徒被稱為「隱切支丹」（Kakure Kirishitan，「切支丹」即葡萄牙語“Christian”的譯音），這羣日本天主教徒雖然盡力持守他們所記得的天主教信仰，卻未見把聖經翻譯成日文。故此，在新教傳教士於十九世紀前來日本之前，沒有再進行任何的譯經工作。

| 1837 年日文約翰福音。

1836 年，新教傳教士郭實臘（Karl F. A. Gützlaff，另譯「郭士立」）抵達日本。他以馬禮遜的中文聖經的為基礎，在助手的協助下，在 1837 年出版了一部日語的約翰福音和約翰書信。他的同工威廉斯（S. Williams）翻譯了馬太福音。1855 年，沖繩縣琉球方言有路加福音、約翰福音、使徒行傳和羅馬書的翻譯，由傳教士貝特爾海姆（Bernard J. Betterlheim）所譯，在香港出版。

1858 年，日本開放港口，許多傳教士前來傳教，而合文（James Curtis Hepburn）和布朗（Samuel Robbins Brown）等傳教士也承擔了譯經的工作。由於他們經常參考當時的中文經文（特別是裨治文〔Elijah C. Bridgman〕和克陛存〔Michael S. Culbertson〕在 1861 年的中文聖經譯本），因此中文聖經在日文聖經的翻譯中扮演了一個重要的角色，影響了在日語中的教會語言。1864 年，戈布爾（J. Goble）開始由希臘文經文翻譯馬太福音，運用木版印刷技術出版。

1872 年，舉行日本傳教士會議，其中一個決定是委任一個委員會，由布朗主持，由不同的差會委任譯經代表，譯經者也參與其中。從1874年開始，他們在希臘文《公認經文》和英文《欽定本》（另加上一部中文譯本）的基礎上翻譯。與中文譯本的翻譯過程一樣，他們對於如何翻譯"God"和"baptism"也有困難，結果在1879年完成了新約，在1880年和1887年出版《明治元訳》（*Original Meiji Translation*）。然而，在《明治元訳》的譯經過程中，幾乎再次出現如中文聖經《委辦本》翻譯歷史的爭議（參本書3.5章對《委辦本》的討論），另一位浸信會傳教士布朗（Nathan Brown）就由於用語的問題，辭退了譯經的工作，在1879年出版了他的新約。委員會在重訂合作的取向之後，繼續他們的工作，在1887年出版聖經。

天主教會也在同一時間致力於聖經的翻譯。1873年先出版耶穌的受難經文，在1879至1880年間另有舊約和新約的摘錄出版。1887年，成立了一個翻譯福音書的委員會，不過由於其他工作的壓力，委員會沒有完成目標。然而，1895年天主教出版了一部福音書譯本，得到了新教譯經者的讚賞。1910年，天主教傳教士拉格特（Emile Raguet）從《武加大譯本》翻譯了新約，成為日本天主教的標準聖經。巴爾巴羅（Federico Barbaro）以口語

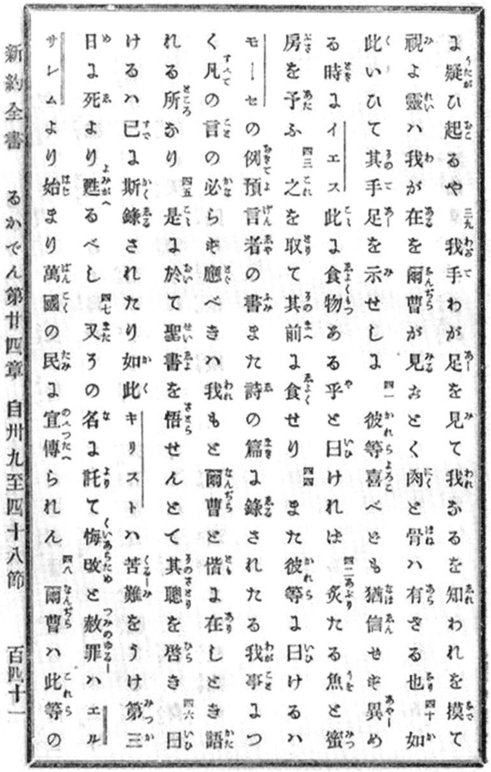

日文福音書和使徒行傳的一頁，1882年英國聖經公會在橫濱出版。

體把它再譯，在 1957 年出版，他的舊約在 1964 年出版。方濟會修士以希臘文和希伯來文經文為基礎，在 1978 年完成了整部聖經。

1870 年代，在日本的正教會也運用了新教的中文譯本，在 1889 年把註釋加在新約的經文中。正教會第一本自行翻譯的譯本是在 1892 年出版，只譯了馬太福音，卻激勵了正教會對新約的翻譯工作，在 1896 年完成，並於 1901 年完成修訂。

除了天主教會、正教會和浸信會的譯本之外，新教的《明治元訳》也需要修訂。1909 年，新教成立了一個修訂委員會，翌年開始工作。1911 年，馬可福音的試行版出版，1916 年完成了這項工作，官方的《大正改訳》（*Taisho Revised Version*，或稱《大正訳文語聖書》）在 1917 年出版，雖然使用現代化前的日語模式，但受到廣泛接納。

在二十世紀初，也有個人譯本的出現，包括第一本從希伯來文經文翻譯的舊約譯本。在第二次世界大戰之後，日本語言經歷改變，於是需要對聖經加以修訂，甚至有新的譯本。1952 年，日本聖經公會開始以較口語化的語言進行修訂，1954 年出版新約，1955 年完成舊約的工作。

天主教會在 1960 年代梵蒂岡第二次大公會議後，與新教教會有更多合作，例如在 1978 年的新約《共同訳聖書》，不過這部譯本得不到雙方的支持，於是翻譯工作再次進行，在 1987 年出版了《新共同訳聖書》，其中包括了新約的修訂和舊約的譯本。至於新教的福音派和基要派信徒，對於《共同訳聖書》的合作不表贊同，於是自行翻譯了《改訳聖書》，在 1973 年出版。除此之外，還有其他個別的日語譯本出現。

日文聖經

譯本	約翰福音一章 1-2（4）節
1837 年郭實臘譯本（約一 1～2）	ハジマリニ　カシコイモノゴザル、コノカシコイモノ　ゴクラクトトモニゴザル、コノカシコイモノワゴクラク。ハジマリニ　コノカシコイモノ　ゴクラクトトモニゴザル。
1855 年貝特爾海姆譯本（約一 1～2）	はじめに　かしこいものあり　かしこいものハ　神と　ともにいます　かしこいものハすなわち神
1872 年合文譯本（約一 1～4）	元始（はじめ）に言霊（ことだま）あり　言霊は神とともにあり　言霊ハ神なり。この言霊ハはじめに神とともにあり。よろづのものこれにてなれり　なりしものハこれにあらでひとつとしてなりしものハなし。これに生（いのち）ありし　いのちは人のひかりなりし。
1880 年《明治元訳》（約一 3）	万物（よろづのもの）これに由（より）て造（つく）らる造（つくら）れたる者に一つとして之に由（よ）らで造られしは無（なし）
1917 年《大正改訳》（約一 1～3）	太初（はじめ）に言（ことば）あり、言（ことば）は神と偕（とも）にあり、言（ことば）は神なりき。この言（ことば）は太初（はじめ）に神とともに在（あ）り、萬（よろづ）の物これに由（よ）りて成り、成りたる物に一つとして之によらで成りたるはなし。
1954 年口語化譯本（約一 1～3）	初めに言（ことば）があった。言（ことば）は神と共にあった。言（ことば）は神であった。この言（ことば）は初めに神と共にあった。すべてのものは、これによってできた。できたもののうち、一つとしてこれによらないものはなかった。
1957 年巴爾巴羅譯本（約一 1～3）	はじめにみことばがあった。みことばは神とともにあった。みことばは神であった。かれは、はじめに神とともにあり、万物はかれによってつくられた。つくられた物のうち、一つとしてかれによらずつくられたものはない。
1978 年方濟會譯本（約一 1～3）	初めにみ言葉があった。/ み言葉は神と共にあった。/ み言葉は神であった。/ み言葉は初めに神と共にあった。/ すべてのものは、み言葉によってできた。/ できたもので、み言葉によらずに/ できたものは、何一つなかった。
1987 年《新共同訳聖書》（約一 1～3）	初めに言（ことば）があった。言（ことば）は神と共にあった。言（ことば）は神であった。この言（ことば）は、初めに神と共にあった。万物は言（ことば）によって成った、成ったもので、言（ことば）によらず成ったものは何一つなかった。

一六 それ神はその獨子を賜ふほどに世を愛し給へり、すべて彼を信ずる者の亡び
ずして永遠の生命を得んためなり。一七 神その子を世に遣したまへるは、世を審かん
爲にあらず、彼によりて世の救はれん爲なり。一八 彼を信ずる者は審かれず、信ぜぬ
者は既に審かれたり。神の獨子の名を信ぜざりしが故なり。一九 その審判は是なり。
光、世にきたりしに、人その行爲の惡しきによりて、光よりも暗黑を愛したり。
二〇 すべて惡を行ふ者は光をにくみて光に來らず、その行爲の責められざらん爲な
り。二一 眞をおこなふ者は光にきたる、その行爲の神によりて行ひたることの顯れん
爲なり。

日文約翰福音三章 16 至 21 節（1927 年版）。

建議閱讀書目

本段的討論主要參考以下首兩部譯本目錄：

Darlow, T. H. and H. F. Moule, eds. *Historical Catalogue of the Printed Editions of Holy Scripture in the Library of the British and Foreign Bible Society, compiled by T. H. Darlow and H. F. Moule*. 2 vols. London: Bible House, 1903 ~ 1911.

Nida, Eugene A., rev. ed. *The Book of a Thousand Tongues*. London: United Bible Societies, 1972.

Sunquist, Scott W. *A Dictionary of Asian Christianity*. Grand Rapids, MI: W. B. Eerdmans, 2001. 本書頁 79 至 88 簡略地介紹了亞洲語言的翻譯概況。

2.6 聖經的流傳

在近代新教聖經的流傳中，除了宣教的支持外，聖經公會也扮演了重要的角色。聖經公會是近代基督教教會為翻譯和分發聖經而設的機構，既為增加聖經的流通，也致力把聖經提供給有缺乏者。聖經公會把聖經翻譯成所有重要的語言(以及某些方言)，以合適的格式和費用，提供給有需要的地區。

十九世紀後，聖經公會在中國的聖經翻譯和分發上，扮演了重要的角色。在以下的介紹中，除了略述聖經公會的歷史外，會較為偏重介紹聖經公會在中國的事工。至於在中國的聖經翻譯歷史，則留待下一部分介紹。

2.6.1 分發聖經的機構

十八世紀末，英國的福音傳播運動開始，許多宣教組織先後成立，以推動海外傳教事工。英國教會自始就意識到聖經的翻譯、出版和分發，對宣教工作十分重要。事實上，在十七世紀末至十八世紀初，已成立了為一般民眾提供聖經的機構，其中最早提供廉價聖經的組織是康斯太因聖經機構（Canstein

Bible Institute）。十八世紀下半葉，在英國地區出現了好幾個致力分發聖經的機構，於是逐漸蘊釀成立一個專為分發聖經而設的組織，結果於 1804 年，在查爾斯（Thomas Charles）的呼籲下，英國聖經公會（British and Foreign Bible Society，簡稱 BFBS，該會在華舊稱「大英聖書公會」）在倫敦成立。

英國聖經公會成立的背後，有一個感人的故事。話說十八世紀末，當復興運動傳到英國的威爾斯時，有一個名叫瑪麗．瓊斯的女孩聽聞福音後，便很想擁有一本聖經。當她知道有一位英格蘭牧師查爾斯在巴拉（Bala）售賣威爾斯語聖經時，她便立即把鞋子提在手上，然後赤腳行了二十八里路前往那裏。可惜她到達時，所有聖經都已售罄，她不禁大哭起來。查爾斯牧師把自己的聖經送了給她，而這女孩的故事，也感動了一羣倫敦的基督徒，最後促成了英國聖經公會的成立。

1804 年 3 月 7 日，英國聖經公會在倫敦成立，以推動聖經廣傳為宗旨，致力在英國及其他地區分發聖經。在創會最初三十年間，在英國本土出版了超過八十萬本聖經，以六種語言分發：英格蘭語、威爾斯語、愛爾蘭語、蓋爾語（Gaelic）、曼島語（Manx）和英吉利海峽羣島（Channel Islands）土語。然而，該會的事工方向，很快就由英國本土延伸至歐洲大陸，以及世界各地。在英國聖經公會剛成立時，只有 72 種語言是有聖經譯本的。隨著 1806 年在印度塞蘭坡建立了一個相關的委員會，許多傳教士在那裏翻譯和印刷供應亞洲地區的聖經，英國聖經公會的工作日漸成形。

在英國聖經公會成立之後，各地相繼有大量聖經公會出現，在往後二百年間，成為主持翻譯和分發聖經的重要組織。到了 1946 年，聯合聖經公會（United Bible Societies）成立，這加強了各地聖經翻譯的事工。聯合聖經公會迄今在全球有 145 個會員，為 230 個國家及地區從事聖經翻譯、推廣及分發事工，直至 2009 年底，全球共有 2,508 種語文的整本聖經或部分經卷出版。

在 1936 年成立的威克里夫聖經翻譯差會（Wycliffe Bible Translators），則較為強調在少數語羣體或部落中推動聖經的翻譯。自 1968 年開始，羅馬天主教會與聯合聖經公會也有更多翻譯事工上的合作。在 1990 年，聖經翻譯社聯盟（Forum of Bible Agencies）成立，這是由全球主要的聖經翻譯機構聯合成立的組織，目的是加強在聖經翻譯上的合作和默契。

2.6.2 來華的聖經公會

英國聖經公會是歷史上第一個聖經公會，支援世界各地的聖經翻譯和分發的事工，也是最早資助馬禮遜、馬殊曼、郭實臘及麥都思（Walter H. Medhurst）等來華傳教士翻譯及分發聖經的機構，後來成為在中國最具影響力的聖經出版組織。該會第一本資助印刷的中文聖經譯本，便是馬禮遜的新約聖經。1836 年，該會差派李太郭（George Tradescant Lay）來華，成為首任駐華代理人，直至 1839 年。可惜他不能成功地進入中國，只可以在中國南海地區探索。1842 年《南京條約》簽訂後，英國聖經公會可以直接在中國本土工作。1849 年，為了資助《委辦本》的印刷，該會開始在上海設立機構，以後陸續在香港（1854 年）、廣州（1855 年）、天津和北京（1861 年）設立由本地傳教士組成的委員會，並且在十九世紀中葉計劃向太平天國的統治地區派送聖經。1863 年，偉烈亞力（Alexander Wylie）出任英國聖經公會代表，數年間跑遍南北各省，在有傳教士駐留的省份設立發行代理處，推動聖經的銷售工作。1877 年，偉烈亞力因眼疾辭職，由戴撒母耳（Samuel Dyer）接任。在戴撒母耳就任期間，英國聖經公會出版了不少方言譯本。1895 年，倫敦會傳教士文顯理（George Henry Bondfield）接任第四任駐華代理人，直至 1923 年。在十九世紀末，英國聖經公會在中國出版了文言文、淺文言、官話、各省方言及少數民族語言的譯本，在多個省份設立聖書銷售處，派遣售書員到各城各鄉分發聖經。第五任駐華代理人是牧作霖（G. W. Sheppard），在 1923 至 1936 年間事奉。牧作霖任期的末段，亦是中國本土的聖經公會誕生之時。1937 年，該會駐華代辦與蘇格蘭聖經公會及美國聖經公會聯合組成中華聖經公會。

另一間聖經出版機構是美國聖經公會，它是由非教牧人員管理的基督教國際組織，1816 年聯合美國本土二十八所的聖經會，在紐約成立，有超過八十個新教宗派支持，早期目標致力於在每個家庭中有一本聖經。1822 年，該會曾在中國派送了 500 本新約聖經與一些舊約聖經。然而，美國聖經公會初期對華工作不多，直至 1833 年的年議會，該會決定撥款三千美元資助美國公理會傳教士裨治文的譯經工作，是在華正式工作的開始，之後繼續支持出版裨治文與克陛存合譯的譯本和高德的新約譯本。1875 年，葛立克（L. H. Gulick）成為美國聖經公會首任駐中國及日本的代理人，直至 1890 年由美以美會傳教士裴來爾（L. N. Wheeler）接任。裴來爾在 1867 年創辦《教務雜誌》（*Chinese Recorder*），他接辦美國聖經公會的在華代理人時，正值《和合本》的翻譯工作開始之時。可惜裴來爾在 1893 年突然去世，由正在九江傳教的美以美會傳教士海格思（John R. Hykes）接任為上海代理處代理人，直至 1921 年。美國聖經公會在海格思的主持下，聖經銷售及派送數量快速增長，並且完成了施約瑟（Samuel I. J. Schereschewsky）的新舊約譯本，更於 1894 年發動中國教會婦女向慈禧太后賀壽晉獻聖經。美國聖經公會最後一任駐華代理人是力宣德（Carleton Lacy），從 1921 至 1937 年間事奉，力宣德後來致力推動中國本土聖經公會的建立。

十九世紀在英美和歐洲各地相繼出現了許多聖經會，來華的除了上述兩個機構外，還有蘇格蘭聖經公會（National Bible Society of Scotland，簡稱

NBSS，現今改稱 Scottish Bible Society）。它最初於 1809 年成立時稱為愛丁堡聖經會（Edinburgh Bible Society），於 1859 至 1861 年間與格拉斯哥聖經會（Glasgow Bible Society）聯合組成，工場主要在歐洲和亞洲。1863 年，該會開始派遣傳教士來華任代理人，由韋廉臣（Alexander Williamson）再度來華擔任，不久再派莫維廉和計約翰（John Archibald）來華協助。韋廉臣留任至 1866 年，但在他逝世前仍一直與該會保持關係，後來更成為同文書會（廣學會的前身）的創辦人之一。1877 年，計約翰將蘇格蘭聖經公會的代理處設在漢口，並且自置印刷廠，印行由楊格非（Griffith John）翻譯的新約聖經。蘇格蘭聖經公會是首先在中文聖經內印上簡短註釋及地圖的出版機構。1892 年，蘇格蘭聖經公會在漢口建造聖經會大樓，後來當三間聖經會在 1930 年代合併時，這座大樓便全歸蘇格蘭長老會屬下的聖教書會所有。

聖經公會在中國教會的角色，隨著十九世紀中葉《委辦本》的翻譯而顯得重要。《委辦本》的翻譯工作最初就是由英國聖經公會獨力資助的，美國聖經公會在後期才被邀請分擔經費。英國聖經公會與倫敦會關係密切，而後者的傳教士在《委辦本》的翻譯過程中扮演了重要的角色。聖經公會在十九世紀的出現，影響了傳教士和差會在聖經翻譯上的工作模式，其影響力在《委辦本》計劃上已見端倪，最後在《和合本》計劃上達到高峯。

聖經公會成為《和合本》計劃最強的支持者，至二十世紀末《和合本修訂版》的翻譯事工，也是由聖經公會擔任重要的支持者。

2.6.3　中國本土建立的聖經公會

二十世紀初，對中國教會要成立自組的聖經機構的呼聲愈來愈大。1921 年，美國聖經公會代表力宣德來華，倡議三個在華聖經公會合併。到了

1920年代非基督教運動的浪潮之下，籌組設立中國教會所負責的聖經會的需求愈來愈迫切。1927年，廣東省教會率先籌組的華南聖書會，是中國教會最早組織的聖經會。該會每年舉行聖經禮拜，以協助譯經和售經的進行，事工遍及廣東全省。因著華南聖書會的運動，1932年武漢教會亦組織華中聖經會。跟著下來的1933年，上海傳道聯合會籌備設立華東聖書會，而北平教會也組織了華北聖經會。

1932年7月，英國聖經公會、美國聖經公會和蘇格蘭聖經公會的代表在倫敦召開會議，一致贊成在中國成立一個聖經協會顧問委員會。這個顧問委員會共十八人，由各聖經會分別聘請六人為委員，中西人員皆可聘任，第一次會議在1933年6月30日於上海舉行。顧問委員會的責任主要有二，一是向三大聖經會建議工作策略及合作方向；二是提倡在中國各重要城市組織聖經分會和協進會，於適當時間聯合成為一個中華全國聖經總會。

中華聖經會委辦會在成立時，選任誠靜怡博士為主席，高德斯主教為副主席，俞恩嗣會長為書記，每兩個月集會一次。事務委辦由趙晉卿、畢立克、俞恩嗣擔任，以便常與聖經會經理協商種種問題。1936年1月，委員會在上海召開會議，舉行討論聖經會統一事工的第一次全國代表大會，在會上決定各地分會以及在華的英美蘇三聖經會，在最短時間內聯合組織一中華全國聖經會。1937年5月，正式成立「中華聖經會」，委任力宣德成為第一任總幹事。英國聖經公會和美國聖經公會在華代辦處合併成立「中國聖經書房」，蘇格蘭聖經公會則要待1946年才正式加入。1944年中日戰爭期間，因為力宣德就任衛理公會會督，由慕天恩（R. Mortensen）在重慶接任為第二任總幹事。抗日戰爭勝利後，慕天恩在上海接收聖經會的產業。

1948年，隨著中國政局急劇變化，中華聖經會決定轉往香港印刷聖經。西方各聖經會於1949年成立「香港書房」，後來組成「香港聖經公會」。

1951 年，由於香港與大陸的中華聖經會完全中斷聯絡，自此香港成為全球中文聖經的供應中心。不過，中國聖經書房在與西方聖經公會斷絕聯繫之後，仍然繼續獨立運作至 1959 年才被取締。1956 年，「香港聖經公會台灣辦事處」成立。1959 年，香港聖經公會易名為「香港及台灣聖經公會」，至 1964 年，再改名為「香港聖經公會」，與台灣的聖經公會分開發展（當地聖經公會在 1960 年定名為「台灣聖經公會」，在 1970 年改名為「中華民國聖經公會」，2003 年再正名為「台灣聖經公會」）。迄今，香港聖經公會和台灣聖經公會都是聯合聖經公會的成員，香港聖經公會在 2000 年之後更負責《和合本修訂版》的翻譯和出版事工。

建議閱讀書目

Canton, William. *A History of the British and Foreign Bible Society*. 5 vols. London: John Murray, 1904, 1910. 英國聖經公會迄今最詳盡的著作，介紹該會在十九世紀的工作。

Dwight, Henry O. *The Centennial History of the American Bible Society*. 2 vols. New York: Macmillan, 1916. 美國聖經公會早期的歷史詳述，介紹該會在十九世紀的工作。

Howsam, Leslie. *Cheap Bibles: Nineteenth-Century Publishing and the British and Foreign Bible Society*. Cambridge: Cambridge University Press, 2002. 本書介紹英國聖經公會的歷史，從中可以得見聖經公會在十九世紀歷史中的角色。

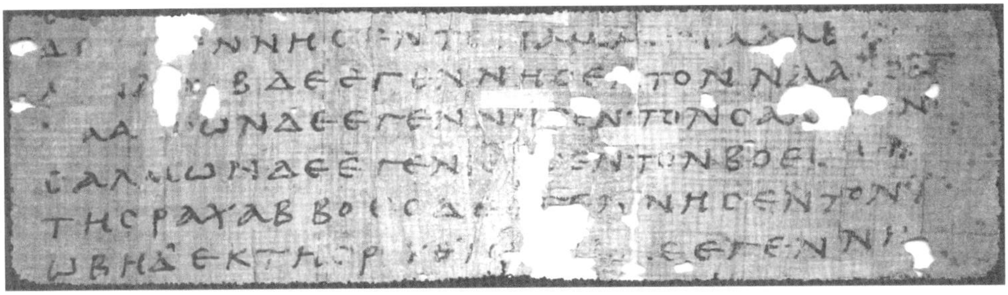

第三部　聖經在中國的故事

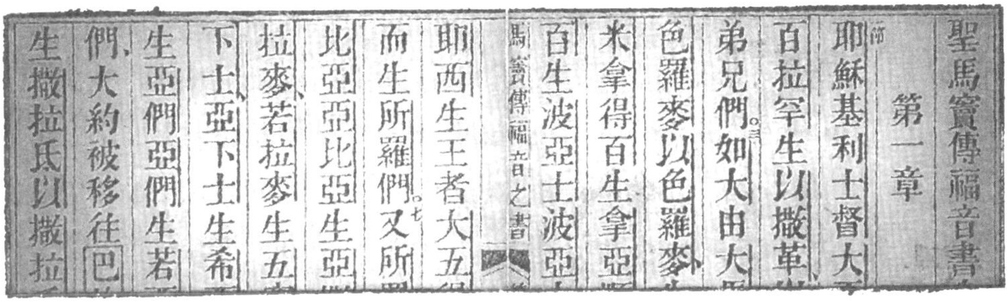

聖馬竇傳福音書
第一章
節
耶穌基利士督大
百拉罕生以撒革
弟兄們如大由大
色羅麥以色羅麥
米拿得百生拿亞
百生波亞士波亞
馬竇傳福音之書
耶西生王者大五
而生所羅們又所
比亞亞比亞生亞
拉麥若拉麥生五
下士亞下士生希
生亞們亞們生若
們大約被移往巴
生撒拉氏以撒拉

3.1 景教

基督教在中國的傳播，一般認為肇始於在唐初前來中國的景教。儘管近代學者提出在江蘇徐州發現東漢畫像石上有聖經故事和早期基督教圖案，以及有其他的考古資料，但對於基督教在中國的起源，仍有需要深入探討的地方。

景教的名稱含有「正大光明之宗教」的意思。在過去曾把景教視為與波斯的祆教等同源，也被認為是回回教，但經過考證後，確定它是基督教的一支。近代推斷景教即是涅斯多留教派（Nestorianism），不過關於這推論在學術界仍有爭議。一般認為，涅斯多留教派是五世紀的東方教會教派，他們追隨君士坦丁堡主教涅斯多留（Nestorius）的思想，相信基督二性二位說（主張道成肉身的基督擁有兩個各自獨立的位格，分別是神性和人性），並且反對當時稱馬利亞為「神之母」（*theotokos*）的神學觀點，認為馬利亞只是生育耶穌，而非授予耶穌神性，故此反對膜拜她。（近年所發現涅斯多留的著作顯示，以往對他主張基督二性二位說的指控可能是誤解。）涅斯多留在 431 年被以弗所大公會議判為異端，他的跟隨者後來遭流放至敍利亞、美索不達米亞和中亞細亞。至六世紀末，涅斯多留教派已盛行於波斯和突厥等地。當阿拉伯人征服波斯後，該派縱然備受壓力，仍然被允許在波斯發展。在往後數百年，涅斯多留教派在亞洲地區蓬勃發展，也活躍於唐代和元代的中國地區，直至十五世紀蒙古帝國解體，回教在東方致力擴展，該派亦因教務不振，才逐漸消亡。

當七世紀唐朝建立後，便恢復了中國與波斯之間的交通，中亞細亞、波斯及印度與中國的通商迅速興盛。景教在之前已從敍利亞傳入波斯、阿拉伯、印度，這時再沿著絲綢之路傳入中國，接著在中國傳教百多年。景教在唐代初期得皇室優待，批准在長安興建寺廟。在唐太宗至德宗年間，景教發展迅速，流傳廣泛。雖然景教曾因武后信奉僧尼而受攻擊，不過在唐代中葉之前的君主大多禮待景教，使景教教會得以遍佈全國。在德宗建中年間，立《大秦景教流行中國碑頌》，記述景教在中國的流行情況。唐代景教在組織方面多沿襲敍利亞與波斯等地教會的教規，但在中國的儀式與作風，則顯然受傳統禮俗或佛教的影響。

近代對景教的認識，主要是源自1625年在陝西省西安府盩厔縣(現已改名為周至縣)發現的《大秦景教流行中國碑頌》(現藏西安陝西省博物館)，以及在二十世紀初由英法考古學家，例如法國漢學家伯希和(Paul Pelliot)，在甘肅省敦煌石窟中發現的一批景教頌文和經文，後者包括《序聽迷詩所經》、《一神論》、《尊經》、《大秦景教三威蒙度贊》、《志玄安樂經》、《大秦景教宣元本經》和《大秦景教大聖通真歸法讚》等經籍。此外，還有近年在福建泉州發現的大量景教文物、在洛陽附近的波斯人阿羅漢墓碑、在揚州出土的景教徒墓碑、在新疆霍城的敍利亞文墓碑，以及在新疆高昌的景教棕枝主日壁畫等。

景教碑立於781年，是大秦寺僧景淨所撰，由呂秀岩書寫，概述景教

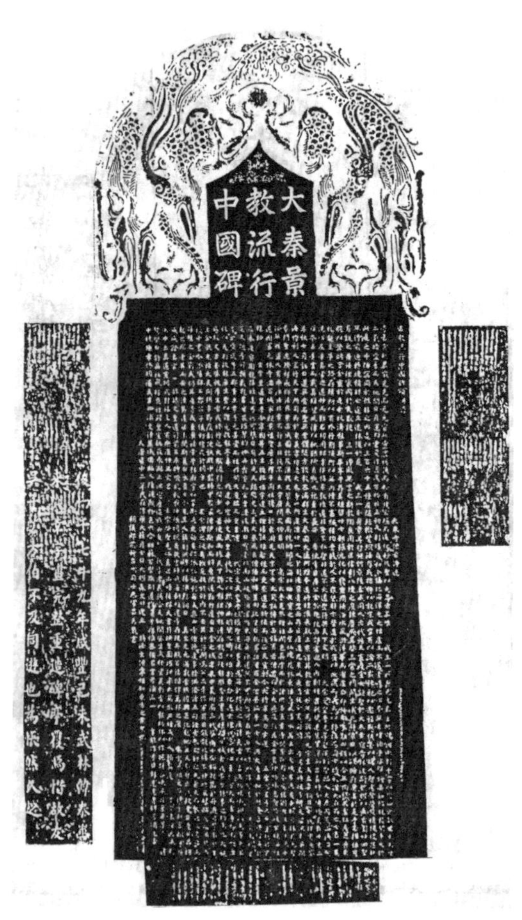

《大秦景教流行中國碑頌并序》，由大秦寺僧景淨述，唐建中二年（781 年）建立。

在唐初傳入中國後的活動和教義，這塊碑刻大約在唐武宗年間沒入土中。這塊古老的石刻碑高約 2.8 公尺，寬約 0.85 公尺，厚約 0.16 公尺，額上刻了立於蓮座上的十字架。正面碑文正書 32 行，每行 62 字，分序頌兩部分，並且用敍利亞文和中文刻了 70 名景教教士的名銜。碑文撰有「明明景教，言歸我唐；翻經建寺，存歿舟航」、「圓廿四聖有說之舊法」、「經留廿七部」等語，顯示景教教士在華傳教期間，曾將聖經帶來中國，並且翻譯出來。

除了上述碑文之外，清光緒庚子年間於敦煌石室發現的《大秦景教三威蒙度贊》等景教文獻，進一步提供了研究的論據。據載，大秦國（應指波斯）的景教傳教士阿羅本於 635 年來到長安，受到唐政府的禮待，由房玄齡迎接，獲唐太宗接見。太宗下詔「波斯僧阿羅本，遠將經教來獻上京」，諭令在長安城中義寧坊建寺一所，度僧 21 人，准許他們傳教，並讓景教教士在長安著手翻譯經書。

不過，景教教士翻譯聖經的詳情難以細究。在敦煌發現的文獻《尊經》末載：「謹案諸經目錄，大秦本教經都五百卅部，并是貝葉梵音。」文中所指的經書，包括聖經、教理和禮儀典籍，「貝葉梵音」指的是西方文字（包括敘利亞文）。顯然，景教的禮拜儀式主要使用敘利亞文，它的宗教經籍也是以敘利亞文為主。上文提到，漢譯的經典有三十餘種，不過由於這些經籍大多不存，因此未能確定景教教士在唐代是否已經把全本聖經翻譯出來。

以現存景教的漢譯文書而言，約有十種（其中一或兩種可能是偽作），以在敦煌石窟發現的《序聽迷詩所經》是最早期的漢譯景教文書，約為 635 至 678 年的作品，而《志玄安樂經》和《大秦景教三威蒙度贊》大約是在八世紀末由景淨所撰。

| 景教的銘刻，見於克孜爾（Bezeklik）石窟壁畫。

除了上述的漢文經典之外，在中國本土和塞外邊陲也發現了一些敘利亞語及其他外語的景教文獻，例如在北京故宮城午門城樓上發現的敘利亞文古本，這是約在十至十三世紀期間，景教禮拜時所用的讚美頌。

景教在中國傳教二百年之後，到了 845 年，由於唐武宗接納道士建議排除佛教及其他宗教，獨專道教。景教在政府的壓力下被禁絕，在會昌滅佛之後步向式微。不過，景教在中國並未絕迹，而是轉入民間，並且可能在西域傳播。唐末的黃巢之亂迫害宗教，在廣州一帶殺戮大量伊斯蘭教徒、猶太教徒及景教徒，可見唐末內地仍有殘餘的景教徒。景教徒為逃避迫害，輾轉逃往北方的蒙古人中。由唐末至五代和北宋，景教在中國內地已不復存在，僅是在北方邊塞地區尚有延續。近代學者在吐魯番等地發現十三至十四世紀間的文獻，證明景教在中亞一帶仍有活動。

景教在元代隨著蒙古人破金滅宋而再次於中國本土復興，居於西北邊地多信奉景教的克烈、乃蠻、汪古及畏兀兒等部人向內地遷徙，而原處北高加索山麓信奉景教的亞速人（亞蘭人），也隨蒙古軍到達中國。近代學者有認為元代的「也里可溫」是景教的遺緒，不過「也里可溫」應是蒙古人對基督徒的稱呼，實際上並不專指一派。根據在福建泉州出土的景教文物，可知泉州是當時景教在中國南方的中心。雖然景教在元代有活動，不過再沒有證據顯示，景教教士在中文聖經翻譯上有任何貢獻。

建議閱讀書目

關於景教的研究著作極多，以下所介紹的只是導論性或較近期的作品。

周燮藩主編：《東傳福音》，第一冊，中國宗教歷史文獻集成 51。合肥：黃山書社，2005。本冊文集刊出景教文獻抄本的部分印本，包括《大秦景教流行中國碑頌并序》、《大秦景教三威蒙度贊．尊經》（唐抄本）、《大秦景教宣元本經》、《志玄安樂經》、《一神論卷第三》（唐抄本）、《序聽迷詩所經一卷》（唐抄本）、《大秦景教大聖通真歸法贊》。此外，也刊出了明代及近代研究景教的重要著作，包括陽瑪諾（Emmanuel Diaz）著的《景教流行中國碑頌正詮》和《唐景教碑頌正詮》，以及馮承鈞著的《景教碑考》。

Foster, John. *The Nestorian Tablet and Hymn; Translation of Chinese Texts from the First Period of the Church in China, 635-c.900*. London: Society for Promoting Christian Knowledge, 1939. 西方關於景教的碑文及文獻的較完整翻譯。

Malek, Roman, ed. *Jingjiao The Church of the East in China and Central Asia*. Sankt Augustin: Institut Monumenta Serica, 2006. 本書是 2003 年在奧地利薩爾茲堡舉行的學術會議「中國景教的研究」（Research on Nestorianism in China）的論文集。

Palmer, Martin. *The Jesus Sutras: Rediscovering the Lost Scrolls of Taoist Christianity*. London: Piatkus, 2001.

Riegert, Ray and Thomas Moore, eds. *The Lost Sutras of Jesus: Unlocking the Ancient Wisdom of the Xian Monks*. London: Souvenir, 2004.

佐伯好郎：《景教の研究》。東京：東方文化學院研究所，1935。英文譯本參 P. Yoshio Saeki. *The Nestorian Documents and Relics in China*. Tokyo: The Toho Bunkwa Gakuin, 1937。在研究景教的作品中，佐伯好郎的著述具參考價值。

羅香林：《唐元二代之景教》。香港：中國學社，1966。羅香林的研究，是中國學者近代較早期的成果。

朱謙之：《中國景教：中國古代基督教研究》。北京：東方出版社，1993。近代中國學者朱謙之整理《大秦景教三威蒙度贊及尊經考》和《景教經典一神論》。

3.2 天主教會

3.2.1 元代天主教會

在十三世紀元朝統治期間，天主教傳教士來到中國。1245 年，當蒙古大軍進逼歐洲之際，羅馬教廷和法國國王分別派遣方濟會士到蒙古和林聘問，其中柏郎嘉賓（Giovanni da Pianô Carpine）在回國後，以拉丁文撰寫了一部描述蒙古歷史及概況的著作（*Historia Mongalorum quos nos tartaros appellamus*），書中提到中國人據説擁有聖經和類似聖堂的建築物。雖然難以證實柏郎嘉賓的描述的真偽，但在他書中提到的「中國人」極可能是指蒙古人。另一個曾於 1254 年覲見憲宗的方濟會修士是魯不魯乞（Williem van Ruysbroek），他的記載常常提到景教教士和聖經，但難以確定哪一段可以證明聖經被翻譯成蒙古語或漢語。此外，馬可 · 波羅（Marco Polo）在十三世紀的遊記，也有不少地方提到景教徒、基督徒和教會，記載蒙古可汗在節日傳召基督徒，要他們呈上四福音，並吩咐他們和朝臣公卿向這書焚香禮敬，虔誠獻吻。

當時最直接提及聖經翻譯的資料，是來自意大利方濟會士孟德高維諾（Giovanni da Montecorvino）的記錄。孟德高維諾是中國第一個天主教教區的創始人，1294 年以教廷使節的身分抵達大都，獲准在京城設立教堂傳教。1307 年，孟德高維諾獲羅馬教廷委任為汗八里（今北京）總主教。他在寄回歐洲的信札中提到，他熟悉韃靼人日用的語言和文字（大概是指蒙古文），並且以這種語言文字翻譯了整部新約與詩篇。不過，這些經籍現今都已不存於世，以致沒法得窺其貌。

3.2.2　明末清初天主教會

隨著蒙古人政權被漢人建立的明朝政府逐出中國，基督教傳教士因新政權的閉關政策而被拒於中國的門外。直至十六世紀，天主教傳教士再次先後來華，其中最著名的是西班牙耶穌會士（Jesuits）方濟各．沙勿略，在 1552 年抵達距離廣州三十海里的上川島。耶穌會於 1534 年由依納爵．羅耀拉（Ignazio di Loyola）創立，注重傳教、教育和學術研究。可惜在沙勿略前來中國時，明朝政府正實行封禁海疆的政

利瑪竇畫像。

策，嚴格限制外國人入境，沙勿略不得其門而入，不久病歿於上川島。雖然沙勿略未能如願而逝，但他對中國福音化的理想，卻影響了後來的天主教傳教士。

在明末，耶穌會士羅明堅（Michele Ruggieri）和利瑪竇（Matteo Ricci）來華，為天主教在中國的傳播奠定了基礎，隨後天主教傳教士在明末清初陸續來華。不過，傳教士雖然以中文撰寫和翻譯了不少天主教教義著作，卻僅在個別著作中翻譯了部分聖經經句。這些著述有聖經經句的詮解，例如利瑪竇的《天主實義》（1595 年初刻於南昌）、葡萄牙耶穌會士陽瑪諾（Manuel Dias）的《天主聖教十誡真詮》（刊於 1642 年）等；還有聖經史實的描述，例如西班牙耶穌會士龐迪我（Didacus Pantoja）的《受難始末》（日期不詳，1925 年土山灣有重刻本）、意大利耶穌會士艾儒略（Giulio Aleni）的《天主降生言行紀略》（1642 年初刻於北京，共八卷，記述耶穌生平）等。

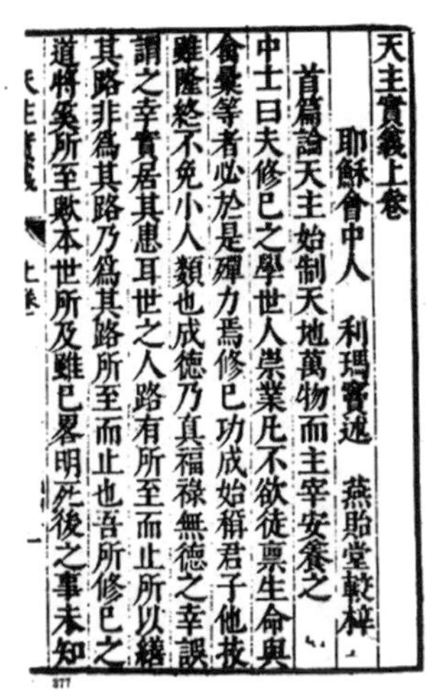

天主實義上卷
耶穌會中人　利瑪竇述　燕貽堂較梓
首篇論天主始制天地萬物而主宰安養之
中士曰夫修己之學世人崇業凡不欲徒稟生命與
禽獸等者必於是殫力焉修己功成始稱君子他技
雖隆終不免小人類也成德乃真福祿無德之幸誤
謂之幸實居其患耳世之人路有所至而止所以繕
其路非為其路乃為其路所至而止也吾所修己之
道將奚所至歟本世所及雖已略明死後之事未知
天主實義　上卷　一

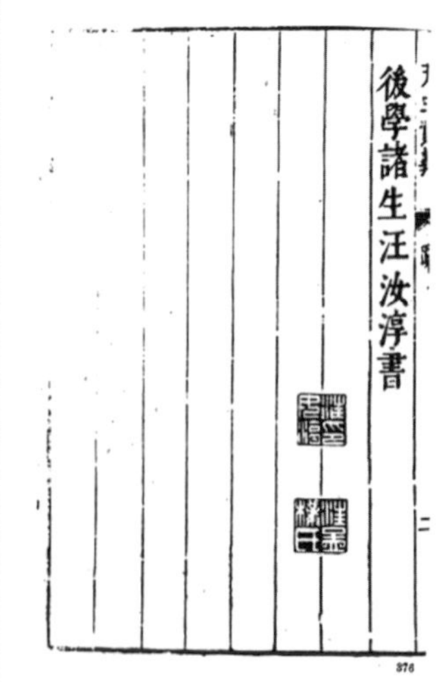

後學諸生汪汝淳書

| 利瑪竇的《天主實義》重刻本。

明末清初的天主教傳教士曾將部分聖經經文翻譯，其中以陽瑪諾和意大利耶穌會士利類思（Lodovico Buglio）的譯文最為豐富。陽瑪諾的《聖經直解》是福音書的註釋（1636年北京初刻本十四卷，書中附上索引，成為中文書附有索引的先河；本書另有官話節譯本，題為《聖經淺解》），書中把福音書許多經文譯成中文。利類思也翻譯了不少彌撒經書和祈禱書，載錄了中文的經文，例如《彌撒經典》（1670年印共五卷）、《司鐸日課》（1674年刻於北京）、《聖母小日課》（1676年刻於北京），《已亡日課經》（日期不詳，土山灣有重刻本，是為亡者在煉獄中受苦，求天主賜予早登天國的課經）等。

艾儒略撰《天主降生言行紀略》的附圖，描繪馬利亞蒙召懷孕聖嬰的故事。

十八世紀初，方濟會傳教士梅述聖（Antonio Laghi da Castrocaro）以口語化中文翻譯的創世記（天主教的譯名是創世紀）和部分出埃及記（出谷紀），既沒有出版也較受忽略。另一名方濟會士麥傳世（Francesco Jovino）修訂了上述部分譯文，並且翻譯至士師記（民長紀，顯然另包括多比傳〔多俾亞傳〕與但以理書〔達尼爾〕），但他的譯本也沒有出版或保存。

3.2.3 白日昇和賀清泰的譯本

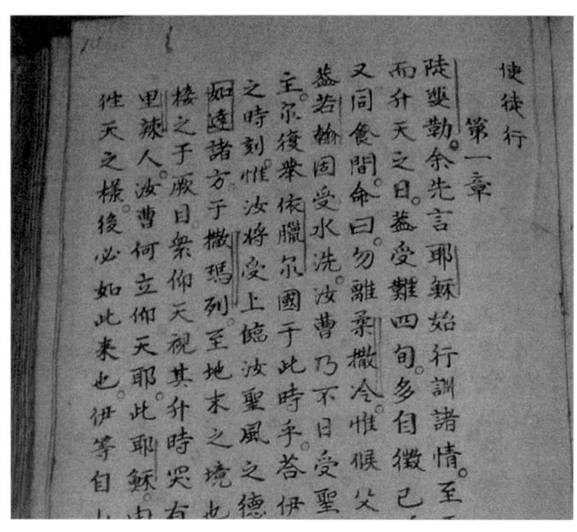
使徒行
第一章
陡斐勒。余先言耶穌始行訓諸情。至
而升天之日。蓋受難四旬。多自徵己
又同食間。命曰。勿離柔撒冷。惟候父
蓋若翰固受水洗。汝曹乃不日受聖
主。尔後衆依臘尔國于此時乎。荅伊
之時刻。惟汝將受上德汝聖風之德
如達諸方。于撒瑪列。至地末之境也
樓之于厥目。衆仰天視其升時。哭有
里辣人。汝曹何立仰天耶。此耶穌。由
往天之様。後必如此来也。伊等自

劍橋大學圖書館所藏的白日昇譯本一頁。

在早期天主教的中文譯本中，對於後來十九世紀新教的譯經工作影響甚深的，是由法國巴黎外方傳教會傳教士白日昇（Jean Basset）翻譯的新約部分。白日昇於 1689 年抵達廣州，從 1702 年開始在四川傳教，1707 年卒於廣州。他在四川時，與助手徐若翰（Johan Xu）從拉丁文聖經把新約的馬太福音（瑪竇福音）至希伯來書第一章（難以確定是否只譯至此，或其他已失傳），翻譯成中文的文言語體。白日陞在四川的中國同工李安德（André Ly），後來也提及此事。現今在羅馬卡薩納特圖書館（Biblioteca Casanatense）中所存的是早期抄本（可能是由徐若翰抄寫），那是順著書卷次序翻譯和編排的。白日昇譯本另有把福音書編成合參形式的版本，現存於大英圖書館和劍橋大學英國聖經公會圖書館。後兩份抄本都是把四卷福音書以合參的形式編輯，這部分的福音書合參本稱為「四史攸編耶穌基利斯督福音書之會編」。至於使徒行傳（宗徒大事錄）及保羅書信（保祿書信）是按照經文次序翻譯的，直至希伯來書第一章。此外，還有幾份從上述抄本再輾轉抄錄的手稿。

在大英博物館（現今的大英圖書館）的白日昇譯本手稿，對新教後來的譯經起始有所影響。這部抄本是由一位東印度公司職員鶴特臣（John

Hodgson）於 1737 年在廣州發現的，鶴特臣把它複製並且呈獻給倫敦皇家學會會長史路連（Hans Sloane）爵士，再轉送給大英博物館，存放在圖書館中，故此這份手稿現稱為「史路連抄本 3599 號」（Sloane MS #3599）。這份手稿留在大英博物館中，直到 1801 年，新教的公理會牧師莫斯理（William Moseley）發現了它。莫斯理試圖把它出版，卻不成功。不久，英國倫敦會傳教士馬禮遜在來華之前，得悉大英博物館藏有這份抄本，於是與粵籍助手容三德把它謄抄下來，成為他後來翻譯中文聖經時的參考資料。馬禮遜和英

白日昇譯本（羅馬卡薩納特圖書館藏本）的經卷名稱

經卷名稱
瑪竇攸編耶穌基督聖福音
麻耳谷攸編耶穌基督聖福音
聖路加攸編之福音
若翰攸編耶穌基督福音
使徒行
福保祿使徒與羅瑪輩書
福保祿使徒與戈林輩第一書
福保祿使徒與戈林多輩第二書
福保祿與雅辣達輩書
福保祿與厄弗所輩書
福保祿與斐里比輩書
福保祿使徒與戈洛所輩書
福保祿與特撒羅輩第一書
福保祿與特撒羅輩第二書
福保祿使徒與氐末陡第一書
福保祿與氐末陡第二書
福保祿使徒與的多書
福保祿使徒與斐肋莫書
福保祿使徒與赫伯輩書

衆王經第二卷

第一篇

撒烏耳死了後達味殺敗了亞瑪肋克的人回轉西些肋克在那裡住了兩天第
三天有一人從撒烏耳的營盤來他的衣服扯破了頭上撒灰塵到了達味跟前伏
地叩頭達味問你從那裡來答應從依斯拉耶耳兵營逃來達味又問事情如何
你告訴我他說從戰收逃跑的多在那裡死的民也衆撒烏耳同他的兒子約那大斯
都死了達味望送信的少年人說怎知撒烏耳同他兒子約那大斯兩個死了呢送信少
者答應我忽到執耳玻耶山上見撒烏耳胸挨着他的鎗仇敵的車馬兵剛剛趕

賀清泰《眾王經》複印本。

國浸禮會的馬殊曼在翻譯中文聖經時，都曾參考這份譯稿，儘管他們始終不知道這部譯稿的譯者是誰。

在清初較完整的另一部聖經譯本，是由法國耶穌會士賀清泰（Louis Antoine de Poirot）所譯。賀清泰在 1769 年來華，精通中文和滿文。他根據拉丁文聖經，在十九世紀初以北京官話翻譯了一部聖經官話譯本附註釋，加上經訓，題為《古新聖經》（賀清泰也翻譯了滿語的聖經）。這部譯本簡單通俗，偶有北方俚語，章節編排與拉丁文聖經不完全相同。現存抄本不知是否全帙，但缺雅歌及大部分先知書，卻是迄二十世紀初最完整的天主教聖經譯本。當梵蒂岡教廷得悉賀清泰的這部譯本時，雖然加以稱許，卻禁止出版。1949 年前原譯本存於北京的北堂圖書館和上海徐家匯天主教圖書館，香港思高聖經學會亦有部分於 1936 年複製的攝影本，其餘則毀於中日戰爭時期。

《古新聖經》的經卷名稱及本數

經卷名稱	本數
有造成經之總論	二本
救出之經	一本
肋未子孫經	一本
數目經	一本
第二次傳法度經	一本
若耶穌之經	一本
審事官錄德經	一本
衆王經書序	四本
如達斯國衆王經	二本
厄斯大拉經序	一本
多俾亞經	一本
祿德經	一本
若伯經序	一本
厄斯得肋經	一本
如第得經	一本
達味聖咏	三本
撒落滿之喻經	一本
智德之經	一本
厄格肋西亞斯第個	四本
達尼耶爾經書	一本
依撒意亞先知經	一本
瑪加白衣經序	二本
聖史瑪竇萬日略	一本
聖史瑪爾谷萬日略	一本
聖史路加萬日略	一本
聖若望聖經序	一本
諸德行實	一本
聖保祿、聖伯多祿、聖亞各伯、聖如達書扎	三本
聖若望默照經	一本

3.2.4 清末民初天主教會

天主教會在清朝中葉以前的中文譯本，大多是聖經部分的翻譯，甚少出版流傳。到了十九世紀末，天主教傳教士的譯經成果逐漸增多，而且部分獲准出版，例如耶穌會在上海徐家匯土山灣印書館印刷的版本。不過他們所出版的譯本，大多只限於福音書和使徒行傳（宗徒大事錄）。中國教士也有參與譯經的工作，例如王多默（Thomas Wang）先後於1875年和1883年翻譯了官話的四福音和使徒行傳（宗徒大事錄），同時辛方濟（Francis Xin）翻譯了文言的四福音譯本，可是這些譯本都沒有面世。

現存晚清最早期的天主教譯本，是耶穌會士李問漁（Laurent Li Wen-yu, S.J.）的譯著。1887年，李問漁的《宗徒大事錄》出版。1897年，他的《新經譯義》由上海土山灣慈母堂出版，均是文言譯本。

李問漁譯的《新經譯義》，1897年由上海慈母堂印行，書中附上註解和插圖。

1890年，耶穌會士沈則寬（Mattheus Sen, S. J.）翻譯了《新史畧 · 宗徒事畧》，這是福音書和宗徒大事錄的官話節錄本，附有地圖和插圖。

跟著，巴黎外方傳教會傳教士德如瑟（Joseph Dejean）翻譯了文言《四史聖經譯註》，這部譯本是參照拉丁文聖經翻譯四卷福音書。馬太福音（瑪竇福音）的完成日期是在1892年，而其餘三卷是在1893年出版的。

1913年，馬相伯出版《新史合編直講》，把新約四福音重新整理，按事件先後排列，以白話撰寫。馬相伯在 1923 年再以文言完成福音書合參，在上海出版。馬相伯根據福音書合參的版本，在 1930 年編成《福音經》。馬相伯所翻譯和修訂出版的聖經，還有《救世福音對譯》（1936 年）、《註解四史聖經》（1948 年）和《救世福音》（1949 年，1937 年完稿）。

《四史聖經譯註》，德如瑟譯、梅志遠評閱、賴玉宏校訂，1893 年由香港納匝肋靜院印行。

1913 年，巴黎外方傳教會傳教士何雷思（Marie-Louis Félix Aubazac）出版了文言的《聖保祿書翰》。1927 年，香港納匝肋靜院出版了何雷思與馮嘉祿合譯的文言《聖保祿書翰：並數位宗徒涵牘》，是 1913 年版本的增訂。

1918 年，耶穌會士蕭靜山（Joseph Hsiao Ching-Shan, S. J.）出版了國語的四福音，隨後於 1922 年由直隸東南耶穌會（獻縣）出版《新經全集》初版，根據希臘文修訂，這是中國天主教當時較通行的譯本。1930 年之後，他的《新約全集》多次再版。1932 年，耶穌會士巴鴻勳（Jules Bataille, S. J.）根據蕭靜山的譯文出版了《新經合編》。1948 年和 1956 年，蕭靜山譯本由台中光啟出版社再版。

1923 年，香港納匝肋靜院出版了巴黎外方傳教會傳教士卜士傑（Pierre Bousquet）的《新經公涵與默示錄》，這是國語的譯本。

1940 年，耶穌會士李山甫（György Litványi）、申自天（R. Archen）、狄守仁（Édouard Petit）和蕭舜華翻譯和出版了《福音》，接下來是新約（1949 年）、宗徒大事錄（1955 年，原版為 1941 年天津崇德堂鉛印本，由蕭舜華翻譯）和羅馬書（1956 年）。他們的譯本是國語的，強調文筆風格。蕭舜華在 1941 年另有一部《青年聖經讀本》。

在民國時期較有特色的天主教譯本是吳經熊的譯本。吳經熊的《聖詠譯義》（1946 年初稿，1975 年修訂，多次再版）以文言詩體的方式，翻譯聖詠集。1949 年，吳經熊翻譯的《福音。附：宗徒大事記》和《新經全集》（附教宗於 1948 年的代序）在香港出版，同樣是部分以詩韻的形式翻譯成文言文。

聖詠 卷一

第一首 君子與小人

長樂惟君子。爲善百祥集。莫偕無道行。恥與羣小立。避彼輕慢徒。不屑與同席。優游聖道中。涵泳備朝夕。譬如溪畔樹。及時結嘉實。歲寒葉不枯。條鬯靡有極。惡人徒狡黠。飄飄如穢屑。悠悠逐風轉。何處是歸結。惡貫既滿盈。天人共棄絕。我主識善人。無道終滅裂。

第二首 順與逆

何列邦之擾攘兮。何萬民之猖狂。世曾蠭起兮。跋扈飛揚。共圖背叛天主兮。反抗受命之王。曰吾儕豈長甘羈絆兮。盍解其縛而脫其韁。在天者必大笑兮。笑蜉蝣之不知自量。終必勃然而怒兮。以懲當車之螳螂。主曰吾已立君於西溫聖山之上兮。君曰吾將宣聖旨於萬方。主曾告予兮。爾爲予新得之元良。予必應爾所求兮。如舉斯饗。普天率土兮。莫非吾兒之宇疆。爾當執鐵杖以粉碎羣逆兮。有如瓦缶與壺觴。嗚呼世之侯王兮。盍不及早省悟。嗚呼世之法吏兮。盍不自守法度。小心翼翼以事主兮。寓歡樂於

聖詠譯義初稿 卷一 一

1946 年吳經熊的詩篇譯本《聖詠譯義初稿》。

在 1949 年後，天主教會的譯經工作主要是在香港進行。1953 年，上海土山灣印書館出版了耶穌會徐匯總修院翻譯的《新譯福音初稿》，跟著在香港出版。這是一本國語的譯本。

1955 年，香港光啟出版社出版耶穌會修士狄守仁編譯的《簡易聖經讀本》。這是附有插圖的版本，選譯了新舊約的部分經文。同年，狄守仁與另一位耶穌會修士宋安德開始將他們合譯的新約分冊出版，仍由

光啟出版社印行。這部《新經全集新譯本》在 1969 年出版，這時候正值天主教《思高聖經譯本》出版之際。

3.2.5 思高聖經譯本

二十世紀中葉，意大利籍方濟會傳教士雷永明（Gabriel Maria Allegra）在中國和香港先後進行聖經的翻譯。他的譯本後來被稱為《思高聖經譯本》，是天主教會第一次出版的全本中文聖經。

雷永明神父在 1931 年來到湖南衡陽教區傳教，1935 年開始翻譯舊約。1939 年他由於積勞成疾，被迫返回羅馬，1941 年重臨上海，不久他抵達北京，住在大使館中繼續舊約聖經的翻譯，到了 1944 年已完成舊約聖經的初稿。此時，他獲准組織一羣主要來自北京輔仁大學的青年學者，協助譯經的工作。1945 年 8 月 2 日，在當時駐華代表蔡寧總主教（Mario Zanin）的贊同及祝福下，於輔仁大學附中宿舍的庭院內，創立了思高聖經學會（*Studium Biblicum Franciscanum*）。

1948 年，由於中國大陸政治形勢的改變，思高聖經學會南遷香港，由學會眾多同工組成的翻譯小組也由北京移往香港，以致大部分工作是在香港完成的。直至 1961 年，在十多位方濟會士的合力辛勞下，該會將新舊約的各部分先後翻譯，分冊出版。按所見的版本，這時候有歷史書第一冊（若蘇厄書至列王紀下，1949 年）、歷史書第二冊（編年紀上至瑪加伯下，1950 年）、先知書第一冊（依撒意亞，1951 年）、先知書第二冊（耶肋米亞至厄則克耳，1952 年）、先知書第三冊（達尼爾至瑪拉基亞，1954 年）、福音書（1957 年）、新約第二冊（宗徒大事錄至希伯來書，1959 年）、福音書（重印，1960 年）、新約第三冊（雅各伯書至若望默示錄，1961 年）。

《思高聖經譯本》的新約經文於 1962 年出版，此後又用了五年時間（1963 至 1968 年）重修，加上每卷引言、註解、繪圖、附錄及彩色地圖多幅，全本新舊約聖經最後在 1968 年 12 月 8 日聖母無原罪瞻禮日出版，成為當代中國天主教會最重要的中文譯本。直至現今，《思高聖經》仍是中國天主教會的主要聖經譯本。

3.2.6 近代天主教會

在《思高聖經》之後，天主教會在譯經工作上暫緩下來。1998 年，天主教香港教區出版了《牧靈聖經》（*Christian Community Bible*）中文版，主要翻譯人員有王淩、李玉、姚安麗、曹雪、盧媛媛等。《牧靈聖經》的原版是由法國籍的于賀（Bernard Hurault）神父編寫的，1972 年在智利以西班牙語成書出版，強調經文由希伯來文和希臘文翻譯而成，注重使用簡潔的語言，並附上新舊約要點導論和靈修註釋。《牧靈聖經》以英、法、韓、西、菲律賓（三種語言）的版本相繼售出了數以百萬冊。1991 年，于賀到台灣學習中文，並聯絡了一批台灣和中國大陸的教會人士組成翻譯組，開始翻譯出版中文《牧靈聖經》。《牧靈聖經》主要譯自外語版本，力求使用淺顯易懂的中國語言來翻譯潤色聖經的經文。整項翻譯工作歷時五年，其中譯稿在香港等待審核有十八個月之久。在于賀的領導下，翻譯小組以有神學及聖經基礎知識的女平信徒為主，基本工作則是在台灣及菲律賓完成的。《牧靈聖經》在中國天主教主教團轄下的天主教教務委員會的允諾下，在中國大陸發行出版。

直至 1990 年代之後，中國大陸的天主教教徒才有機會接觸中文聖經全譯本，他們過去大多是根據《要理問答》、《古經大略》和《新經》等書籍了解和認識聖經。1985 年，天主教上海教區在金魯賢主教的主持下，出版了新約部分經卷。1992 年，中國天主教主教團核准印刷出版《思高聖經》，同時委託上海教區著手編輯和出版中文彌撒經書。

1994 年，上海天主教教區出版了佘山修院的《新經》（福音書在 1986 年已出版），是中國天主教會近期的譯本，以《耶路撒冷聖經》（*La Bible de Jérusalem*，1956 年）和上海徐匯總修院的《新譯福音初稿》（1953 年）及其他中文聖經譯本為基礎翻譯。

中國天主教會在近代尚有其他譯經成果，在此不能一一細述。

天主教中文聖經

譯本	經文
十八世紀初白日昇譯本	蓋神愛世．致賜己獨子．使凡信之者．不隕．乃得常生也．（約三 16）
1893 年德如瑟《四史聖經譯註》	天主聖子。基思督者。耶穌喜報之始。按宜撒義先知紀內所云。今哉。予遣吾使。汝前先驅。豫開汝途。（可一 1～2）
1897 年李問漁《新經譯義》	耶穌基利斯多。天主子也。其福音之始。如先知依撒意記云。予遣使者。至汝面前。先汝備汝道。（可一 1～2）
1922 年蕭靜山《新約聖經》	神這樣愛了世人，至於把他惟一子，捨給〔他們〕，為叫一切信他的人，免了喪亡，而得永生，（約三 16）
1949 年李山甫等《新約聖經》	神寵愛世界，直至捨棄祂獨生子的程度，使一切信祂的人，不致滅亡而獲得永生。（約三 16）
1968 年《思高聖經》	天主竟這樣愛了世界，甚至賜下了自己的獨生子，使凡信祂的人不至喪亡，反而獲得永生，（約三 16）

建議閱讀書目

Camps, Arnulf, O.F.M.：《雷永明神父與中文聖經翻譯結緣》。香港：思高聖經學會，2000。本書對於《思高聖經》的翻譯歷史有詳盡的介紹。

Dawson, Christopher. *Mission to Asia: Narratives and Letters of the Franciscan*

Missionaries in Mongolia and China in the Thirteenth and Fourteenth Centuries. New York: Harper & Row, 1966. 本書是方濟會傳教士在十三至十四世紀之間在蒙古和中國的傳教經歷。

榮振華（Joseph Dehergne）：《在華耶穌會士列傳及書目補編》。耿昇譯。北京：中華書局，1995。

費賴之（Louis Pfister）：《在華耶穌會士列傳及書目》。馮承鈞譯。北京：中華書局，1995。

利瑪竇（Matteo Ricci）等：《天主教東傳文獻》。台北：台灣學生書局，1965。

《天主教中文聖經翻譯簡史》。香港：聖經協會，1991。本書簡述天主教在中文聖經翻譯上的歷史。

房志榮：《天主教與基督教聖經的異同》。台北：聞道，1987。本書從天主教的角度，簡述其與新教聖經之間的區別。

徐宗澤編著：《明清間耶穌會士譯著提要》〔10 卷〕。台北：台灣中華書局，1958。

3.3 正教會

除了羅馬天主教會和新教教會之外，俄羅斯正教會也是在清初來華的另一基督教派，他們採取了有別於天主教和新教的禮儀傳統。十七世紀末葉，俄羅斯的正教堂在北京建立，大部分信眾是清政府駐雅克薩軍隊所捕獲的俄國士兵俘虜後裔，他們被稱為「阿爾巴齊尼亞人」(Albazinians)。由於華人信徒所佔的比例極少，故此正教會沒有致力於把俄羅斯正教作品翻譯成為中文。

隨著時間推移，這些留在北京的阿爾巴齊尼亞人與中國人的文化隔膜愈來愈少，他們漸漸不常使用俄文。到了十九世紀中葉，俄國差會開始為他們翻譯東正教的文獻和聖經，但有俄語音譯的特色(例如，「耶穌基督」的俄語譯音是「伊伊穌斯合利斯托斯」〔Иисус Христос〕)。在 1822 至 1835 年

俄羅斯正教會於 1864 年刊行的《新遺詔聖經》，在北京出版，共分 11 冊。

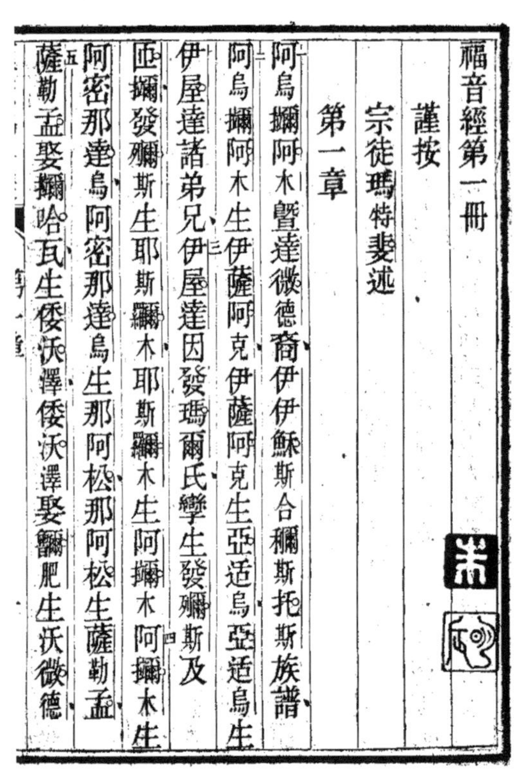
福音經第一冊

謹按

宗徒瑪特斐述

第一章

一 阿烏攔阿木、暨達微德裔伊伊穌斯合爾斯托斯族譜、

二 阿烏攔阿木生伊薩阿克、伊薩阿克生亞适烏、亞适烏生

三 伊屋達諸弟兄、伊屋達因發瑪爾氏孿生發爾斯及

四 匝攔、發爾斯生耶斯爾木、耶斯爾木生阿攔木、阿攔木生

阿密那達烏、阿密那達烏生那阿松、那阿松生薩勒孟、

五 薩勒孟娶攔哈瓦生倭沃、擇倭沃譯娶爾肥生沃微德、

1864 年卡爾波夫的《新遺詔聖經》及福音經第一冊的經文，從經文中可見獨特的音譯方式。

間，俄羅斯正教會翻譯和出版了滿州話聖經。（參本書 3.9 章論滿洲話譯本。）

1860 年以後，俄羅斯正教會在華的傳教策略開始改變。俄國在北京建立大使館，差會不再承擔外交的責任，於是致力傳教的工作。俄國差會出版了中文傳教書籍，培養中國籍神職人員。正教會也開始翻譯聖經的工作，由第十四屆（1858～1864 年）修士大司祭古里·卡爾波夫（Gury Karpov）在本地同工的協助下，翻譯新約，題為《新遺詔聖經》，1864 年分兩部出版，第一部分（《福音經》）包括福音書，第二部分（《宗徒書扎》和《默示錄》）包括使徒的著作。這部譯本的用語有別於當時新教的譯本，很多時都會依循天主教的用法，例如採用「天主」一詞，某些音譯字則採用獨特的音譯方式（例如以「伊伊蘇斯」稱耶穌），顯示譯者不是以英文、拉丁文、希臘文或希伯來文作為音譯的基準，而是根據俄羅斯文。後來，正教會依據這部譯本編成《東正教規程》（*Code of the Holy Orthodox Books*）。在修士大司祭弗拉維昂·高連茨基（Flavian Goretsky）的領導下，可能修訂過新約譯本。其他的東正教聖經書卷譯本，還有 1879 年出版的詩篇譯本《聖咏經》，這些都是由俄羅斯語的詩篇經文翻譯過來的。

1910 年，正教會出版了《新約聖經》，由英諾肯提乙（費古洛夫斯基）（Innokentii〔Figurovskii〕of Beiguan）主教翻譯，是正教會在清末民初最重要的譯本。英諾肯提乙是正教會北京傳教士團第十八屆（1896～1931 年）的領導者，在 1902 年被封為北京的主教，後被封為都主教。這部譯本改善了卡爾波夫的音譯方式（不過仍然用「伊伊蘇斯」稱耶穌，與當時中國教會早已接納的方式有相當差距），譯名與之前的版本不完全相同，經卷編排方式也有異，而且在譯文上也有相當的修改。這卷《新約聖經》缺了啟示錄的經文。然而，它的譯文比卡爾波夫的譯本更順暢，可以讓一般中國信徒明白。

英諾肯提乙譯《新約聖經》，1910 年（清宣統二年）北京東正教總會刻本。

據 1951 年 1 月《北京俄國東正教總會聖經目錄表》（手稿）所載，直至當時正教會所擁有的中文聖經譯本，除了上述的文本之外，還有新約的《瑪特斐福音經》、《瑪兒克福音經》、《魯喀福音經》、《伊沃按福音經》、《宗徒經》、《默世錄》，以及舊約的《聖詠經》、《創世記》、《出耶吉撇特》、《烈微紀》及其他等。

中國與俄國的歷史關係十分複雜，而俄國正教會的文獻也大部分散落在各地之中，直至近年才有較多的收集和整理，發現了某些中譯片段。目前中華正教會尚未將聖經全書的中文譯本譯出，故此有關文獻的中譯尚有許多探討的空間。

附表列出了正教聖經全書書目。書中編目是根據中國正教會通用的聖經希臘文版本譯出的（包括次經書卷），附新教《和合本》篇目譯名以作對比。

正教會中文聖經

譯本	約翰福音三章 16 節
1864 年卡爾波夫《新遺詔聖經》	蓋天主遣子降世、非為判世、乃為世由之得救、
1910 年英諾肯提乙《新約聖經》	蓋上帝如此愛世、直至賜其獨生子、免凡信之者于滅亡、惟有永遠之生命、

正教會與新教聖經舊約目錄對照

	希臘文舊約書目	正教會舊約書目	新教《和合本》舊約書目
1	ΓΕΝΕΣΙΣ	起源之書	創世記
2	ΕΞΟΔΟΣ	出離之書	出埃及記
3	ΛΕΥΙΤΙΚΟΝ	勒維人之書	利未記
4	ΑΡΙΘΜΟΙ	民數之書	民數記
5	ΔΕΥΤΕΡΟΝΟΜΙΟΝ	第二法典之書	申命記
6	ΙΗΣΟΥΣ ΝΑΥΗ	納維之子伊穌斯傳	約書亞記
7	ΚΡΙΤΑΙ	眾審判者傳	士師記
8	ΡΟΥΘ	如特傳	路得記
9	ΒΑΣΙΛΕΙΩΝ Α'	眾王傳一	撒母耳記上
10	ΒΑΣΙΛΕΙΩΝ Β'	眾王傳二	撒母耳記下
11	ΒΑΣΙΛΕΙΩΝ Γ'	眾王傳三	列王紀上
12	ΒΑΣΙΛΕΙΩΝ Δ'	眾王傳四	列王紀下
13	ΠΑΡΑΛΕΙΠΟΜΕΝΩΝ Α'	史書補遺一（紀年書一）	歷代志上
14	ΠΑΡΑΛΕΙΠΟΜΕΝΩΝ Β'	史書補遺二（紀年書二）	歷代志下
15	ΕΣΔΡΑΣ Α'	艾斯德拉紀一	以斯拉記
16	ΕΣΔΡΑΣ Β'	艾斯德拉紀二	–
17	ΝΕΕΜΙΑΣ	奈俄彌亞紀	尼希米記
18	ΤΩΒΙΤ	托維特傳	–
19	ΙΟΥΔΙΘ	虞狄特傳	–
20	ΕΣΘΗΡ	艾斯提爾傳	以斯帖記
21	ΜΑΚΚΑΒΑΙΩΝ Α'	瑪喀維傳一	–
22	ΜΑΚΚΑΒΑΙΩΝ Β'	瑪喀維傳二	–
23	ΜΑΚΚΑΒΑΙΩΝ Γ'	瑪喀維傳三	–
24	ΨΑΛΜΟΙ	聖詠集	詩篇
25	ΙΩΒ	約弗傳	約伯記

	希臘文舊約書目	正教會舊約書目	新教《和合本》舊約書目
26	ΠΑΡΟΙΜΙΑΙ ΣΟΛΟΜΩΝΤΟΣ	索洛蒙箴言	箴言
27	ΕΚΚΛΗΣΙΑΣΤΗΣ	訓道篇	傳道書
28	ΑΣΜΑ ΑΣΜΑΤΩΝ	歌中之歌	雅歌
29	ΣΟΦΙΑ ΣΟΛΟΜΩΝΤΟΣ	索洛蒙的智慧書	–
30	ΣΟΦΙΑ ΣΕΙΡΑΧ	希拉赫的智慧書	–
31	ΩΣΗΕ	奧西埃書	何西阿書
32	ΑΜΩΣ	阿摩斯書	阿摩司書
33	ΜΙΧΑΙΑΣ	彌亥亞書	彌迦書
34	ΙΩΗΛ	約伊爾書	約珥書
35	ΟΒΔΙΟΥ	奧弗狄亞書	俄巴底亞書
36	ΙΩΝΑΣ	約納書	約拿書
37	ΝΑΟΥΜ	納翁書	那鴻書
38	ΑΜΒΑΚΟΥΜ	盎瓦庫穆書	哈巴穀書
39	ΣΟΦΟΝΙΑΣ	索佛尼亞書	西番雅書
40	ΑΓΓΑΙΟΣ	盎蓋書	哈該書
41	ΖΑΧΑΡΙΑΣ	匝哈里亞書	撒迦利亞書
42	ΜΑΛΑΧΙΑΣ	瑪拉希亞書	瑪拉基書
43	ΗΣΑΪΑΣ	伊撒依亞書	以賽亞書
44	ΙΕΡΕΜΙΑΣ	耶熱彌亞書	耶利米書
45	ΒΑΡΟΥΧ	瓦如赫書	–
46	ΘΡΗΝΟΙ ΙΕΡΕΜΙΟΥ	耶熱彌亞之哀歌	耶利米哀歌
47	ΕΠΙΣΤΟΛΗ ΙΕΡΕΜΙΟΥ	耶熱彌亞之書信	–
48	ΙΕΖΕΚΙΗΛ	耶則基伊爾書	以西結書
49	ΔΑΝΙΗΛ	達尼伊爾書	但以理書
50	ΜΑΚΚΑΒΑΙΩΝ Δ' ΠΑΡΑΡΤΗΜΑ	瑪喀維傳四（附錄）	–

正教會舊約聖經共計五十卷

正教會與新教聖經新約目錄對照

	希臘文新約書目	正教會新約書目	新教《和合本》新約書目
1	Κατά Ματθαίον	聖福音依瑪特泰所傳者	馬太福音
2	Κατά Μάρκον	聖福音依瑪爾克所傳者	馬可福音
3	Κατά Λουκάν	聖福音依路喀所傳者	路加福音
4	Κατά Ιωάννην	聖福音依約安所傳者	約翰福音
5	Πράξεις Αποστόλων	使徒行實	使徒行傳
6	Προς Ρωμαίους	致羅馬人書	羅馬書
7	Προς Κορινθίους Α'	致科林托人書一	哥林多前書
8	Προς Κορινθίους Β'	致科林托人書二	哥林多後書
9	Προς Γαλάτας	致噶拉塔人書	加拉太書
10	Προς Εφεσίους	致艾弗所人書	以弗所書
11	Προς Φιλιππησίους	致斐利彼人書	腓立比書
12	Προς Κολοσσαείς	致科羅西人書	歌羅西書
13	Προς Θεσσαλονικείς Α'	致德撒洛尼基人書一	帖撒羅尼迦前書
14	Προς Θεσσαλονικείς Β'	致德撒洛尼基人書二	帖撒羅尼迦後書
15	Προς Τιμόθεον Α'	致提摩泰書一	提摩太前書
16	Προς Τιμόθεον Β'	致提摩泰書二	提摩太後書
17	Προς Τίτον	致提托書	提多書
18	Προς Φιλήμονα	致斐利蒙書	腓利門書
19	Προς Εβραίους	致希伯來人書	希伯來書
20	Επιστολή Ιακώβου	雅科弗書信	雅各書
21	Επιστολές Πέτρου	裴特若書信一	彼得前書
22	Επιστολές Πέτρου	裴特若書信二	彼得後書
23	Ιωάννου Α'	約安書信一	約翰一書
24	Ιωάννου Β'	約安書信二	約翰二書
25	Ιωάννου Γ'	約安書信三	約翰三書
26	Επιστολή Ιούδα	儒達書信	猶大書
27	Αποκάλυψις Ιωάννου	約安之啟示錄	啟示錄

正教會新約聖經共計二十七卷

建議閱讀書目

周燮藩主編：《東傳福音》，第二十五冊，中國宗教歷史文獻集成 75。合肥：黃山書社，2005。本冊文集刊出正教文獻抄本的部分印本，主要是清末刻本，包括《新約聖經》(英諾肯提乙譯，北京東正教總會清宣統二年刻本)、《主降生瞻禮贊詞》、《主日八調贊詞》、《實績聖傳》、《大瞻禮六響晨課》、《東教宗史記》、《正教初學集成》。

Parry, Albert. *Russian (Greek Orthodox) Missionaries in China, 1689-1917: Their Cultural, Political, and Economic Role*. Ann Arbor, MI: UMI Dessertation Services, 1998. 本書是作者於 1938 年在芝加哥大學的博士論文的重印，仍然是現今對俄國正教會在華事工的主要研究作品。

張綏：《東正教和東正教在中國》。上海：學林出版社，1986。

3.4 開封猶太教

目前學術界大多認為，中國自唐代已有猶太人在境內活動。至北宋年間，某些猶太人沿著絲綢之路來到中國，在北京、西北和東南沿海等地區也有活動，經過一段時間的適應之後，形成了猶太社羣，包括在河南省定居的猶太人。這批主要聚居於開封的猶太人，他們的宗教信仰稱為「一賜樂業教」（以色列的音譯）或「挑筋教」（由於宰殺動物時遵守挑筋的遺規而名，因為猶太人的祖先雅各在與上帝的使者角力時大腿扭傷，故有此習俗）。由於他們頭纏藍布，當地人又不諳該教與伊斯蘭教（回教）的區別，故稱他們為「藍帽回回」，另又被稱為「天竺教」等。開封猶太人均依照他們的本姓改取漢姓，共分七姓八家，至今在開封附近只餘六姓猶太人後裔居住生活。

近代西方對於開封猶太社羣的認識，源於1605年（明神宗萬曆三十三年）來自開封的年青猶太人艾孝廉（「孝廉」是明清對舉人的別稱，一般認為這人名叫艾田）在北京造訪了耶穌會士利瑪竇，引起不同教派的外國傳教士對開封猶太人的記載和研究。艾田見過在基督教圖片上的馬利亞和幼年耶穌，以為那是利百加和以掃或雅各，因而前來查詢。在中國的耶穌會士接著探訪開封，隨後又發現當地的猶太社羣擁有猶太會堂、文獻和經書。在開封的猶太寺中，藏有摩西五經共十三部(稱為《天經》、《正經》或《道經》)，每部五十三卷，另有《方經》、《散經》數十冊。在十八世紀之前，這些經卷尚得以保存，未致流失。在 1845 年的《中國叢報》(*Chinese Repository*)也有詳盡的篇幅介紹在中國的猶太人。

在 1850 年代的太平天國運動中，開封猶太人飽受磨難，加上開封猶太社羣最後一個拉比在這時候去世，他們又不認識希伯來文，喪失了自己的宗教信仰。由於猶太人與漢回通婚，或無人主持教務等原因，猶太社羣逐漸解體，宗教活動變得凋零，會堂年久失修。因著宗教信仰氣氛轉淡，開封猶太人在 1851 年開始變賣這些經卷或聖物，包括摩西五經六部，以及《方經》、《散經》數十冊，和七姓《登記冊》。1852 年，美國的猶太人組織了協助開封猶太人重拾信仰的活動，但不久卻因美國內戰而停止。在咸豐年間，猶太寺已經傾圮。到了 1866 年美國傳教士丁韙良(William A. P. Martin)訪問開封時，猶太寺已成廢墟，他也購去兩部五經。1870 年前後，奧國公使謝雨則(Karl von Scherzer)再購去一部經書，寄往奧地利國家圖書館。1899 年，上海徐家匯的耶穌會教士在開封收購了一批猶太後裔出售的希伯來文經卷，引起了耶穌會援助開封猶太人的興趣。1900 年，中國猶太人援助會在上海成立，甚至探討派遣傳教團往開封的事宜，但最終沒有成行。1908 年，上海天主教會某教士也購買了一部《正經》送往巴黎，現今已不知該書的下落。在短短數十年間，開封猶太人已把摩西五經十三部的其中十部賣給他人，使這些經書流散各地(部分已無法尋得去向)。到了 1914 年，開封猶太社區甚至將猶太會堂的地契出售，中國猶太人援助會的工作就停止了。開封猶太社區的遺址由中華聖公會購得，而會堂中的文物，包括最重要的經卷，全被搶購一空。這些原先收藏在經龕的經卷，其中部分被帶到國外，然後輾轉落入私人收藏家手中。現今開封猶太人的珍貴經書和史料已經流散海外各地，部分藏於英美的圖書館。

直至近年，對開封猶太人的歷史和文化的研究才逐漸增加。例如，1972年美國德州南方衛理大學（Southern Methodist University）神學院圖書館得到捐贈經籍，其中附有一份希伯來文經卷，引起一位對猶太經卷素有研究的印刷商布米高（Michael Pollak）的興趣，後來經過紐約猶太神學院的史文漢（Menaham Schmelzer）教授的考證，肯定這是中國猶太人的《正經》，即1851年被英國人購去的六部《正經》之一，現今證實卷軸分別存放在英美的圖書館。不過，這些經卷是歷史文獻，遠多於是對中國社會產生影響的宗教典籍。

建議閱讀書目

近年討論中國猶太人的歷史、信仰和生活的著作相當多，以下只列出部分供參考的作品：

Leslie, Donald Daniel. *Jews and Judaism in Traditional China: A Comprehensive Bibliography*. Monumenta Serica Monograph Series, 44. Nettetal: Steyler Verl., 1998. 本書是關於在中國的猶太人和猶太教最完整的書目，提供了在世界各地關於這個課題的文獻資料目錄。

Malek, Roman, ed. *From Kaifeng... to Shanghai: Jews in China*. Monumenta Serica Monograph Series, 46. Nettetal: Steyler Verl., 2000. 本書是論文集，其中討論開封猶太人經卷的是：Michael Pollak, "The Manuscripts and Artifacts of the Synagogue of Kaifeng: Their Peregrinations and Present Whereabouts," 81～109，是近代對這個課題最完整的討論。

陳垣：《開封一賜樂業教考》。載《陳垣學術論文集》第一集。北京：中華書局，1980。

潘光旦：《中國境內猶太人的若干歷史問題》。北京：北京大學，1983。

張綏：《猶太教與中國開封猶太人》。上海：三聯，1990。

3.5 新教早期的譯經

3.5.1 傳教士先驅的譯經

新教最早期的中文譯經工作，是由兩位傳教士在差不多同時分別啟始的。最早出版中文聖經的是馬殊曼，他是英國浸禮會派駐印度塞蘭坡的傳教士。他在印度認識了一名在澳門出生的亞美尼亞裔青年拉撒（Johannes Lassar），在他的協助下學習中文，並且在約 1806 年開始翻譯福音書。拉撒最初的翻譯似乎是根據亞美尼亞語的聖經譯本，後來採用英語譯本，並在馬殊曼的協助下，參考格利斯巴赫的希臘文版本修正。馬殊曼和他的兒子約翰（John Clark Marshman）加上最少兩名中國助手，一同參與校閱的工作。最先完成的是馬太福音和馬可福音，分別於 1810 年出版，這正好是馬禮遜在廣州出版使徒行傳的同一年。

馬殊曼畫像。

馬殊曼和拉撒的新約譯本於1811年完成，1816年出版，舊約於1822年完成，同年在印度塞蘭坡以活版鉛字印刷出版，成為歷史上第一部完整出版的中文聖經譯本。這部譯本由拉撒和馬殊曼之前所出版的聖經分冊合印而成，包括摩西五經（1817年，創世記於1816年已經出版）、約書亞記至以斯帖記（1822年）、約伯記至雅歌（1818年）、先知書（1819年）和新約全書（1822年重印版）。1823年，馬殊曼和拉撒根據馬禮遜譯本和希伯來文經文，修訂了創世記和出埃及記，在塞蘭坡出版。

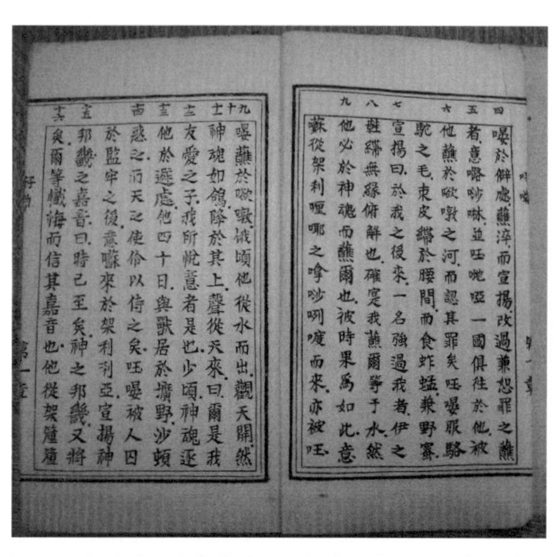
九 十 十一 十二 十三 十四 十五 十六
嘷蘸於啵嗷嗰頃他從水而出覩天開然
神魂如鴿降於其上聲從天來曰爾是我
友愛之子我所悅意者是也少頃神魂逐
他於遯處他四十日與獸居於壙野沙頓
惑之而天之使伱以侍之矣吐嘐被人因
於監牢之後意噒來於架利利亞宣揚神
邪譏之嘉音曰時已至矣神之邪譏又將
矣爾等檝悔而信其嘉音也他從架蘸蘸

四 五 六 七 八 九
嘷於僻處蘸淬而宣揚改過兼恕罪之蘸
者意喀吵啉並吐吡啞一國俱往於他被
他蘸於啵嗷之河而認其罪矣吐嘐服駱
駝之毛束皮繃於腰間而食蚱蜢兼野蜜
宣揚曰於我之後來一名強過我者伊之
鞋繃無緣俯解也確寔我蘸爾等于水然
他必於神魂而蘸爾也被時果為如此意
蘇從架利喱哪之嘮吵咧嚏而來亦被吐

1810年馬殊曼和拉撒的馬可福音譯本，由印度塞蘭坡差會出版，木刻線裝。

由於馬殊曼的譯經工作，是在中國本土以外地區進行，而且翻譯時間迅速，由此可以推斷這部譯本存在相當多缺點。例如在1810年出版的馬太福音和馬可福音試行版中，拉撒和馬殊曼運用了特別的音譯方式，人名和地名的音譯是把「口」字加在一個漢字旁，取漢字的音，而沒有顧及是否真的有這漢字（有趣的是，馬可福音與馬太福音的音譯方式近似，但譯名稍微不同），也沒有顧及中文意思的雅俗（例如亞伯拉罕的音譯就包含了「啞吧」兩字）。馬殊曼譯本的音譯方式不只奇特，譯文中也有很多不通順達意的地方。此外，他的經文以「神」翻譯"God"，但偶爾也用「天主」的譯法，顯示譯者未必意識到兩者之間的微妙差異。他也以「神魂」譯"Holy Spirit"，「蘸」譯"baptize"。

在1813年之後的譯文，由於馬殊曼參考馬禮遜的譯本（顯然也參考過白日昇的譯本），對譯文作出大量修改，已經刪除早期譯本的奇怪音譯。除了早期某些浸禮宗差會之外，這部譯本從未被廣泛應用過。

| 馬禮遜與協助譯經的中國助手。

相比之下，新教首位來華的傳教士馬禮遜雖然不是第一個把聖經譯成中文出版的人，但他的影響力卻是無可比擬的。馬禮遜於 1805 年在倫敦時已在廣東人容三德的教導下學習中文，並且一同抄錄從英國皇家學會借來的拉丁文與漢文對照詞典，以及大英博物館所藏的白日昇手稿（馬禮遜當時不知道這份手稿的譯者是誰）。他在 1807 年抵達中國之後，立即開始翻譯聖經。在接著的二十七年歲月中，除了完成中文聖經的翻譯外，馬禮遜也撰寫了大量作品，包括中文語言學和學習教材、英語學習教材（供英華書院用）、中國概況和歷史、外國見聞、講章、宗教小冊子、傳教活動記錄，以及中國文學作品的英譯等。現存馬禮遜的藏書顯示，他對中國的典籍、文化和宗教文獻有相當廣泛的涉獵。

1810 年，馬禮遜以白日昇的譯稿為基礎，根據希臘文修訂使徒行傳，在廣州付梓。由於恐怕清廷對書刊的限制，印刷商在分發給書店前，先在封面上覆上另一張書名題籤（現存印本已缺這題籤）。1811 年及 1812 年，馬禮遜分別出版路加福音及大部分書信，其他新約書卷於 1813 年完成，1814 年

使徒行傳

第一章

陡斐勒余先言耶穌始行訓諸情。至于以聖風囑所選之使徒。而升天之日。葢受難四旬之後。其以多自徵已活現伊等而言天國之情。又同食間命曰。勿離柔撒冷。惟候父之許。汝曹所曾聞出吾口。葢若翰固受水洗。汝曹乃不日受聖風之洗。且集會者問之曰。主。爾復舉依臘爾國于此

使徒行傳第一章

一

1810 年馬禮遜在廣州出版的使徒行傳，是新教在中國本土出版的第一部聖經。

在廣州出版。上述的翻譯工作是由馬禮遜獨力完成的。最早的舊約版本是創世記第一章（1814 年，題為「厄尼西士之書」，這是創世記的音譯），也在這時候出版。另一位倫敦會傳教士米憐（William Milne）在 1813 年抵澳門，協助馬禮遜。米憐後來赴馬來半島向華僑傳教，在馬六甲辦英華書院。他們合作翻譯的舊約在 1819 年完成，1823 年在馬六甲出版全本聖經，共二十一冊，取名《神天聖書》。可惜，米憐在修訂最後兩卷聖經時不幸染病，於 1822 年 6 月 2 日逝世，沒法見到整本聖經的出版。馬禮遜一直是這部譯本的主要翻譯者，其中申命記至歷代志（不包括路得記），以及約伯記的部分，則是由馬禮遜與米憐合作翻譯的，兩人也會審閱對方的譯稿。在馬禮遜逝世後的 1845 年，倫敦會傳教士美魏茶（William C. Milne，米憐的兒子）修訂了路加福音和使徒行傳，在倫敦由英國聖經公會出版。

馬禮遜和米憐的譯文並不完美，不論在文體或用字上，他們的早期譯文均受白日昇譯本的影響，後期的譯文才較成熟。不過，他們在譯經上的努力，對以後的譯經工作有深遠的影響。

早期深文言聖經

譯本	約翰福音三章 16 節
1822 年馬殊曼《新約全書》	蓋神愛世．致賜己獨子．使凡信之者不致沉淪．乃得常生也．
1823 年馬禮遜《新遺詔書》	蓋神遣厥子降世非為審定罪世、乃致世因之而可得救也。

3.5.2 第二代傳教士的譯經

英國聖經公會起初對中文聖經期望甚殷，但他們很快就發現這是不切實際的想法。當馬禮遜於 1834 年逝世後，他的兒子馬儒翰（John R. Morrison）和麥都思向英國聖經公會建議了新的中文譯經計劃，代表了第二代傳教士努力的開始。馬儒翰生於澳門，於 1834 年任英國駐華商務監督署漢文正使兼翻譯，後參與《南京條約》的簽訂。麥都思是倫敦會傳教士，1835 年抵上海，是該會早期來華的傳教士之一，他的著述甚豐。德國傳教士郭實臘和美部會傳教士裨治文也參與了這項工作，四人於 1837 年在巴達維亞出版了新約譯本（因此也稱為《四人小組譯本》），舊約跟著在 1838 至 1840 年間出版，名為《神天新舊遺詔聖書》。

傳教士麥都思與中國同工（朱德郎〔Choo Tih Lang〕）和一位馬來男童。

郭實臘是舊約部分的主要翻譯者，他在泰國也曾用暹羅文翻譯路加福音和約翰福音等。郭實臘後來把麥都思訂正的新約譯本再行修訂，定名《救世主耶穌新遺詔書》，

耶穌降生一千八百五十五年

舊遺詔聖書

福漢會　由希伯來音翻譯漢字

1855 年郭實臘的文言舊約。

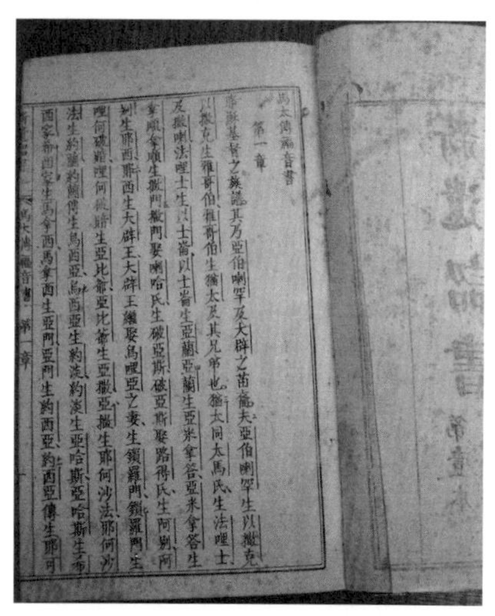
馬太傳福音書

第一章

1837 年文言四人小組《新遺詔書》譯本。

在 1836 年之後由新嘉坡（今新加坡）堅夏書院出版，多次修訂再版。

1836 年，清廷諭令禁止基督教書刊的流傳，使聖經的印刷工作要移往馬六甲、巴達維亞和塞蘭坡進行。就在這一年，洪秀全在廣州接觸題為《勸世良言》的基督教小冊子。十多年後的 1851 年，洪秀全在廣西桂平縣金田村領導起義，1853 年以基督教名義建立太平天國，定都南京。太平天國按照郭實臘的譯本為依據（當時郭實臘已逝世，而太平天國所用的可能是 1847 年的譯本），先後出版了聖經，但頗多刪改，包括《舊遺詔聖書》（創世記和出埃及記）、《欽定舊遺詔書》（創世記至士師記；「欽定」是指經過洪秀全批閱的版本）、《欽定舊遺詔聖書》（創世記至士師記）、《新遺詔聖書》（馬太福音）、《欽定新遺詔聖書》（馬太福音至路加福音）、《欽定前遺詔聖書》（新約；洪秀全在這一版中，把書名的「新」字批改為「前」字，附有洪秀全的眉批）。

由於太平天國最後被清廷所亡，所以很難評價它對聖經出版的影響。不過，西方譯經者發現有需要更謹慎地翻譯一部譯本，以防止太平天國的消極影響漫延至聖經的出版、甚至基督教的傳播上。

1837年《四人小組譯本》譯文

馬可福音一章1至8節
一上帝之子、耶穌基督、始傳福音、乃如左。二按聖人書錄所云、吾遣差使、行汝面前、造路矣．三在野聞聲、云、預備主路、正直其徑矣。○四約翰行洗禮於野、教人悔罪、可領洗禮、望得赦罪矣。五且通猶大地、並耶路撒冷、諸人、出來就之、皆認有罪、求領洗禮、在約耳但河矣。六夫約翰著駝毛為衣、腰束皮帶、且食蝗蚱、並野蜜也。七其宣道云、後我而來者、太越於我也．就其鞋帶、屈下而解之、我亦不敢為也．八吾以水行洗禮、惟彼以聖神將行是禮也。○

新教早期中文新約目次

馬禮遜／米憐譯本（《救世我主耶穌新遺詔書》。麻六甲，1923）	馬殊曼／拉撒譯本（《聖經》。塞蘭坡，1822）	四人小組譯本（尚德者纂：《新遺詔書》。巴達維亞，1837）
馬竇書	馬竇傳福音書	馬太傳福音書
馬耳可書	馬耳可傳福音書	馬可傳福音書
路加書	路加傳福音之書	路加傳福音書
若翰書	若翰傳福音之書	約翰傳福音書
使徒行書	使徒行傳	聖差言行傳
保羅與羅馬輩書	保羅與羅馬輩書	聖差保羅寄囉馬人書
保羅與可林多輩第一書	保羅與可林多輩書	聖差保羅寄哥林多人上書
保羅與可林多輩第二書	保羅與可林多輩第二書	聖差保羅寄哥林多人下書
保羅與厄拉氏亞輩書	保羅與厄拉氏亞輩書	聖差保羅寄迦拉大人書
保羅與以弗所輩書	使徒保羅與以弗所輩書	聖差保羅寄以弗所人書
保羅與腓利比輩書	使徒保羅與腓利比輩書	聖差保羅達非利比人書
保羅與可羅所輩書	使徒保羅與可羅所輩書	聖差保羅達哥羅西人書
保羅與弟撒羅尼亞輩一書	使徒保羅與弟撒羅尼亞輩書	聖差保羅達帖撒羅尼迦人之首書
保羅與弟撒羅尼亞輩二書	使徒保羅與弟撒羅尼亞輩第二書	聖差保羅達帖撒羅尼迦人之後書
保羅與弟摩氏一書	使徒保羅與弟摩氏第一書	聖差保羅達提摩太之首書
保羅與弟摩氏二書	使徒保羅與弟摩氏二書	聖差保羅達提摩太之後書
保羅與弟多書	使徒保羅與弟多書	聖差保羅達提都之書
保羅與腓利們書	使徒保羅與腓利們書	聖差保羅寄非利門之書
保羅與希比留輩書	使徒保羅與希百耳輩書	聖差保羅寄希伯來人之書
者米士或稱牙可百之公書	者米士即牙可百之公書	耶哥伯之書
聖彼多羅之第一公書	使徒彼多羅之第一公書	彼得羅上書

馬禮遜／米憐譯本（《救世我主耶穌新遺詔書》。麻六甲，1923）	馬殊曼／拉撒譯本（《聖經》。塞蘭坡，1822）	四人小組譯本（尚德者纂：《新遺詔書》。巴達維亞，1837）
聖彼多羅之第二公書	使徒彼多羅之第二公書	彼得羅下書
聖若翰之第一公書	使徒若翰之第一公書	約翰上書
聖若翰之第二公書	使徒若翰之第二書	約翰中書
聖若翰之第三公書	使徒若翰之第三書	約翰下書
聖如大或稱如大士之公書	使徒如大之公書	猶大士之書
聖若翰現示之書	使徒若翰顯示之書	聖人約翰天啟之傳

3.5.3 委辦本

十九世紀的中文聖經譯本，大部分是由個別地區的傳教士所翻譯的，而聯合跨越地區與差會的聖經翻譯計劃，早期最重要的是始於 1840 年代的《委辦本》（*Delegates' Version*）計劃。

當《南京條約》簽署後不久，1843 年 8 月底至 9 月初，來自英美兩國五個差會共十五人的代表，在香港召開首次會議，通過成立一個聯合各差會的譯經委辦會，翻譯一部有統一譯名用語的中文譯本，適合香港與其他通商口岸的教會所用。這部譯本由各差會團體的代表（委辦，Delegates）翻譯和審閱，故此稱為《委辦本》。這項計劃起初由五個傳教駐區的委員會分擔，包括上海和寧波、廈門、福州、曼谷、廣州和香港。

整項譯經計劃歷時近十年，在新約翻譯的後期及舊約翻譯的開展時也加入其他傳教士，故此參與的傳教士有多位，但實際上由麥都思、裨治文、約翰．施敦力和美魏茶等負責。

《委辦本》首輪會議的出席情況

出席傳教士	所屬差會	出席狀況（1843年8月至9月的七次會議）
麥都思（Walter H. Medhurst）	倫敦會（主席）	全部出席
台約爾（Samuel Dyer）	倫敦會（書記）	全部出席
亞歷山大・施敦力（Alexander Stronach）	倫敦會	全部出席
約翰・施敦力（John Stronach）	倫敦會	全部出席
合信（Benjamin Hobson）	倫敦會	沒有出席8月28日和9月4日的會議
理雅各（James Legge）	倫敦會	沒有出席8月28日的會議
美魏茶（William C. Milne）	倫敦會	沒有出席8月24日、9月1日和9月4日的會議
裨治文（Elijah C. Bridgman）	美部會	全部出席
波乃耶（Dyer Ball）	美部會	只出席8月22日和8月24日的會議
粦為仁（William Dean）	美國浸禮會	全部出席
羅孝全（Issachar J. Roberts）	美國浸禮會	沒有出席9月1日和9月4日的會議
瑪高溫（Daniel J. MacGowan）	美國浸禮會	沒有出席8月22日、9月1日和9月4日的會議
叔未士（John Lewis Shuck）	美國浸禮會	沒有出席8月22日的會議
勃朗（Samuel R. Brown）	馬禮遜教育會	只出席8月22日、8月23日和9月1日的會議
婁理華（Walter M. Lowrie）	美國長老會	只出席8月28日的會議

在《委辦本》的翻譯過程中，「聖號問題」（Term Question）成為最重要的爭論（有關討論參本書3.7章）。「聖號問題」涉及聖經專門用語的中文翻譯，特別是希伯來文“Elohim”與希臘文“Theos”（均為神的名號）怎樣翻譯的問題。在漫長的爭議中，對於該採用「神」、「上帝」或其他用語翻譯聖號，以及在譯經中應重視原文意義，還是要注意文筆流暢的問題，始終無法取得共識。

此外，對“baptize”一字的翻譯，由於浸禮會不贊成「洗」字，而主張使用馬殊曼譯本的「蘸」字(後來採納了較常用的「浸」字),結果在 1847 年 6 月召開第二次委辦會議前,浸禮會的代表宣告退出譯經委辦會,他們以後按照馬殊曼譯本另行翻譯出版。

1855 年《委辦本》舊約,上海墨海書館印。

在眾議紛紜之下,委辦會最後決定,出版機構可以自行取捨「神」或「上帝」的譯語。於是,美國聖經公會出版的聖經採用「神」字,英國聖經公會則採用「上帝」一語,而兩者均用「洗」字翻譯 "baptize"。然而,關於聖號問題的文章大量出現,成為中國新教傳教史上最具爭議性的問題,所引起的注意已經超越了《委辦本》的本身,在它出版之後仍然延續。

《委辦本》從 1850 年最早面世的四福音開始,直至 1852 年的新約初版和 1854 年的舊約初版,它的經文內容沒有經過任何重大的修訂,成為 19 世紀下半葉最具影響的中文聖經。

由於在《委辦本》新約完成之後,倫敦會傳教士與其他譯經者分裂,另起爐灶,以致舊約譯本其實難以再被稱為「委辦的譯本」。《委辦本》的舊約部分主要由倫敦會傳教士翻譯,因此有些學者稱這部分為《倫敦差會譯本》(*London Mission Version*)。於是,《委辦本》一語變成有兩個用法,分別泛指整項聯合譯經計劃,或專指它的新約譯本。若只是指舊約譯本,應該用《倫敦差會譯本》的稱謂。1867 年,《委辦本》的新舊約合併出版。1872 年,英國聖經公會成立了一個保存和修訂《委辦本》的委員會,不過成效甚微。

《委辦本》一直有不定期的再版，直至 2006 年，台灣聖經公會仍有出版《委辦本》聖經。

雖然有些人認為《委辦本》欠缺準確，但它那典雅和優美的文筆是不容爭辯的，而直到二十世紀初，英國聖經公會仍有使用這部譯本。不過，《委辦本》在翻譯過程中所出現的爭論，在以後多年始終無法解決，反映了傳教士在共同的異象之下，所潛存的差異和分歧。

《委辦本》有附加註釋的版本。最早的是在 1850 年代，由中國教牧何進善（字福堂）以《委辦本》經文為基礎，加上註釋，出版了馬太福音和馬可福音，這也是最早由中國人撰寫的中文註釋書。何進善於 1838 年成為基督徒，跟隨理雅各學習英文、希臘文和希伯來文。他於 1842 年成為香港英華書院的教師，1846 年受按立為牧師。何進善在理雅各的鼓勵下，撰寫了馬太福音（1854 年）和馬可福音（1856 年）註釋，由理雅各修訂，在香港出版，代表了中國同工的早期成果。

除了上文何進善的馬太福音和馬可福音註釋之外，《委辦本》其他的註釋都是單卷的書信，依年份次序有：1867 年的《約翰聖經釋解》，由合信（Benjamin Hobson）序言及註釋，慕維廉（William Muirhead）完成；1868 年的《以弗所書註釋》，序言和註釋是由約翰・施敦力撰，其註釋是建基於米憐在 1825 年於馬六甲出版的註釋，再修訂以配合《委辦本》；1870 年的《約翰書註釋》，由丹拿氏（F. Storrs Turner）序言及註釋；1871 年的《腓立比書註》，由約翰・施敦力序言及註釋；1875 年的《詩篇註釋》，由倫敦會傳教士碼約翰（John Macgowan）註釋詩篇一至三十九篇；1875 年的《哥羅西書註釋》，由慕維廉序言及註釋；1879 年的《十條聖誡》是十誡及詮釋，附每一誡的註釋，撰寫者不詳。《委辦本》也有串珠的版本，例如 1868 年由英國聖公會傳教會傳教士金亞德（Arthur William Cribb）編輯的串珠經文。

《委辦本》享有的高度評價，出版了眾多版本，其中有些版本值得一提。1871 年，在法國雷恩（Rennes）出版了《委辦本》的路加福音。這部譯本大概是供在法國的漢學學者參考的，是現知十九世紀惟一在法國出版的中文聖經。《委辦本》也是在 1894 年中國新教徒婦女祝賀慈禧太后 60 歲壽辰，以及 1911 年再次呈獻給清廷的聖經譯本，故此它是歷史上惟一曾獻呈給中國皇室的譯本。

《委譯本》馬可福音一章 1 至 8 節的譯文
一節上帝子、耶穌基督、福音之始也。二節先知載曰、我遣我使、在爾前、備爾道。三節野有聲呼云、備主道、直其徑。四節約翰在野施洗、傳悔改之洗禮、俾得罪赦。五節舉猶太地、耶路撒冷人、出就之、各言已罪、悉在約但河受洗、於約翰。六節約翰衣駝毛、束皮帶食則蝗蟲野蜜。七節其言曰、後我來者、更勝於我、即屈而解其履帶、亦不堪焉。八節我以水施洗、而彼將以聖神施洗爾也。

3.5.4 同期的其他譯本

美部會傳教士裨治文由於對《委辦本》究竟應著重忠誠或通順的翻譯原則持有異議，他與美國長老會傳教士克陛存另行合譯了整部聖經（通稱為《裨治文/克陛存譯本》）。1859 年出版新約，1861 或 1863 年出版舊約，由美國聖經公會印行。裨治文與克陛存的譯本著重對原文的忠誠，以「神」字翻譯 "Theos"，以「聖靈」一語翻譯 "Pneuma"。美國聖經公會繼續出版這部譯本，並且廣泛通行。

在十九世紀中文聖經翻譯的歷史中，浸禮宗（近代稱「浸信會」）一直扮演獨特的角色。浸禮宗傳教士所翻譯的中文聖經，既是新教最早出版的譯本，在翻譯的原則和取向上也另闢蹊徑。可惜浸禮宗譯經的成果主要在本身宗派的堂會中通行，相關研究也較為缺乏。浸禮宗傳教士在退出《委辦本》計劃之後，修訂和出版按照浸禮宗的譯名和原則翻譯的版本，參與者先後有粦為仁（William Dean）、高德（Josiah Goddard）、胡德邁（Thomas H. Hudson）和羅爾梯（Edward C. Lord）等。

最早出版的浸禮宗譯本，是美國浸禮會粦為仁的馬太福音（1848 年），然後是使徒行傳（1849 年）、創世記（1851 年）和出埃及記（1851 年）。粦為仁計劃與美國浸禮會傳教士高德合作譯經，高德當時在曼谷傳教，浸禮宗傳教士邀請高德修訂《馬殊曼譯本》，他在 1848 年來華之後，與粦為仁修訂了約翰福音，並且先後出版了創世記（1850 年）、出埃及記和馬太福音（1851 年）、福音書和使徒行傳（1852 年）。高德的馬太福音在寧波的版本（1851 年），附加了一幅巴勒斯坦地圖，是現存最早加上地圖的中文聖經譯本。1853 年，整部新約由寧波真神堂出版，定名《聖經新遺詔全書》。高德後來由於健康狀況，只完成了創世記至利未記的部分，便在 1854 年逝世，未完的工作由羅爾梯等繼續下去。羅爾梯是 1847 年來華的美國浸禮宗傳教士，1855 年出版了以弗所書的經文連註釋，以後也出版了一些經卷。羅爾梯最後完成了整部聖經，1868 年在香港出版，名為《聖經新舊遺詔全書》。1873 年，美國浸禮會傳教士秦貞（Horace Jenkins）在這部譯本中加上了參考資料，並在上海出版。

1848 年粦為仁的文言馬太福音。

浸禮宗傳教士的譯本較為傾向直譯，其中以英國浸禮會傳教士胡德邁的譯本尤其如此。胡德邁在

1850年修訂了馬殊曼的馬可福音，他以此為基礎，翻譯了新約，1867年在寧波出版。由於他的譯文傾向極端的直譯，所以流傳不廣。

3.5.5 中國人的譯本

十九世紀的譯經者主要是外國傳教士，不過在譯經的過程中，中國助手的參與也佔十分重要的角色，儘管傳教士的報告甚少提到他們的名字。據說，最早由中國人獨自翻譯的新教譯本，是在1820年代末由兩名廣東人馮亞生和馮亞學在德國所翻譯的馬可福音和路加福音，以及路德的《信仰小問答》(*Kleiner Katechismus*)。不過，他們的譯文語法生澀，對傳教事工與中國教會毫無影響。

傳教士的中國助手所給予的協助，包括從語文的潤飾到翻譯的建議等，其影響性乃是隨著傳教士譯經的取向而迥異，有時影響甚微，有時極具影響力。

在《委辦本》的中國譯經助手中，以王韜最為著名。王韜是中國近代最早以譯述西書為業的新式知識分子，他協助麥都思潤飾《委辦本》的譯文。

在晚清眾多參與譯經工作的中國人中，最著名的學者要算是嚴復。嚴復是中國近代的思想家和翻譯家，這位提出翻譯要以信、雅、達為旨的中國學者，在十九世紀末被英國聖經公會邀請翻譯馬可福音。嚴復的馬可福音譯本只有前四章，在1908年出版，以通行的文言體裁翻譯的試驗性譯本，是在沒有任何外國人的協助之下，譯自《英國修訂譯本》(*English Revised Version*)新約的。嚴復不是基督徒，著手翻譯聖經是因為他「期望讓聖經成為中國人的偉大典籍」。嚴復的文筆深為中國基督徒所熱烈稱道，不過他卻沒有繼續翻譯下去。

在《和合本》之前，中國譯經者在中文聖經翻譯上並不是擔當核心的角色。直至翻譯官話《和合本》舊約譯本時，才第一次讓中國助手擁有與西方傳教士同等的投票權利，中國助手的地位真正獲得肯定和承認。當 1919 年《和合本》出版之後，循道會傳教士饒永康（Harold B. Rattenbury）指出，外國傳教士承擔聖經翻譯的責任應告一段落，以後須由「（1）擅長並喜愛撰寫白話文；（2）對希臘文和希伯來文有精湛的造詣，而不僅是膚淺的認識；（3）熟諳翻譯的技巧和經驗……；（4）徹底委身於事實與真理」的華人學者承接。這時候，中國譯經者才逐漸承擔起中文聖經翻譯的棒子。

希伯來書註釋

美國教士陶錫祈譯

使徒保羅達希伯來人書

第一章 第一節 伊昔、神託預言者、以多方屢語列祖、

第二節 今值季世、託其子語我儕。神立其子以嗣萬物、且以彼而造宇宙。

第三節 彼乃其榮之光、肖乎其質、以其大能之言、扶持萬物、既以己贖我儕之罪、則坐於在上至大者之右、

使徒保羅達希伯來人書　第一章

1875 年陶錫祈的《希伯來書註釋》，由上海美華書館印行，附序言和總論。

3.5.6　其他文言譯本

十九世紀中葉以後，清廷脅於列強的壓力，中國開始向外開放。隨著傳教士逐步深入內地，中文聖經的翻譯也日漸增加。當時的中文聖經譯本可以分為兩大類別。第一類是供全國或數省通行的譯本，在文體上可以分為文言文（傳教士稱為「文理」〔Wenli〕，這用語是由傳教士杜撰的，意為「文學（或文書）的理則」，指古典中文的深邃形式）、淺近的文言文（傳教士稱為「淺文理」〔Easy Wenli〕，指古典中

文的較淺白形式）和白話文（即「官話」或後來的「國語」）。另一類是中國各省地域性的方言譯本，特別是東南沿海地區的土話（參本書 3.8 章）。

十九世紀早期的譯本大多是文言的，除了上文提過的譯經之外，某些傳教士也獨立翻譯了福音書、詩篇或書信，供自己所事奉的區域使用。例如，美國浸禮會真神堂羅孝全（Issachar Jacob Roberts）的路加福音附註釋（1860 年）；美國南浸信會傳教士基律（Charles W. Gaillard）的使徒行傳附註釋（1860 年）；慕維廉（William Muirhead）的詩篇（1860 年）；美國長老會傳教士倪維思（John L. Nevius）的馬可福音（1862 年）和使徒行傳附註釋（1865 年）；美國長老會傳教士陶錫祈（Samuel Dodd）的希伯來書（1875 年）、雅各書、彼得前後書（1881 年）、約翰書信（1881 年）、哥林多後書附註釋（1881 年）；尼拿伯格（音譯，漢譯不詳，Joseph Anderson Leyenberger）的加拉太書附註釋（1878 年）等。

3.5.7 官話譯本

早期中文聖經的譯本，主要是文言文譯本，對象是受過教育的中國人。然而，當中國教會信徒日漸增多，由於他們的教育水平大多不高，不少信徒在閱讀文言譯本時感到困難，以致對官話譯本的需求漸增。「官話」在廣義上是指北方的方言，尤其是以北京為中心的北方話。晚清的官話即是後來的「白話」或「國語」，按照使用地區而略有不同。官話不只是許多漢人共同使用的交際語言，也是在中國文學創作上經常運用的語體。最早的官話譯本是在南京翻譯的華南地區官話譯本，華北官話譯本在稍後出現，此外也有在漢口出版通行華中的官話譯本。到了二十世紀初，除了華南的廈門、廣東等官話並不通行的地區外，官話版本的聖經銷量逐漸取代了文言版本。

新教的第一部官話譯本被稱為《南京官話譯本》(*Nanking Mandarin version*)，它是在麥都思和約翰．施敦力的指導下，由一個中國人按照深文言譯本翻譯的。1854 年在上海出版馬太福音，1857 年刊行新約，以後多次改版重印。1870 年，內地會為這譯本在鎮江出版了一部用羅馬拼音文字印刷的路加福音版本，由夥樂義 (Louise Desgraz) 翻譯，戴德生 (James H. Taylor) 督導。這部譯本只供內地會的教會使用。

1857 年官話新約，上海墨海書館印，是中國最早的官話新約聖經。

1861 年，英國聖經公會建議華北的傳教士組成委員會，翻譯適合華北官話的譯本。雖然 1862 年這個委員會在上海出版了一部馬可福音官話譯本，不過他們可能要到 1864 年才正式開始工作。委員會包括包爾騰 (John S. Burdon，另稱「包約翰」)、艾約瑟 (Joseph Edkins)、施約瑟、白漢理 (Henry Blodget) 和丁韙良等五位來自不同的差會、居於北京或華北的傳教士。英國聖經

1872 年北京官話譯本新約。

公會和美國聖經公會都支持他們的工作，以《南京官話譯本》為翻譯基礎，出版了福音書和使徒行傳（1866 年），以及修訂了的新約譯本（1872 年），一般稱這為《北京官話譯本》（*Peking Mandarin version*）。

在翻譯的過程中，聖號問題一直是沒法解決的困擾。委員會曾建議使用「天主」的譯名，卻得不到其他地區傳教士的同意，以致這部譯本出版了三部不同譯名的版本（「神」、「上帝」、「天主」，在 1860 年代的試行本還有「真神」的譯名）。1878 年，英國聖經公會將《北京官話新約全書》與施約瑟的《舊約官話譯本》（1874 年）合併出版，成為在《和合本》之前華北地區流傳最廣泛的官話譯本。

雖然《北京官話譯本》是華北流傳最廣的譯本，英國聖經公會與蘇格蘭聖經公會卻認為它的官話帶有北方口語，不適合其他地區使用，故此在 1887 年請求倫敦會傳教士楊格非翻譯一部適合華中地區的官話譯本。

楊格非居留中國歷時半世紀之久，有「華中宣教之父」的美譽。楊格非著重於以較通俗的半文言半白話文體（包括官話和淺文言）將聖經翻譯，使一般人可以看懂。楊格非在他的 1886 年淺文言譯本（關於淺文言譯本，參下節）的基礎下，於 1889 年由蘇格蘭聖經公會在漢口出版了新約的官話譯本。1893 年出版附有註解的新約，加上導言和地圖。楊格非的譯本用語與《北京官話譯本》有別，被稱為《華中官話譯本》（*Central Mandarin version*）。

施約瑟是另一位值得一提的譯經者。施約瑟是猶太人，生於俄羅斯境內，移居美國後成為聖公會傳教士，1859 年來華後在北京傳教，曾任美國聖公會上海區主教，創辦聖約翰書院及聖瑪利亞女校。施約瑟極有語言的恩賜，在 1864 年已經開始參與北京官話聖經的翻譯，主要負責舊約的部分。然而，他也要處理繁重的主教職務。1881 年，他在武漢視察當地教會發展時嚴重中暑，因病癱瘓，昏迷數天，在醒後四肢行動不便，最後被迫往歐洲療養。1883 年，施約瑟向教會請辭主教一職，卻仍然致力於譯經工作。1886 年，他回到美國。從 1887 年夏天開始，施約瑟修訂官話舊約譯本。由於他不能執筆，只能把中文字羅馬拼音化，用右手的中指，或拳頭手握棒子，在打字機上逐字把修訂稿打出來，再翻譯成官話譯本。1895 年，他將譯稿帶回上海。1896 年出版新約修訂本，1897 年出版創世記和約伯記，1898 年出版箴言，他的舊約修訂本與《北京官話譯本》新約合併，在 1899 年出版。同時，他又預備聖經串珠註釋的工作。1906 年，施約瑟逝世。1908 年，施約瑟所修訂的《北京官話譯本》新約（這行動似乎未經該譯本委員會的同意）與他的舊約一同印行，加上串珠，成為第一部附串珠的完整聖經版本。

｜施約瑟（居中者）及中國和日本助手，攝於 1902 年。

除了上述主要的官話譯本外，丁韙良的約翰福音試行本（1864 年）、英國長老會傳教士賓為霖（William C. Burns，另譯「賓威廉」）的詩篇附註解（1867 年），都是單卷的版本。此外，直隸話、膠東話、天津話和山東話均屬華北官話方言，也出版了某些書卷的單行譯本。

最後，值得一提的是 1908 年內地會傳教士鮑康寧（Frederick W. Baller）出版題為《詩篇精意》的譯本，這譯本現今只見於比利時魯汶大學圖書館。它是以中國傳統詩句的形式翻譯詩篇，其中的譯文詩句多為六字、七字或八字，接近官話口語，而且並不按照經文原來的節數區分，大多數篇章是由每四句組成一段（部分是每六句或每八句組成一段），譯文以通達淺白為旨。以下按題為「主為善牧」的詩篇二十三篇為例：

一　全能上主是我牧人　千福萬安無不備
　　引到水旁青草安身　保養安慰免受累
二　行走義路他作先鋒　指示引導免走岔
　　主帶竿杖沿途護送　即經墳塋也不怕
三　敵人面前主擺酒筵　再用恩膏抹我首
　　福杯滿溢流成泉源　慈悲恩寵更加厚
四　生前日日恩愛並隨　前後左右到長壽
　　救主親自一生相陪　樂住明宮至永久

早期官話聖經

譯本	約翰福音三章 16 節
1864 年約翰福音北京官話試行本	真神把獨生子，賞給世上人，叫凡信他的，不至滅亡，必得永生，他愛世上人，是如此的，
1872 年《新約全書》北京官話	神憐愛世人，甚至將獨生子賜給他們，叫凡信他的，不至滅亡，必得永生。
1892 年楊格非《新約全書》	上帝將獨生子、賜給世人、使凡信他的人、不至滅亡、反得永生、上帝愛世人、甚至如此。

3.5.8　淺文言譯本

由於文言（文理）譯本只能供少數學者閱讀，為了擴闊讀者的層面，但又不會流於過分通俗，傳教士嘗試以淺文言（淺文理）的形式翻譯聖經。

楊格非在 1877 年的來華傳教士大會上，已經提出以淺文言翻譯聖經的方向。最早的淺文言譯本是施約瑟在 1880 年出版的詩篇，譯文原本是他翻譯的《公禱書》的部分。

1886 年，在北京和天津的傳教士公開提出成立委員會，翻譯淺文言的聖經。這項提議沒有得到英國聖經公會和美國聖經公會的積極回應。不過，由這時候開始，直至二十世紀初葉之間，相繼出現了不少以淺文言翻譯的聖經。

來華傳教士和聖經翻譯者楊格非。

在 1890 年代之前，楊格非是淺文言譯本的主要譯者。楊格非在蘇格蘭聖經公會的支持下，首先出版淺文言譯本（馬可福音，1883 年），以希臘文《公認經文》為藍本，參考《北京官話譯本》和文言《委辦本》的譯文。隨後，楊格非出版了約翰福音（1883 年）、馬太福音（1884 年）和四福音合刊（1884 年）。1885 年，楊格非出版了淺文言新約全書（1889 年修訂重印）、舊約的詩篇和箴言（1886 年）、創世記和出埃及記（1889 年）、利未記至申命記（1903 年）、直至雅歌為止的舊約（1905 年），其中的詩篇和箴言也是多次再版的。

衣服駝皮帶食則蝗蟲野蜜彼時耶路撒冷猶太全地並約但河四境之人皆出
往就約翰承認己罪在約但河內受其洗約翰見法利賽撒都該多人亦來就己
受洗則向之曰毒蛇一類者誰告爾逃避將來之刑乎爾當結善果表明悔改之
心勿心中自謂亞伯拉罕乃我等之祖我告爾天主能使此諸石爲亞伯拉罕之
子孫今斧已置於樹根凡不結善果之樹卽砍之擲於火中我乃用水施洗使爾
悔改有在我以後來者能力更大於我我卽與之提鞋亦不配彼將用聖靈及火
與爾施洗彼手執箕欲簸淨場上之麥收麥於倉將糠用不滅之火焚燒○彼時
耶穌自加利利至約但河來見約翰欲受其洗約翰辭曰我當受爾之洗爾反來
就我乎耶穌答曰爾暫許我我等當如此行以盡諸禮約翰乃許之耶穌既受洗
卽從水而上天忽爲之開彼見天主之聖靈形狀似鴿降臨於其上自天有聲云
此乃我之愛子我所喜悅者

第四章

當時耶穌被聖靈引至曠野受魔鬼之試探禁食四十晝夜後遂飢餓試之者來
前曰爾若爲天主之子可命此諸石變爲餅耶穌答曰經云人之生非專賴食物

1886 年淺文言馬太福音，由包爾騰翻譯，京都燈市口美華書院出版。

除了楊格非的譯本外，還有包爾騰與白漢理以官話譯本為藍本翻譯的馬太福音（1886 年）和新約（1889 年），以及施約瑟的整部淺文言聖經（1902 年）。

施約瑟在 1882 年離開中國治

病之前不久，已經計劃將聖經翻譯成為淺白的文言文。（關於施約瑟的生平，參上段官話譯本的介紹。）當他在美國完成了官話舊約譯本的修訂後，開始自行將舊約翻譯成為淺文言。1894 年，施約瑟完成了他的淺文言聖經初稿，情況與他的官話修訂本一樣：以手指在打字機上打出拼音，再轉成文字。最後的修訂稿是他在 1897 年移居日本後才完成的，1902 年出版整部聖經。由於施約瑟是以一隻手指打字翻譯的（當手指也不能用時，以枝條在打字機上按鍵），所以他的譯本也被稱為《一指版聖經》（*one-finger Bible*，以往有稱為「二指版聖經」是誤解），以紀念這位譯經者的辛勞。在 1902 年的淺文言譯本出版之後，施約瑟已計劃修訂，以便與他的官話譯本統一。在 1906 年施約瑟逝世之時，他的淺文言聖經串珠工作尚未完成，由他的助手蓮英煌負責編寫，最後整部淺文言譯本連串珠在 1910 年出版，附上四色的地圖。

清末許多傳教士對淺文言形式寄以厚望，期望能為中文聖經的流傳創造契機。這個期望在 1890 年決議的聯合譯經計劃《和合本》的淺文言版本方案中達至高峯，淺文言版本也成為整項計劃最早出版的譯本。然而，由於官話在清末民初成為主要通用語言，文言和淺文言版本逐漸失去流傳的價值，故此在《和合本》計劃的後期，官話才是主要的譯經語言。

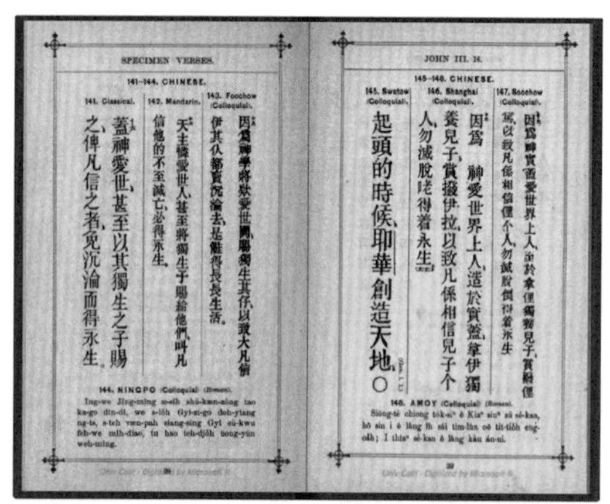

SPECIMEN VERSES.

141–144. CHINESE.

141. Classical.

蓋神愛世，甚至以其獨生之子賜之，俾凡信之者，免沉淪而得永生。

142. Mandarin.

天主憐愛世人，甚至將獨生子賜給他們，叫凡信他的不至滅亡，必得永生。

143. Foochow (Colloquial).

144. NINGPO (Colloquial) (Roman).

JOHN III. 16.

145–148. CHINESE.

145. Swatow (Colloquial).

起頭的時候，耶華創造天地。

146. Shanghai (Colloquial).

因為神愛世界上人，造於實蓋，拿伊獨養兒子，賞撥伊拉，以致凡係相信兒子个人，勿滅脫咾得着永生。

147. Soochow (Colloquial).

148. AMOY (Colloquial) (Roman).

早期不同的中文聖經譯本。（載於*Illustrations of the different languages and dialects in which the Holy Bible in whole or part has been printed and circulated by the American Bible Society and the British and Foreign Bible Society,* 1900）

早期淺文言聖經

譯本	約翰福音三章 16 節
1898 年楊格非《新約全書》	蓋上帝以獨生之子賜世、使凡信之者、不至滅亡、而得永生、其愛世如此、
1927 年施約瑟《新約全書》	蓋上帝愛世、至以獨生子賜之、使凡信之者、免沉淪而得永生、

建議閱讀書目

本段的討論主要參考以下首兩部譯本目錄：

Darlow, T. H. and H. F. Moule, eds. *Historical Catalogue of the Printed Editions of Holy Scripture in the Library of the British and Foreign Bible Society, compiled by T. H. Darlow and H. F. Moule*. 2 vols. London: Bible House, 1903 ~ 1911.

Nida, Eugene A., rev. ed. *The Book of a Thousand Tongues*. London: United Bible Societies, 1972.

以下討論中文聖經翻譯歷史的著作或文章，主要是一般性的導論：

Broomhall, M. *The Bible in China*. Shanghai: China Inland Mission, 1934. 中譯本參海恩波：《道在神州：聖經在中國的翻譯與流傳》。蔡錦圖譯。香港：漢語聖經協會，2002。

賈立言（A. J. Garnier）、馮雪冰：〈漢文聖經譯本小史〉，載《新約聖經流傳史》。密立根（George Milligan）編。上海：廣學會，1934，附錄。

Stauffer, Milton T., ed. *The Christian Occupation of China: A General Survey of the Numerical Strength and Geographical Distribution of the Christian Forces in China Made by the Special Committee on Survey and Occupation China Continuation Commitee, 1918-1921*. Shanghai: China Continuation Committee, 1922. 中譯本參中華續行委辦會調查特委會編：《1901 ~ 1920 年中國基督教調查資料（原《中華歸主》修訂版）》。蔡詠春等譯。2 冊。北京：中國社會科學，2007 年 2 刷。其中頁 1236 至 1246 介紹在 1920 年代之前聖經在中國的翻譯和發行。

趙維本：《譯經溯源：現代五大中文聖經翻譯史》。香港：中國神學研究院，1993。

趙維本：《佳蹤重尋：譯經先鋒列傳》。新加坡：新加坡神學院，2007。

近年歷史學者不乏對這題材的貢獻，特別參：

Chan Chung-Yan Joyce. *"Beating the Rock" with the Hammer of God's Word: William Dean and Denominational Identity in Cross-Cultural Context*. Ph.D. thesis, Waco, TX: Baylor Unversity, 2003. 本論文是對粦為仁的研究，特別探討他對中文聖經的貢獻和觀點。

Eber, Irene, Sze-Kar Wan, Knut Walf, eds. *Bible in Modern China. The Literary and Intellectual Impact*. Sankt Augustin – Nettetal: Monumenta Serica, 1999. 中譯本參伊愛蓮等著：《聖經與近代中國》。蔡錦圖編譯。香港：漢語聖經協會，2003。

Eber, Irene. *The Jewish Bishop and the Chinese Bible: S. I. J. Schereschewsky, 1831-1906*. Leiden, Boston: Brill, 1999. 本書是近年對施約瑟生平較完整的討論，其中涉及許多十九世紀末中文聖經翻譯的情況。

Zetzsche, Jost Oliver. *The Bible in China: History of the Union Version：or the Culmination of Protestant Missionary Bible Translation in China*. Sankt Augustin – Nettetal: Monumenta Serica, 1999. 中譯本參尤思德：《和合本與中文聖經翻譯》。蔡錦圖譯。香港：國際聖經協會，2002。本書全面討論《和合本》前後的中文譯經歷史，書目載有近代對中文聖經的研究著作和論文。

3.6 和合本與近代中文譯本

到了十九世紀下半葉，文言《委辦本》顯然不足以應付中國的眾多需要，而其他譯本只是在不同地區個別流傳，以致可供中國教會共同使用的聯合譯本議案，再次成為極待解決的問題。1890 年，在上海舉行的傳教士大會上，各宗派機構決定共同翻譯和出版一部聯合譯本，稱為《和合本》。《和合本》計劃包括文言（文理）、淺文言（淺文理）和官話（國語）的版本。大會成立了三個委員會，負責翻譯這三種譯本，而大會也決定三者的關係是「聖經惟一，譯本則三」（one Bible in three versions）。至於譯本的出版費用，由英國聖經公會、美國聖經公會和蘇格蘭聖經公會共同承擔。

這項聯合譯本計劃，代表了譯經者預備面對神學分歧、譯經原則、各省方言、遣詞用語等問題的決心。整項計劃涉及來自不同國籍與宗派的西方譯經者約三十多人（留意這些傳教士並不是同時擔任職務的），中國助手人數則不詳，整個項目差不多歷時三十年才完成，成為最後一項由西方傳教士主導的大型聖經翻譯計劃。

由於中國語文在二十世紀初經歷了重大變化，白話文體漸漸取代了文言文，成為主流的書寫語言，故此在《和合本》計劃進行了十多年之後，傳教士在 1907 年的會議決定合併深文言及淺文言譯本，只出版文言和官話的版本。《和合本》的文言版本於 1919 年出版，1923 年再出版修訂版，不過對中國教會的影響不大。於 1919 年出版了全本官話版本聖經，成為最受中國教會和信徒歡迎的聖經譯本。由於《和合本》官話版本受到普遍認可，現今一般通稱的《和合本》，基本上是指官話（後來改稱「國語」）譯本。

3.6.1 和合本的版本

3.6.1.1 淺文言

《和合本》計劃最先完成的是淺文言譯本，主要由包爾騰、白漢理、紀好弼（Rosewell H. Graves）、汲約翰（John C. Gibson）、葉道勝（Gottlieb I. Genähr）、潘慎文、戴維思（John W. Davis）等傳教士翻譯。馬太福音和馬可福音最早於 1897 年出版（也是《和合本》計劃最早出版的試行版），在 1898 年出版路加福音和約翰福音。淺文言委員會於 1898 年夏天在香港舉行會議，通過由葉道勝和包爾騰翻譯的使徒行傳至哥林多前書的譯稿，於 1899 年在上海出版。1900 年完成新約，1903 年和 1904 年分別出版修訂版本。

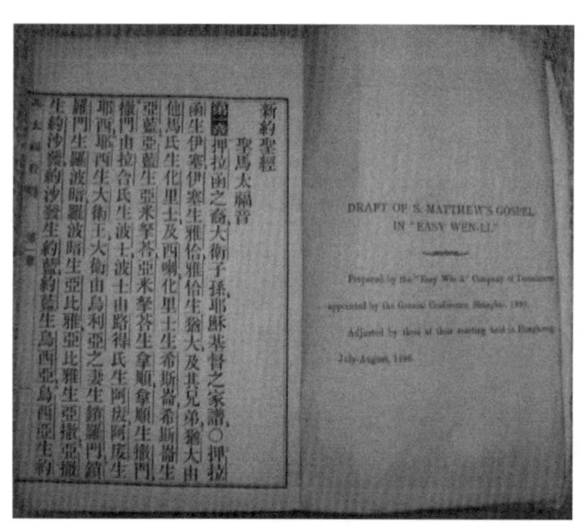

1897 年淺文言《和合本》馬太福音和馬可福音。

淺文言委員會在早期的翻譯過程中，收到對馬太福音和馬可福音譯文的許多批評，都是涉及音譯的問題，因此在 1898 年路加福音和約翰福音的試行版書末，列出兩書的音譯改動表：

1898年淺文言試行本對音譯的建議

路加福音	約翰福音
亞伯拉罕　改　亞爸拉罕	亞伯拉罕　改　亞爸拉罕
伯大尼　改　茇大尼	伯大尼　改　茇大尼
伯法其　改　茇法其	畢士大　改　茇士大
畢士大　改　茇士大	伯利恆　改　茇利恆
伯利恆　改　茇利恆	伯賽大　改　茇賽大
伯賽大　改　茇賽大	大闢　改　大衞
大闢　改　大衞	希利尼　改　希臘
希利尼　改　希臘	以利亞　改　伊利亞
以利亞　改　伊利亞	多馬　改　多瑪（凡馬字者皆改瑪字）
以利沙　改　伊利沙	抹大拉　改　麥大拉
以利沙伯　改　伊利沙伯	馬大　改　瑪他
多馬　改　多瑪（凡馬皆改瑪）	彌賽亞　改　彌施亞
抹大拉　改　麥大拉	西羅亞　改　西羅諳
馬大　改　瑪他	腓力　改　腓立
彌賽亞　改　彌施亞	
西羅亞　改　西羅諳	
腓力　改　腓立	
在路加五章 10 節又九章 28 節又 54 節之雅谷皆改雅各	

顯然，在《和合本》最後的定稿中，極少依據上述的音譯建議，而只有少量更動。1907 年，淺文言譯本與深文言譯本的計劃合併，最後只出版文言的版本。

3.6.1.2 深文言

在《和合本》計劃中，深文言譯本的進度緩慢，1905 年才出版馬太福音至羅馬書的試行版本，新約部分則於 1907 年出版。深文言譯本的譯經者主要有湛約翰（John Chalmers）、艾約瑟（Joseph Edkins）、惠志道（John Wherry）、謝衞樓（Davello Z. Sheffield）、韶潑（Martin Schaub，另譯「韶瑪亭」或「沙伯」）、皮堯士（Thomas W. Pearce）、羅為霖（Llewelyn Lloyd）、安飽德（Patrick J. Maclagan）、顏瓊林（August Nagal）等。

1908 年的深文言修訂版本序言說明，委員會的理念是忠於原文思想的翻譯，以流暢卻優雅的中文表達。他們盡力避免三類翻譯上的錯誤：（1）字面主義（literalism），把譯文變得洋化和晦澀難解；（2）儒家化（Confucianizing），運用古典用詞和成語，帶來原文所無的意思；（3）解釋（interpretation），說明而不是準確翻譯原文的思想。

由於在早期委員會成員中的湛約翰、韶潑和艾約瑟三人先後逝世，委員會只餘下惠志道和謝衞樓。羅為霖和皮堯士於 1903 年加入委員會，協助修訂的工作。他們審閱新約譯文，並先後於 1905 年夏天和 1906 年在北戴河之安寧山開會。參與修訂工作者，除了上述傳教士外，另有四名中國助手莊璇、諸葛巨川、郭敬源和周承業。1908 年，深文言的修訂版本面世。

因著中國語文在二十世紀初經歷了重大變化，淺白的文體漸漸取代文言文成為主流的書寫語言。因此，在 1907 年的傳教士大會上，決定合併深文言及淺文言譯本，並繼續舊約的翻譯。合併的《文理和合譯本》結果於 1919 年出版，1923 年再出版修訂版。文言譯本雖然在翻譯過程上付上極大的艱辛，卻因時代的變化而效用不大。

3.6.1.3 官話／國語

《和合本》官話版本的譯經者主要有安德文（Edwin E. Aiken）、林輔華（Charles W. Allan）、路崇德（James W. Lowrie）、瑞思義（William H. Rees）、賽兆祥（Absalom Sydenstricker）、狄考文（Calvin W. Mateer）、倪維思、白漢理、富善（Chauncey Goodrich）、文書田（George Owen）、海格思（John R. Hykes）、布藍菲（Thomas Bramfitt）、鮑康寧、鹿依士（Spencer Lewis）、陳克拉（Samuel R. Clarke，音譯）、林亨理（Henry M. Woods）等。整項計劃歷時接近三十年，由 1891 年譯經者初次聚會、中間經歷人事變動，以及採用官話文體意見的分歧，及至 1919 年，仍在世得見全本官話聖經出版者，僅有富善一人。

《官話和合譯本》最早出版的是 1899 年的使徒行傳，其他書卷都是在 1900 年之後才出版的，1919 年則出版全本聖經。1939 年，這部譯本改名為《國語和合譯本》，1962 年將《舊新約全書》的正式名稱改為《聖經》，期間經歷數次輕微修訂。

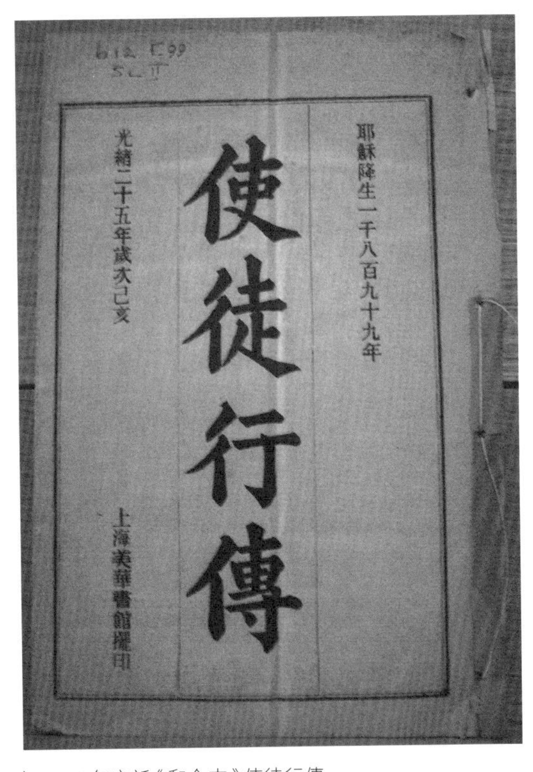

1899 年官話《和合本》使徒行傳。

自此，聖經的文字變成一般人可以明白，銷量也大大增加，流傳遍及各省，有些教會甚至用作為文盲信徒的識字課本。不但在教會聚會中，或在個人讀經生活中，《和合本》都有無可比擬的權威性與使用率。1919 年之後，雖然仍有其他聖經譯本的出版，至今仍未有比《國語和合本》流通更廣泛的中文譯本出現。

《和合本》聖經

譯本	約翰福音三章 16 節
1904 年《和合本》淺文言譯本	蓋上帝愛世、甚至予以其獨生之子、俾凡信之者、免淪亡而有永生、
1920 年《和合本》深文言譯本	蓋上帝愛世、至賜其獨生子、俾凡信之者、免沉淪而有永生、
1919 年《和合本》官話譯本	神愛世人、甚至將他的獨生子賜給他們、叫一切信他的、不至滅亡、反得永生。

3.6.2 和合本的修訂和再版

《和合本》在 1919 年出版後，即已蘊釀修訂。1922 年的基督教全國大會（National Christian Conference）是中國教會領袖舉行的第一次會議，在會中已表達了對嚴謹翻譯一部中文聖經的訴求。《和合本》最早的修訂工作是在 1920 年代初，由燕京神學院院長劉廷芳和燕京大學校長司徒雷登（John L. Stuart）等人組成的小組所作的嘗試。1926 年，另有一個《和合本》的保存委員會成立。不過，兩者都沒有具體成果。

1958 年，英美兩國的聖經公會在奈達的推動下，同意考慮修訂《和合本》，並與中國教會領袖和學者商討。然而，華人教會不同地區與羣體經過多年商議之後，都沒有實質的修訂成效。

直至 1983 年，聯合聖經公會先後在香港及新加坡等地舉行有關修訂《和合本》的研討會，以及著手修訂。其中一項成果，是 1988 年的《新標點和合本聖經》。《新標點和合本》是溫和的修訂，主要是以一般現代通用的標點符號代替《和合本》所用的標點方法；新舊約的用詞儘量統一；使用更適合的人名，例如以「呂便」代替「流便」，把「尼哥底母」改為「尼哥德慕」、「該撒」改為「凱撒」等；使用更通用的地名，如「士班雅」改為「西班牙」、「伯拉大河」改為「幼發拉底河」等。此外，代名詞的第三人稱，男性和同性用「他」，女性用「她」，動物用「牠」，事物用「它」，使讀者更容易辨別。在經文中有從屬地名或地名和人名連在一起時，在少數地方加了「的」，以免混淆。

另一項溫和修訂版本是 1993 年香港浸信會出版社的《現代標點和合本（浸、神、紅字版）》，它的修訂原則類似 1988 年聯合聖經公會版本所採納的，但性質比較保守。在 1990 年代前後，不同地區的聖經出版機構也有對《和合本》作出溫和的修訂，大多是標點符號，以及改寫不再通行的用字。

近年對《和合本》最重要的修訂，是聯合聖經公會的《和合本修訂版》計劃。從 1983 年至 2000 年，該會完成了新約初稿，並出版了《四福音書》和《羅馬書》試用本。同年，聯合聖經公會議決由香港聖經公會全權統籌初稿試用後的修訂工作，並從中國、馬來西亞、新加坡、香港等地邀請聖經學者、翻譯顧問和編輯，參與最後的修訂及審閱工作。這項計劃既保持《和合本》原有的風格，所作的修訂皆根據原文，新約依據 1993 年出版的希臘文新約聖經第四修訂版，舊約依據 1997 年出版的斯圖加特版希伯來文聖經，並且參考其他語文譯本及考古學者對聖經抄本的考證、校勘等資料。而有關中文的表達，除忠於原文外，也著重中文語法的通順，並以最自然的中文來表達。2006 年出版新約的版本，2010 年修訂了之前的新約，聯合舊約出版，成為《和合本》之後最重要的版本。

在文革期間，中國內地的聖經出版工作陷於停頓。1970 年代初，在溫州地區甚至有手抄聖經的出現，但數量甚少。直至文革結束後，1980 年重印了《和合本》1919 年版本。中國教會領袖也商議修訂《和合本》，1979 年夏天，丁光訓主教曾邀請王神蔭、陳澤民、駱振芳等著手《和合本》的修訂，並且已經完成詩篇、四福音、使徒行傳及保羅書信的修訂初稿。後來由於教務活動與金陵神學院的復校工作，以致修訂工作未能繼續。校訂四福音初稿的主要內容，包括修訂了舊譯本中的錯用詞彙、用詞不當及詞不達意的地方，以及錯譯和漏譯的地方。不過，這些修訂沒有出版過。中國基督教協會在 1989 年出版的《和合本》，只是採用簡化字與現代標點符號，以及作出極溫和的修訂。在《和合本修訂版》計劃進行期間，中國聖經學者也有協助。

3.6.3　近代中文聖經：新約和分冊

1928 年淺文言雅各書，由李啟榮翻譯。

在《和合本》之前的譯本，主要是由西方傳教士主持譯經的工作，中國學者大多僅是提供語文潤飾的意見。在《和合本》出版後，中國聖經學者對中文翻譯的參與愈見積極。初期的譯本大多是個別學者的譯作，只有一、兩冊經卷的出版。到了二十世紀下半葉，以香港和台灣為基地，進行了幾個重要的譯經計劃。

1928 年，中國聖經學者李啟榮（Calvin Lee）的《新譯雅各書》在廣州出版。李啟榮是廣東新會人，1922 年開始先後在美國洛杉磯聖經學院、惠敦學院和普林斯敦神學院攻讀神學，然後前往耶路撒冷學習語言和研究聖經地理。1927 年春天，李啟榮返回中國，秋天到梧州建道聖經學院任教，主要教授釋經法和希臘文。在聖經學院教學期間，李啟榮根據希臘文原文，以淺白的文言譯出雅各書。

1929 年，美國長老會傳教士賽兆祥與南京金陵神學院的朱寶惠合譯的新約出版，成為中西聖經學者合作的嘗試。賽兆祥是 1938 年諾貝爾文學獎得主賽珍珠（Pearl S. Buck）的父親，曾經參與《和合本》的譯經工作，1913 年在上海出版獨自翻譯的福音書。1929 年賽兆祥的譯本出版後，便發現有重譯的需要，可惜賽兆祥於 1930 年 9 月病逝，餘下朱寶惠獨力完成修訂新約和翻譯舊約。朱寶惠從 1927 年開始在金陵神學院教授希臘文，他的翻譯工作在 1920 年代開始，其新約修訂本在 1936 年出版。這部譯本在每卷書卷前都有小引與綱目，書後有註釋與串珠，便於查經之用。（朱寶惠在 1936 年的譯本在近年由拾珍出版社再版。）

除了朱寶惠之外，另一個獨力完成新約翻譯的中國基督徒學者，是曾經協助狄考文翻譯《官話和合本》的王宣忱（另稱「王元德」）。他從 1931 年開始，根據 1916 年在倫敦印行的拉丁文原本，並以 1901 年在紐約印行的英文原本為藍本，對照數部中文譯本進行譯經，他的譯文與《和合本》有很多相異的地方。新約在 1933 年由青島中華基督教會出版，成為第一本完全由華人基督徒翻譯刊行的新約譯本。

1934 年，普體德（Gordon Poteat）以國語翻譯路加福音和使徒行傳，附上經文與現代生活關係的註釋。

1939 年，鄭壽麟與陸亨理（Heinrich Ruck）合譯的《國語新舊庫譯本新約全書》在北平出版。這部譯本是強調信實的原則，翻譯成為國語。單行本分別有羅馬書（1933 年）和詩篇（1940 年），而新約和詩篇修訂版則於 1958 年在香港出版（近年由拾珍出版社再版）。

1956 年，基督教生活社編譯部（Translation and Compilation Department of the Christian Life Society）編撰的《現代語文聖經》，是翻譯自菲利普斯（J. B. Phillips）的《近代英語新約譯本》（*The New Testament in English*，1952～1957 年出版），而不是根據希臘文，可惜沒有完成。

1958 年，一位自號為「蒙恩者」所譯的《新約雅各書（國語新翻譯）》，由台灣中國主日學協會出版，內文並附注音字母。

1960 年，菲律賓華僑王福民牧師所譯的《雅歌》在香港出版，是英漢對照的版本。這個譯本兼有文言及白話兩種譯文，用語既優雅又合乎原文。同年，畢範宇（Frank Price）和顧敦鍒自行出版《新約試譯：保羅致腓利門書》，強調忠實、容易理解和閱讀的譯文。此外，何賡詩（M. A. Hopkins）的約翰書信，由謝友王翻譯，也是這時候出版。

新約全書
馬太福音 一章
1 大衛的兒子，亞伯拉罕的兒子耶穌基督的世系書：2 亞伯拉罕生以撒，以撒
又生雅各，雅各又生猶大和他的弟兄們；3 猶大又從他瑪爾氏生法勒斯和謝拉；法
勒斯又生希斯崙；希斯崙又生亞蘭；4 亞蘭又生亞米拿達；亞米拿達又生拿順；拿
順又生撒門；5 撒門又從喇合氏生波阿斯；波阿斯又從路得氏生俄備得；俄備得又
生耶西；6 耶西又生大衛王。大衛又從烏利亞的妻子生所羅門；7 所羅門又生羅波
安；羅波安又生亞比雅；亞比雅又生亞撒；8 亞撒又生約沙法；約沙法又生約蘭；
約蘭又生烏西亞；9 烏西亞又生約坦；約坦又生亞哈斯；亞哈斯又生希西家；10 希
西家又生瑪拿西；瑪拿西又生亞門；亞門又生約西亞。
11 約西亞在被遷巴比倫的時候又生耶哥尼雅和他的弟兄們。12 耶哥尼雅於遷
巴比倫以後就生撒拉鐵；撒拉鐵又生所羅巴伯；13 所羅巴伯又生亞比玉；亞比玉
又生以利亞敬；以利亞敬又生亞所；14 亞所又生撒督；撒督又生亞金；亞金又生以
律；15 以律又生以利亞撒；以利亞撒又生馬但；馬但又生雅各；16 雅各又生約瑟，
就是馬利亞的丈夫；那稱爲基督的耶穌就是從馬利亞生的。
17 這樣，從亞伯拉罕到大衛共有十四代，從大衛到遷巴比倫也有十四代，從
遷巴比倫到基督又有十四代。
18 至於耶穌基督的降生，乃是這樣：祂母親馬利亞已經許配給約瑟，他們還沒
有同居，就發見她從聖靈懷了孕。19 但她的丈夫約瑟是公正的，並不願意明明的羞
馬太福音 第一章 一

1958 年《國語新舊庫譯本》。

1964 年，劉翼凌所譯的《新譯約翰福音》，由香港宣道書局代表芝加哥慕迪出版社（Moody Press）出版。

1966 年，許乾泰的《詳譯約翰嘉音》在紐約出版，翻譯約翰福音，強調嚴格忠於希臘文。

蕭鐵笛（Theodore E. Hsiao）從 1959 年開始翻譯新約，在趙世光的修訂及協助下，1967 年由香港靈糧出版社出版，取名《新譯新約全書》。蕭鐵笛的譯本以優雅的國語翻譯，特別注重文筆風格。1986 年，修訂版由日本聖經研究會（橫濱）出版。

1972 年，謝友王自行出版他所翻譯的約翰福音。

1976 年郭先廣試譯的《中華基督教信友合用聖經芻稿》，分別以語體文和文言翻譯了箴言、廣訓（傳道書、訓道篇）和雅歌。以上都是海外學者的譯經著作，流傳並不廣泛。

在二十世紀上半葉，還有不少中國學者、作家和來華傳教士，以文學的手法翻譯個別的聖經單行本。較早期的有著名文學家許地山的雅歌（1921 年）、吳曙天的雅歌（1930 年）、陳夢家的《歌中之歌》（1932 年）、李榮芳以《離騷》的文言語體翻譯的哀歌（1930 年代）等。不過，這些作品大多是在文學上的探索，而不是供教會使用的。

近代中文聖經

譯本	經文
1927 年李啟榮《新譯雅各書》	純潔及無瑕之宗教，在上帝及父之前，即是眷顧在患難中之孤兒與寡婦；且保守自己不染污於此世。（雅一 27）
1932 年陳夢家的《歌中之歌》	願他用他的口與我接吻：因你的愛情勝過酒醇；你的膏油有清純的香，你的名字像流出來的香油；所以女人都愛你。（歌一 2～3）
1933 年王宣忱《新約全書》	上帝愛世人，甚至將獨生子賜給他們，叫凡信祂的，不至滅亡，反有永生。（約三 16）
1936 年朱寶惠《重譯新約聖經》	因為上帝愛重世人，甚至賜他的獨生子下來，叫凡信他的，不至滅亡，反得永生。（約三 16）
1958 年鄭壽麟與陸亨理《國語新舊庫譯本新約全書》第三試驗本	原來神那樣愛世界，甚至將祂的獨生子賜下來，叫一切信靠祂的不至滅亡，卻是有了永遠的生命。（約三 16）
1960 年何賡詩著，謝友王譯《約翰書信新譯註釋》	我們所以知道何為愛，是因為主耶穌曾為我們捨祂的命；我們也應當為弟兄們捨我們的命。（約壹三 16）

譯本	經文
1967 年蕭鐵笛（Theodore E. Hsiao）譯，趙世光審定《新譯新約全書》	神深愛這世界，甚至將祂的獨生子賜下，使信服祂的人不遭滅亡，反得永恆的生命。（約三 16）
1972 年謝友王《約翰福音》	道成了肉身，住在我們中間，我們見過祂的榮耀，正是獨生子從父而有的榮耀，充滿恩典和真理。（約一 14）
1976 年郭先廣《中華基督教信友合用聖經芻稿》	以色列帝王大衛之子尚明（所羅門）的箴言：為使人知道智慧，明達法章，了解明哲之言，（箴一 1～2；語體文）

3.6.4　近代中文聖經：全本聖經

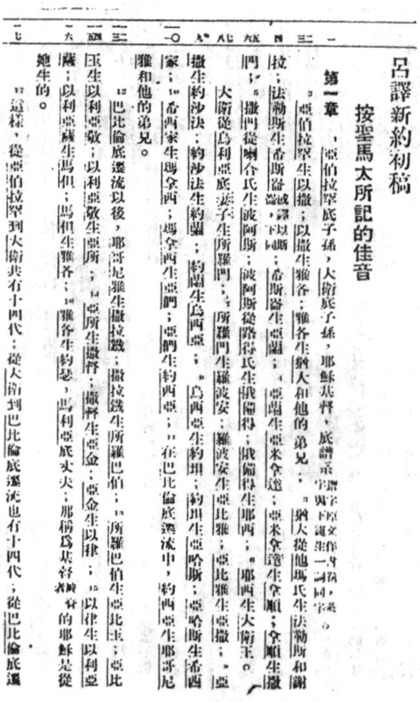

呂振中譯的《呂譯新約初稿》，1946 年北平燕京大學宗教學院鉛印本。

首部完全由中國學者翻譯的中文聖經譯本，是呂振中的譯本，整項工作始自 1940 年代。1946 年，北平燕京大學宗教學院出版呂振中的《新譯新約譯本》，成為繼王宣忱之後另一個中國學者獨力完成的新約譯本，全本聖經則於 1970 年出版。呂振中根據英國牛津大學蘇德爾（Alexandar Souter）所編的《新約希臘文聖經翻譯》作為新約初稿藍本，強調以信實的原則，表達原文的意義，並且儘量保持原文的結構，按此翻譯成為現代國語，在經文中的詩歌書是以詩體形式排列。

《新譯新約譯本》在1949年修訂，1952年由香港聖書公會出版《新約新譯修稿》，舊約於1970年出版。1952年修訂出版的新約藍本是根據奈瑟勒（呂振中譯「聶斯黎」）所編的《第十七版希臘文聖經》，舊約的藍本是根據《馬所拉經文》、《撒瑪利亞》等古卷以及《亞蘭文意譯》、《拉丁文通俗》、《七十士譯本》等譯本。呂振中因著聖經翻譯的貢獻，在1973年獲香港大學頒授榮譽神學博士學位。呂振中譯本強調忠實地從希臘文和希伯來文聖經直譯，可惜由於這部譯本的發行量不大，以至流通不廣。近年香港聖經公會對呂振中譯本進行修訂。

1970年代，許牧世、駱維仁、周聯華、焦明及王成章等翻譯的《現代中文譯本》，是聯合聖經公會以英文《現代英文譯本》作為翻譯藍本，運用現代普遍流行的文體，盡可能減少音譯詞語，以「意義相符，效果相等」的原則翻譯而成。《現代中文譯本》雖以英語譯本為藍本，但在審閱過程中則與原文作仔細校對。新約於1975年完成，舊約於1979年完成。這部譯本先後以不同的名稱出版，包括《佳音》（四福音）、《給現代人的福音》（1975年的新約全書）、《現代中文譯本聖經》（1979年的新舊約全書）。《現代中文譯本》也有出版天主教版本，將譯文中的「上帝」改為「天主」，「聖靈」改為「聖神」，其他譯文不變。1997年，《現代中文譯本》出版修訂本。

1970年代的另一部譯本《當代聖經》是以美國神學家戴肯尼的英文聖經為藍本翻譯而成，1974年完成中文新約出版，名為《當代福音》，1979年完成舊約，名為《當代聖經》，以後經過多次的修訂改版，或以不同的名字出版。《當代聖經》以淺白易明的文字，作為傳福音及栽培初信者的工具。

《聖經新譯本》是由美國樂可門基金會（Lockman Foundation）資助，由數十位不同宗派的華人聖經學者自行翻譯的中文聖經譯本。自1972年組成

「中文聖經新譯委員會」開始，新約於 1976 年，舊約於 1992 年完成，由天道書樓出版（現由環球聖經公會出版）。《聖經新譯本》的翻譯藍本，是根據聯合聖經公會的《希臘文新約》第三版（*Greek New Testament*, 1966）及德國聖經公會出版的《希伯來文聖經》（*Biblia Hebraica Stuttgartensia*, 1977）。

1987 年，台灣福音書房出版由李常受負責領導翻譯的《新約聖經恢復本》，譯文保留《和合本》的風格，但吸納了新的用語，不過這些用語只在某些教會傳統中流行。

近年，新教與天主教曾計劃出版《合一聖經譯本》（*Interconfessional Version*），不過這項工作已被擱置 。

漢語聖經協會（前稱「國際聖經協會」）在 2006 年出版的《新普及譯本》新約全書，以淺白流暢的筆觸，翻譯英文聖經《新當代譯本》（*NLT*），是近年最新的譯經成果。漢語聖經協會在 2010 年出版了《新漢語譯本》新約，舊約尚待完成。

除了上述的譯本外，在不同地區的教會也有試譯聖經的嘗試，例如 2006 年美國凸桑中文聖經協會（Tucson Chinese Bible Society）的《新譯簡明聖經》（*The Holy Bible: A Dynamic Chinese Translation*）新約，近年已有舊約的部分經卷；2008 年，由亞洲聖經協會與霍爾曼聖經出版社（Holman Bible Outreach International，簡稱HBOI）一起合作的《中文標準譯本聖經》新約出版；還有世界聖經翻譯中心（World Bible Translation Center）在網上提供的聖經。

在中國內地也有聖經版本的流傳，例如 2004 年《聖經》普通話本（簡體字版），這部譯本以淺白流暢的現代中文翻譯，但不知譯者是誰，及在何地出版。

近代中文聖經

譯本	約翰福音三章 16 節
1970 年《呂振中譯本》	上帝這樣地愛世人，甚至賜下獨生子，使一切信他的人都不滅亡、而得永生。
1979 年《當代聖經》	上帝深深愛世人，甚至連自己的獨生子也賜給他們，叫一切相信祂的，不至滅亡，反得永生。
1987 年《新約聖經恢復本》	神愛世人，甚至將祂的獨生子賜給他們，叫一切信入祂的，不至滅亡，反得永遠的生命。
1992 年《新譯本》	神愛世人，甚至把他的獨生子賜給他們，叫一切信他的，不至滅亡，反得永生。
1997 年《現代中文譯本》修訂版	上帝那麼愛世人，甚至賜下他的獨子，要使所有信他的人不致滅亡，反得永恆的生命。
2006 年《和合本修訂版》	上帝愛世人，甚至將他獨一的兒子賜給他們，使一切信他的人不致滅亡，反得永生。
2006 年《新普及譯本》	上帝如此愛世人，甚至賜下自己的獨生子，叫一切相信他的人不致滅亡，反得永生。
2010 年《新漢語譯本》	神是那麼愛世人，甚至賜下他獨一的兒子，使所有相信他的人，不至滅亡，反得永生。

3.6.5　其他聖經讀物

在中國內地，除了中國基督教教會近年所出版印行的聖經之外，還有一類聖經讀物是較被研究者所忽略的，就是由國內出版社所出版的聖經故事文集或漫畫本。

自 1980 年代後，中國內地許多人對基督教信仰的興趣日漸增加，以致不少出版社出版以聖經為題材的書籍。這些書籍大多以通俗讀物的形式，把聖經的內容節錄重編，或改寫作敍事性的文學作品，或選輯成雋永的勵志篇章，甚至繪畫為漫畫故事的形式。這些出版讀物，除了小部分是外文書籍的翻譯，大部分是內地出版社的編輯按照聖經的內容重編。它們的編寫取向顯然較著重趣味性，但有不少作品卻相當忠於聖經的內容，有些篇章甚至是按聖經的段句編排，文筆淺白，簡單明瞭。從出版的種類漸趨多元化可見，這些以聖經故事為內容的通俗刊物有相當大的市場潛力，而讀者並不只限於教內的信徒。此外，在教外也有較嚴肅的聖經譯作出現，例如馮象近年所譯註的《摩西五經》(2006年)、《智慧書》(2008年)和《新約》(2010年)，他以文學語言翻譯聖經，引起許多討論。

建議閱讀書目

關於《和合本》及以後的中文聖經歷史，可參本書3.5章的書目介紹，其中特別留意尤思德(Jost Oliver Zetzsche)的研究著作。

3.7 聖號問題和印刷版本

3.7.1 聖號問題

中文聖經的翻譯過程並非毫無異議，而是充滿著各類涉及神學和聖經的爭論，不只關乎基督教信仰的本質，也牽涉中國文化的特性。

現代漢學（特別是討論中國人的傳統宗教信仰）是以新教傳教士論中國的著作開始的，而促使傳教士深入研究中國的哲學和宗教，卻是源於傳教工作和翻譯聖經的需要。十九世紀的新教傳教士以翻譯中文聖經為己任，不過他們卻遇上了怎樣處理宗教專門用語的難題。對於怎樣翻譯在聖經中那位創天造地、拯救世人的主宰，也就是怎樣用中文稱呼希伯來文的"YHWH"和"Elohim"，希臘文的"Theos"，拉丁文的"Deus"，英文的"God"的探討，在學術上稱為「聖號問題」（The Term Question）。

聖號問題涉及在翻譯聖經的過程中，為眾多諸如"angel"、"Holy Spirit"或"baptism"等用語尋覓適當的中文譯名，其中特別是「聖號」（YHWH / Elohim / Theos）的翻譯方式。現今基督教聖經的譯法，是以「耶和華」(英文是"Jehovah",近代學者認為這個拼音是誤讀)的稱謂作"YHWH"的對應翻譯。不過,留意聖名"YHWH"一詞,在希伯來文是由四個子音字母組成,猶太人在使用時會讀成"adonai"(意思是「我的主」),避免直呼聖號。由於中世紀的猶太學者為這個聖號的子音標上母音,所用的是"adonai"的母音,於是就讀成"YaHoWaH",翻譯成中文就是「耶和華」的音譯。由於"YHWH"只見於舊約,故此「耶和華」的譯名也只出現在舊約。至於舊約的"Elohim"和新約的"Theos",通常會譯成「上帝」或「神」。

聖號的翻譯,不只是語言學或神學的問題,也涉及在基督教入華前,中國人的宗教信仰問題。中國人究竟是無神論者、一神論者、多神論者或泛神論者?中國人有沒有「聖號」的概念?中國宗教的性質和內容是怎樣的?當中國人運用稱呼造物主的詞彙時,所指的是甚麼?當中國基督徒用一個名字稱呼「聖號」時,這個名字對他有何意義,他所想的和所信的是甚麼?中國人是否已對這位造物主有一定的認識?若是,則一神論並非異於中土,傳教士只是把對「聖號」的信仰帶回中國罷;若不是,傳教事業的性質就會完全不同,而他們對中國經典的解讀評價也會有別。

聖號問題並不是全無偏頗的學術研究,因為中國宗教傳統一直只是在西方基督教的架構中被詮釋。十七世紀的天主教傳教士,包括耶穌會傳教士與其他修會教士,以及與中國朝廷之間,由於傳統禮儀與翻譯問題,引起了稱為「禮儀之爭」的爭論,就顯示了西方基督教思想與中國宗教傳統之間的衝突。

明末清初天主教傳教士對中國禮儀的爭議,主要環繞於中國人在認識福音之前,有沒有對真神的認識;以宋儒理學對儒家經書的解讀,究竟是對原儒的正解或是曲解。傳教士對於是否容許教民祭祖祀孔的做法,以及對於「天」或「天主」等詞的用法,也有眾多爭議。天主教會有關在中國傳教的策略爭論，不只影響基督教信仰在中國的傳佈，也涉及中文聖經翻譯的問題，特別是「聖號」應怎樣翻譯。

我們今天熟悉的「天主」一詞，是在明末出現的一個新詞，由一位早期中國天主教徒所創，然後被羅明堅和利瑪竇等耶穌會士所採納。不過，對於這個用詞，最初卻是有不同看法的。至於教民可否祭祖祀孔的禮儀（耶穌會是贊成的），更是充滿爭議。1635 年，道明會與耶穌會對於禮儀的爭論，上訴至羅馬教廷。最後，教宗英諾森十世（Innocent X）在 1645 年諭令譴責耶穌會，不准教徒參加祀孔子和祖先的禮儀。這場被稱為「禮儀之爭」的爭論，逐漸變成清廷和教廷之間的衝突。清廷認為，祭祖祀孔是中國的習俗，不含宗教意義，但這看法為羅馬教廷所拒。這場爭論延續多年，先後有八代教宗及康熙皇帝參與審理，至 1704 年羅馬教廷發表禁止中國禮儀的諭令，並且正式批准「天主」的譯法，以後在 1715 年《自登極之日》諭（即《禁約》）及 1742 年《自上主聖意》諭之中重申。教廷諭令表明，「天主」一詞是翻譯拉丁文“Deus”的合適譯法，而禁止用「上帝」或「天」的方式稱神。經過了接近兩個世紀，直至 1939 年，羅馬教廷才再發表教諭《人們完全明白》，允許中國天主教徒參與祭祖祀孔，終結了自明清以來的禮儀之爭。

聖號問題不只出現在天主教，在新教聖經翻譯史裏，也是爭論不息的，甚至在最早期的中文聖經翻譯中已經出現。十九和二十世紀的新教傳教士承接了這個問題，產生了幾乎無休止的爭議。

早期新教傳教士的討論，集中於應以「上帝」還是「神」字翻譯“Elohim/Theos”的聖號。贊成以「上帝」一語翻譯聖號的譯者，試圖從中國傳統的經學典籍和祭天儀式，論證「上帝」在中國人的信仰中是超越獨一的，因此是一個絕對的稱謂，而不是一個專有名稱。至於贊成以「神」一語翻譯聖號的譯者，則認為中國宗教是泛神論的，「上帝」只是眾神之首的名字，正如昔日譯經者也沒有用宙斯（Zeus）或朱比特（Jupiter）等語翻譯希伯來文的"Elohim"，故不可以採用「上帝」一語，反而「神」這一用語才是指稱「最高級的存有者」的屬名。

在 1840 年代翻譯第一部聯合各宗派的《委辦本》時，聖號問題已是白熱化。《委辦本》的翻譯決定，代表了傳教士對中國福音工作的共同意願，最後的成果也得到高度的評價。不過，它的翻譯過程卻非一帆風順，而是充滿分歧的。新教不同宗派與國籍的傳教士對神學傳統、傳教觀念與中國文化的不同理解，在共同翻譯聖經時徹底流露出來。在 1840 至 1850 年代的《中國叢報》（*Chinese Repository*）上，就刊載了數以百頁的英文論文，激烈地爭議怎樣翻譯「聖號」的問題。《委辦本》最終無法解決這個問題（事實上，以後也沒有完全解決），導致委員會分裂，而且譯本可以分別以「神」字版及「上帝」字版印行（實際上主要是「上帝」版）。

在 1860 年代這個問題稍為沉寂，但到了 1870 至 1880 年代，新一代傳教士重燃戰火，佔據了《教務雜誌》（*Chinese Recorder*）大量的篇幅。在 1860 年代，新教主要有「上帝」和「神」兩種觀點，但也有譯本以「真神」或其他用語翻譯。在 1870 年代前後，施約瑟及《北京官話譯本》翻譯委員會建議可以選擇使用「天主」一詞，認為這個用詞，由於是創新詞，不會引起誤解，卻引起了另一番爭論，而最終也得不到普遍接受。例如，理雅各認為，「天」把上帝局限於天，而「主」只反映了「主宰」的含義，並沒有「統治者」的意思，此外，「天主」一詞與羅馬天主教密不可分，故此不宜採用。結果，《北京官話譯本》只出現了少量以「天主」為譯語的版本（按筆者曾見過的版本，有 1865 年和 1867 年的馬太福音、1867 年的馬可福音、1872 年的新約、1874 年的舊約等）。

聖號問題的關鍵，不只是字斟句酌的用詞取捨，或是神學討論的問題，更在於傳教士怎樣理解聖經的神學思想，以及中國文字所包含的文化、哲學、宗教思想等問題，尤其是如何在西方神學架構中，詮釋中國語言所涵的哲學與宗教思想。傳教士在討論聖號問題時，引用了大量古籍，這直接展示了他們怎樣詮釋中國的古籍。不過，聖號問題的爭論也不是局限於中國的傳教士羣體，它在歐洲、美國與出版聖經的聖經公會之中，也引起了相當廣泛的回響。雖然新教傳教士撰寫了數以百頁的論文，但顯然沒有任何人有能力解決這個問題。

踏入 1870 至 1880 年代，傳教士更著意中國基督徒本身怎樣理解這幾個詞彙，而不只是著眼於一班外國人的理解方式。中國幅員遼闊，各地民間宗教風俗不一，充滿多樣性的文化。事實上，中國基督徒在這場辯論中也是立場不一的，但他們論證的手法與傳教士不同，卻可以視為中國基督徒在中國神學發展的第一步。

到了 1890 年代，雖然各方面都開始明白到聖號問題的複雜性，部分傳教士沒有再堅持己見，但若要達成共識卻是遙遙無期。由於《和合本》譯經計劃決定避開聖號問題不談（否則恐怕沒有可能完成計劃），容許各宗派自行決定以甚麼用語翻譯「聖號」，結果成為以後的慣例，導致整個問題擱置下來。

新教早期的譯本以「上帝」的翻譯為主，佔了絕大部分，但到了二十世紀下半葉，採用「神」字的譯本逐漸增多。現今新教的聖經主要有「上帝」版和「神」版兩個版本，而「天主」一詞則變成了天主教徒和正教徒的慣用語。至於「耶和華」，近代學者普遍認為英語“Jehovah”由於是源自“YaHoWaH”的讀法，所以是誤讀，正確的讀法應該是“Yahweh”，故此近代出現音譯成「雅威」或「耶威」，亦有意譯作「上主」。

中文聖經至今仍然沒有對“YHWH/ Elohim/ Theos”有統一的譯名，顯示整個問題仍然存在。雖然聖號問題的爭議超過一個世紀，卻是西教士首次從其神學角度，全面且深入地處理中國宗教信仰的意義。不論結論如何，都反映了聖號問題在基督教神學與中國宗教文化相遇中所佔的地位。

3.7.2 印刷和出版

現在，我們從複雜的神學爭論，跨往另一個性質完全不同，卻是同樣複雜的問題：中文聖經的印刷、出版和銷售方式。

在中國開放五口通商之前，因著清廷的禁諭，聖經與基督教書刊無法在中國境內印刷。馬禮遜於 1811 年在廣州出版了一百本路加福音與使徒行傳，便立即遭禁。早期的聖經和基督教書刊的出版地點，主要是在馬六甲、巴達維亞、新加坡、澳門和檳榔嶼等東南亞地區，散發的對象也限於沿海居民及東南亞華僑。在開放條約訂立開放商埠後，聖經開始在廣州、福州、寧波、上海等地印行和分發，逐漸遍及其他地區。十九世紀末葉，大部分聖經的印刷工作轉往日本進行。到了二十世紀初，上海成為主要印刷中心。英國聖經公會有不少聖經都是在上海商務印書館排字印刷，而蘇格蘭聖經公會則在漢口設有印書館，可以自行印刷聖經。除了聖經公會外，不少在華教會組織和傳教士也創辦了印刷所，出版聖經和福音書籍。據估計，清末民初的百餘年間，新教在中國創辦的印刷機構不下六十所。天主教傳教士早期同樣在多處地方的教會建立出版佈道書籍的印刷所，例如北京南堂、杭州天主堂、福州欽一堂等。天主教在中國建立的近代印刷機構不少於二十所，其中較重要的有上海土山灣印書館、北京遣使會印書館和獻縣張莊天主堂印書館等。

中文聖經的版本，分為全本聖經、新約及單行本經卷三種，其中以單行本經卷的印量最多。聖經所用的印刷文字，也可以分為三類，包括漢字版本、羅馬拼音文字版本和國語注音字母版本，在1950年代之後還分別有繁體字和簡體字的版本。

漢字是中文聖經主要的印刷文字，包括文言（文理）、淺文言（淺文理）和官話（國語）版本，而例如官話、蘇州話、福州話、汕頭話和廣州話等方言譯本，主要是用漢字印刷的。

不過，在官話不大通行的地方，則會較多採用羅馬拼音文字印刷方言譯本，包括沿海一帶方言龐雜的省份（參本書3.8章的介紹），以及四川和雲貴的少數民族地區（參本書3.9章的介紹）。在當時所採用的漢字拼音方式，有些是由傳教士所創，有些是由中國人所創，都是現行漢語拼音方案的最早淵源。民國之後，在新文化運動的文學革命影響下，提出了國語採用羅馬字拼音的建議。不過，由於國語羅馬拼音文字並不通行，所以採用這種印刷方式的聖經主要仍是地方方言的版本。

在清末民初，因著推動使用國語注音字母，也出現漢字附上注音文字印刷的聖經版本。一般的漢語拼音法（Pinyin romanization），是以官話（北京話）的發音為根據所編製的一套羅馬字拼音書寫語文。在清末主要使用的威妥瑪—翟理斯拼音

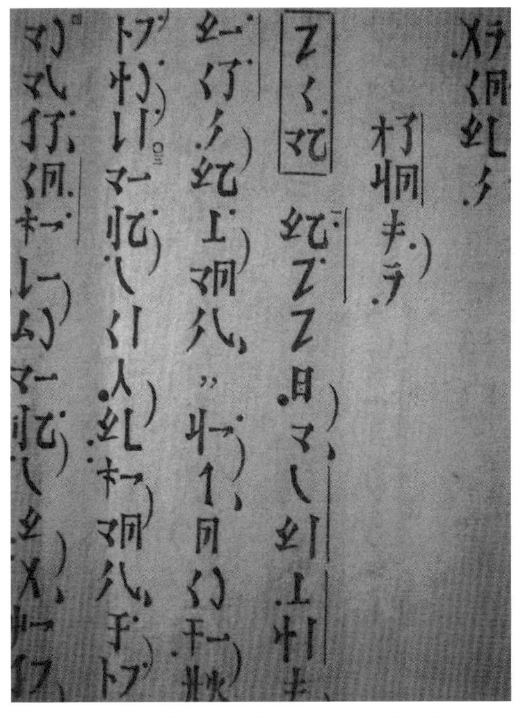

1921年馬可福音，以官話字母、漢口口音印刷，由上海美華書館印製。

法（Wade-Giles romanization），是現代書面漢語的拉丁化拼音體系，由英國外交官和漢語語言學家威妥瑪（Thomas Francis Wade）爵士創製，再由劍橋大學教授翟理斯（Herbert Allen Giles）予以修正，原為西方讀者學習漢字設計的，後來成為英語學術界普遍採用的漢語譯音體系。

到了民國之後，國語注音字母分為兩類，一是民國政府發展的國語注音系統（National Phonetic System），這種注音字母方案由北洋政府教育部在1918年公布。國語注音字母版本的聖經單行本，在1919年已有出版。另一是王照官話注音系統（Wang-Peill Phonetic System），這是由清末一個翰林王照在光緒年間發明的，也稱為「官話字母」，後經改良使用。在兩種注音系統的聖經版本中，國語注音是較多採用的印刷方式，而採用王照官話注音系統出版的新約與單行本聖經，數量則較為稀少。

二十世紀中葉以後，中國文字改革委員會提出簡化漢字的方案，把常用繁體字加以簡化，逐步推行修正。簡體字主要在中國境內、馬來西亞和新加坡等地通行，故此在二十世紀後期逐漸出現了簡體字的聖經版本。

至於中文聖經的印製方式，在發展上較為簡單。

馬禮遜早期在木版和金屬字母的印刷方式的選擇上，主要考慮的是成本問題。雖然金屬字母的印刷方式在英國較為廉宜，不過木版印模的刻工在中國卻較為省錢，而且漢字的部首和字模繁多，活字印版的製作遠比拼音文字的印版繁複。最重要的是，木版的印模一旦校對無誤，便不可能改動，故此無須擔憂內容的準確。雖然木版印刷擁有費用較廉的優點，印刷成品的體積卻是它的缺點，以木版方式印刷的聖經，版面相當大，而以金屬字母印製的中文舊約聖經版面則較小，便利分發和攜帶。

早期的中文聖經版本，主要是以傳統書刊形式按線裝印刷出版，後來逐漸由西式書刊訂裝方式代替。除了少量中文聖經版本外，早期聖經公會的聖經都是純粹經文的印刷，沒有附上任何圖表或附錄，但到了十九世紀末，中文聖經版本的附錄資料逐漸增多。例如，蘇格蘭聖經公會於 1893 年由楊格非發行附有註解的福音書，並附上地圖，幫助讀者對聖經的地名、人名、隱語、譬喻等有更多的瞭解，成為甚受歡迎的出版方式。到了二十世紀初，已有加添二層眉註，並略加詮釋的《和合本》及廣東話四福音版本聖經。此外，1864 年，美國美以美會傳教士基順（Otis Gibson）編纂《馬太福音串珠》，翌年再由福州美華書院出版《新約串珠》。這部譯本是修訂自《委辦本》，附上經卷序言，在頁邊印上串珠索引，以後的串珠版本日漸增加。

早期由於價格成本上的考慮，一般較為忽略聖經的裝潢。不過，在民國後，出版了皮面金邊的聖經。由於價錢較高，後來便出版了一種賽皮面金邊的聖經，外觀與真皮金邊的相仿，但價格卻不及一半。此外，因著單行本福音書的巨額銷量，所以聖經會把單行本的封面裝潢，印成美麗的圖畫和圖案，格式美觀，定價便宜。聖經加上輔助閱讀資料的出版形式，也日漸受到歡迎。1961 年，香港及台灣聖經公會出版的《插圖四福音及使徒行傳》加插了大量聖地圖片及地圖，幫助讀者明白聖經。這種在聖經中附註釋經資料的方式早已出現，顯然對信徒深具幫助，因此在 1980 年代之後大量出版。這些聖經版本的出版方式分別有註釋本、不同譯本的並排、合參對照，甚至附上靈修指引。

據估計，1949 年前的百多年間，聖經在中國的銷售總數大約三億冊，其中絕大部分是單行本的聖經，全本聖經只佔極少的比例。中國在文革之後，恢復聖經的印行。最早出版的是中國基督教三自愛國運動委員會在上海以照相製版的方式，複印《國語和合本》新舊約聖經出版，1980 年第一次印刷，1982 年會同中國基督教協會第二次印刷。1985 年愛德基金會在南京成立，促進了聖經出版工作。這組織是由中國基督徒發起的，其中一項主要工作，便是設立一個較為現代化的印刷所，承印聖經及其他基督教刊物。1986年，因著愛德印刷所的技術要求，愛德基金會與聯合聖經公會決定，在南京附近興建一座新的印刷所。此後，國內出版聖經的數量大為增加，聖經的版本種類也逐漸豐富。1998年，愛德印刷所印行了《現代中文譯本》(1997年第一版)和《中英對照聖經》，供中國基督教協會分發，成為《和合本》之外，在國內出版的譯本。從1988年至2010年5月底之間，愛德印刷所歷年累計印刷各類聖經(包括聖經全書和新約)合共86,251,044冊。(參愛德網頁：http://www.amityprinting.com)

3.7.3 銷售和分發

在清末民初期間，聖經在中國分發的方式可以分為免費贈送、銷售及借閱三類。免費贈送聖經的理由，是因為這種方法能分發最多的聖經，並且也顧及窮人。不過後來為了避免濫用，聖經公會盡可能避免免費贈送聖經的方式，而是按市場的最低價發售，裝潢較好的聖經則是以接近成本的價格出售。因為按照經驗，以最低價格銷售聖經，反而會更有效地發行和減少濫用的可能性，所以這成為銷售聖經的基本策略。最後一種分發方法是借閱聖經，這方法在清末民初時主要是在中國南部推行，由聖經公會或差會派遣同工，前往各城各鄉，將聖經或基督教刊物借給當地人，在一段時間後回來收取書本，或以其他書本交換借閱。

在福音遍傳的願望下，聖經分發的對象遍及各省各鄉，甚至分送到醫院、監獄、孤兒院。聖經會為了促使聖經廣泛地流傳，最經常採取的策略，是由聖經公會聘請專職同工進入內地售賣聖書。此外，也有由傳教士、其他贈經機構、當地教會同工或信徒等擔任義務的售書員。傳道同工在擔任聖工時，也會幫助推銷聖經。最後一種方法，是透過各聖經公會的銷售處或書局發售聖經。聖經公會在一些主要城市設有經理及售書處，在不少大城市中更設有基督教書局，可供信徒購買聖經。

在二十世紀下半葉，基督教出版機構在港台及海外設有書室，專門售賣基督教書籍，而一般書局大多已有聖經的銷售。不過，聖經贈送的工作在許多地方仍在進行中，以協助福音的宣講。

建議閱讀書目

Eber, Irene. "The Interminable Term Question." In *Bible in Modern China. The Literary and Intellectual Impact*. Edited by Sankt Augustin – Nettetal: Monumenta Serica, 1999. 本論文介紹在十九世紀下半葉對聖號問題的討論。

Spelman, Douglas G. "Christianity in Chinese: The Protestant Term Question." In *Papers on China*. East Asian Research Center, Harvard University. May 1969, vol. 22A, 25～52. 本論文是對於聖號問題最早亦較重要的論文，總結1840至1860年間的論爭歷史。

鐘鳴旦(Nicolas Standaert)：《可親的天主：清初基督徒論「帝」談「天」》。何麗霞譯。台北：光啟，1998。

黃一農：《兩頭蛇：明末清初的第一代天主教徒》。台北：國立清華大學出版社，2005。本書是近代對明末清初天主教的詳盡研究，其中尤其可以參考論禮儀之爭及明末對「天主」譯名的討論。

3.8 方言譯本

雖然中文譯本以文言或官話為主要語言，但在文言或官話不大通行的中國東南地區（特別是沿海省份），為了傳教工作的需要，出現了不少方言譯本。中國方言大致分為官話、吳語、閩語、客家話、粵語、湘語、贛語七族（或把閩語分為閩南和閩北方言共成八族）。據現存資料，清末民初的地方方言聖經共二十多種，其中以吳語譯本為最多，其次為閩語、客家語、粵語等。這些方言譯本也稱為「土白話聖經」，大多只是翻譯了部分經卷，以漢字印刷，也有以羅馬拼音字母譯寫漢字的譯音刊行，部分更是兼具兩者。民國以後，另有少量以注音方式印行的版本。上述譯本大多是由西方傳教士主持譯經的工作，中國譯經者僅是提供語文潤飾的意見。

由於白話普及化，加上國語《和合本》的流通，地方方言譯本便逐漸消失，至今只有少量方言譯本仍在使用。以下分別在介紹時，附上有關語言的英語名稱，那是傳教士時代的譯法，有別於今天的英語拼音方式。

3.8.1　華北官話譯本

除了南京官話譯本和北京官話譯本之外，官話譯本還有華北官話方言譯本，包括山東話、膠東話、直隸話和天津話譯本，都是只有少量經卷的流傳，而且附上不同形式的注音系統。

3.8.1.1　山東話譯本（Shantung dialect）

山東話譯本是用羅馬拼音字印刷。1892 年由內地會傳教士祝家寧（C. H. Judd）等翻譯路加福音和約翰福音出版，馬太福音是在 1894 年出版。

3.8.1.2　膠東話譯本（Kaiotung dialect）

膠東是山東省東部膠萊谷地以東，山東地區半島的舊稱，膠東話是山東方言的一系。最早的膠東話譯本是華北浸禮宗傳教士所翻譯的馬可福音，於 1918 年出版，以王照官話拼音印刷；另有美國長老會和浸信會傳教士共同翻譯的馬太福音，於 1920 年出版，以國語注音系統印刷。

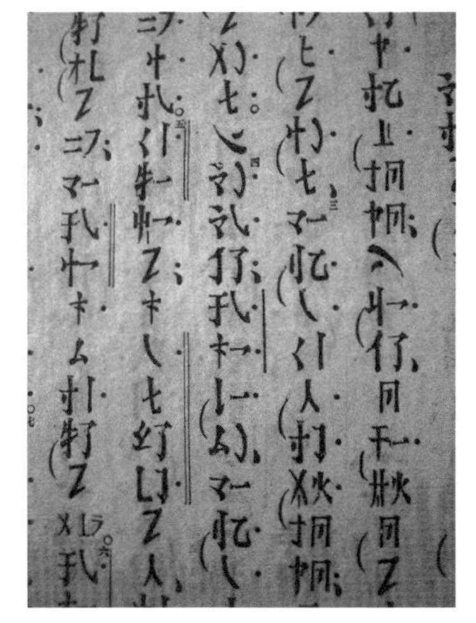

1918 年馬可福音膠東話（山東口音）譯本第一章，以官話字母印。

3.8.1.3　直隸話譯本（Chihli dialect）

直隸是河北省的舊名，直隸話通行於北京南部。最早的直隸話譯本是 1925 年出版的路加福音，由倫敦會傳教士貝勒森（A. G. Bryson）翻譯，以王照官話注音系統印刷。

3.8.1.4 天津話譯本（Tientsin dialect）

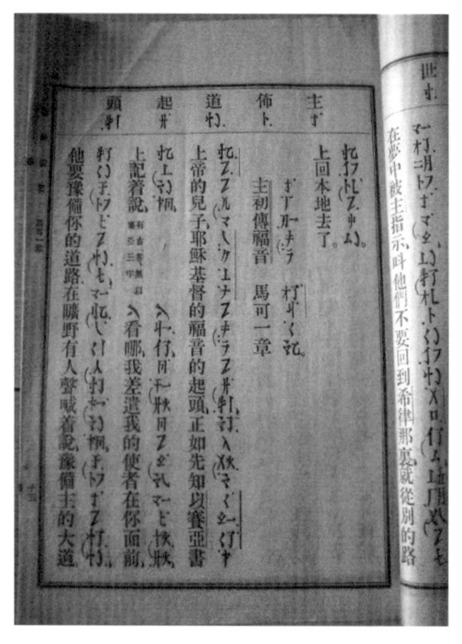
在夢中被主指示，叫他們不要回到希律那裏，就從別的路
主佈道起頭
上回本地去了。
主初傳福音 馬可一章
上帝的兒子耶穌基督的福音的起頭，正如先知以賽亞書
上記着說
看哪，我差遣我的使者在你面前，
他要豫備你的道路，在曠野有人聲喊着說，豫備主的大道，

1917 年天津話《新約摘要》，圖中可見在漢字旁加上天津話的拼音。

天津是位於河北省華北平原東北部的直轄市，最早的天津話譯本是 1917 年和 1918 年出版的新約經文選篇，以漢字和注音並排。

3.8.2 吳語系譯本

「吳」是古代地域名稱的沿用，吳語也叫江浙話或江南話，通行於江蘇南部、上海、浙江、江西東北部、福建西北角和安徽南部的部分地區。

3.8.2.1 上海話譯本（Shanghai colloquial）

上海話是在吳語中最早用於聖經的方言。上海話通行於上海和江蘇省東南方，譯本分為漢字版本和拼音版本。1847 年，麥都思翻譯了漢字版本的約翰福音，是最早出版的方言聖經譯本。1848 年，美魏茶完成馬太福音，麥克拉奇（Thomas McClatchie，音譯）也在這年出版路加福音，其他單本書卷以後陸續面世。新約聖經是在1870年由美國聖經公會出版，譯者大多是美國監理宗傳教士。1881年出版新約修訂本，修訂者包括湯姆生（E. H. Thomson）、范約翰（John M. W. Farnham）和藍柏（J. W. Lambuth）。1908年美國聖經公會出版全本聖經，譯者是由不同差會的傳教士組成的，包括潘慎文（Alvin P. Parker）、惠雅各（James Ware）、范約翰、湯姆生（Archdeacon Thomson）、戴維思、包克私（Ernest Box）和薛思培（John Alfred Silsby）等。

上海話譯本另有羅馬拼音文字版本，首先是1853年在倫敦出版的約翰福音，譯者是倫敦國王學院（Kings College）漢學教授蘇謀斯（James Summers）。此外，文惠廉（William J. Boone）和吉牧師（Clevenland Keith）合譯的羅馬拼音創世記譯本在1854年出版，慕維廉（William Muirhead）在1882年也譯成了詩篇。在十九世紀末，陸續出版了使徒行傳（1856年）、路加福音（1859年）、馬太福音（1861年）、出埃及記（1861年）、馬太福音修訂本（1896年）、其他經卷和全本新約（1871年）。

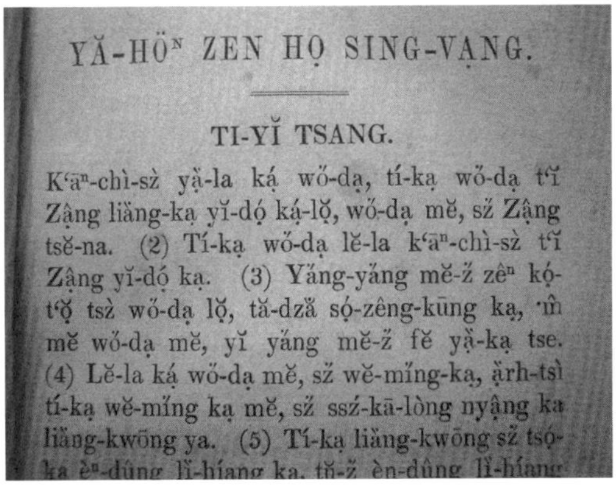
YĂ-HÖ^{N} ZEN HỌ SING-VẠNG.

TI-YĬ TSANG.

K‘a^{n}-chì-sz̀ yặ-la kạ́ wŏ́-dạ, tí-kạ wŏ́-dạ t‘ĭ́ Zậng liăng-kạ yĭ-dọ́ kạ́-lọ̆, wŏ́-dạ mĕ, sz̆́ Zậng tsĕ-na. (2) Tí-kạ wŏ́-dạ lĕ-la k‘a^{n}-chì-sz̀ t‘ĭ́ Zậng yĭ-dọ́ kạ. (3) Yăng-yăng mĕ-z̆́ zê^{n} kọ́-t‘ọ̆́ tsz̀ wŏ́-dạ lọ̆, tă-dză sọ́-zêng-kūng kạ, ·m̂ mĕ wŏ́-dạ mĕ, yĭ yăng mĕ-z̆́ fĕ yặ-kạ tse. (4) Lĕ-la kạ́ wŏ́-dạ mĕ, sz̆́ wĕ-mĭ́ng-kạ, ặrh-tsì tí-kạ wĕ-mĭ́ng kạ mĕ, sz̆́ ssź-kā-lòng nyậng ka liăng-kwōng ya. (5) Tí-kạ liăng-kwōng sz̆́ tsọ́-ka è^{n}-dûng lĭ́-hı́ang ka, tŭ-z̆́ èn-dûng lĭ́-hı́ang

1853年上海話約翰福音拼音版。

3.8.2.2　寧波話譯本（Ningpo colloquial）

寧波位於浙江省東北部，明朝初年設府，1842年闢為「五口通商」口岸之一，1844年開埠，寧波話通行於浙江省東北部的寧波地區。寧波話譯本有漢字版本和羅馬拼音文字版本，其中絕大部分是羅馬字譯本，只有新約少

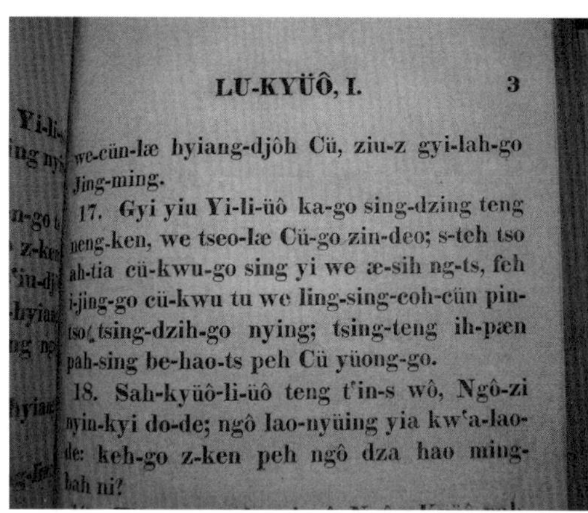
LU-KYÜÔ, I. 3

we-cün-læ hyiang-djôh Cü, ziu-z gyi-lah-go
Jing-ming.
17. Gyi yiu Yi-li-üô ka-go sing-dzing teng
neng-ken, we tseo-læ Cü-go zin-deo; s-teh tso
ah-tia cü-kwu-go sing yi we æ-sih ng-ts, feh
i-jing-go cü-kwu tu we ling-sing-coh-cün pin-
tso tsing-dzih-go nying; tsing-teng ih-pæn
pah-sing be-hao-ts peh Cü yüong-go.
18. Sah-kyüô-li-üô teng t'in-s wô, Ngô-zi
nyin-kyi do-de; ngô lao-nyüing yia kw'a-lao-
de: keh-go z-ken peh ngô dza hao ming-
bah ni?

1853 年寧波話福音書譯本。

數幾卷為漢字版本。

1852 年，路加福音寧波話譯本由美國聖經公會出版，由祿賜悅理（William Armstrong Russell）和麥嘉締（Divie Bethune McCartee）翻譯，這也是第一本中文聖經方言羅馬字本。1853 至 1861 年間，除啟示錄之外，寧波傳教士翻譯出版了其他新約經卷。1865 年，岳牧師（F. F. Gough）的福音書和使徒行傳譯本，在中國內地會創辦人戴德生的鼓勵下，在倫敦出版。新約全書在 1868 年出版，由祿賜悅理、麥嘉締、丁韙良和藍牧師（Henry Van Vlek Rankin）翻譯，1887 年修訂後重印。1884 年，美英傳教士組成委員會修訂新約，可是由於語體分歧，最後只有少數傳教士參加修訂，1889 年由大英聖書公會出版，1898 年刊印新約修訂本，被視為是寧波話的《和合本》。

寧波話最早的舊約經卷是 1857 年丁韙良的詩篇節譯本，由高德等其他傳教士翻譯其他部分，1901 年出版舊約，同年寧波話的全本聖經首次出版，由史密斯（J. N. B. Smith）和慕華德（Walter Stephen Moule）校訂並加串珠，這是中國最早的完整串珠聖經版本。這個版本在 1923 年作修訂。

3.8.2.3　金華話譯本（Kinhwa colloquial）

金華話通行於浙江省中部金華地區，只有一部以羅馬拼音字母排印的譯本，是 1866 年由英國聖經公會在上海出版的約翰福音，譯者為美國浸禮會真神堂差會的傳教士秦貞（Horace Jenkins）。

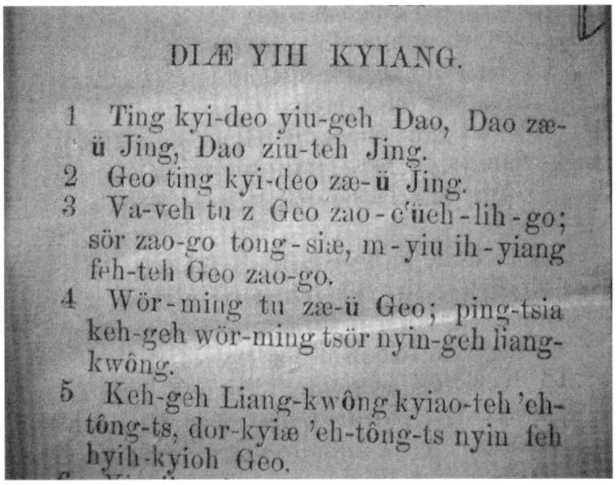

DIÆ YIH KYIANG.

1 Ting kyi-deo yiu-geh Dao, Dao zæ-ü Jing, Dao ziu-teh Jing.
2 Geo ting kyi-deo zæ-ü Jing.
3 Va-veh tu z Geo zao-c'ueh-lih-go; sör zao-go tong-siæ, m-yiu ih-yiang feh-teh Geo zao-go.
4 Wör-ming tu zæ-ü Geo; ping-tsia keh-geh wör-ming tsör nyin-geh liang-kwông.
5 Keh-geh Liang-kwông kyiao-teh 'eh-tông-ts, dor-kyiæ 'eh-tông-ts nyin feh hyih-kyioh Geo.

| 1866 年金華話約翰福音拼音版。

3.8.2.4　杭州話譯本（Hangchow colloquial）

杭州話通行於浙江省北部的杭州地區，譯本以漢字或羅馬拼音字母排印，還有王照官話字母。最早的杭州土白漢字譯本，是 1877 年由英行教會傳教士慕雅德（Arthur Evans Moule）夫婦在杭州自資出版的新約選集。1879 年，慕雅德的哥哥慕稼谷（George Evans Moule）在北京官話的基礎上，翻譯了約翰福音，以拼音文字出版。慕稼谷接著在 1880 年出版拼音文字版本的馬太福音。

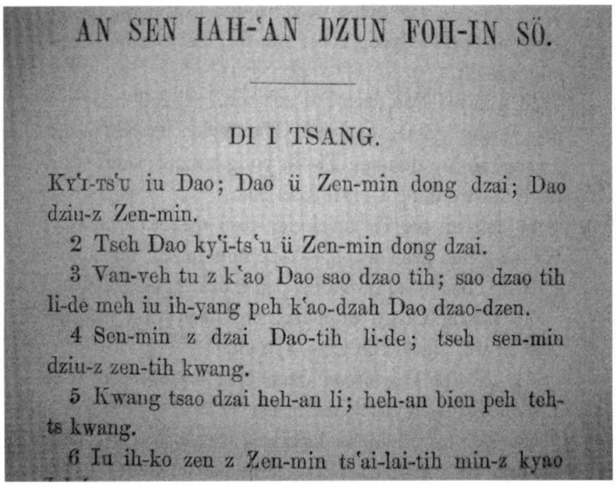

AN SEN IAH-'AN DZUN FOH-IN SÖ.

DI I TSANG.

KY'I-TS'U iu Dao; Dao ü Zen-min dong dzai; Dao dziu-z Zen-min.
2 Tseh Dao ky'i-ts'u ü Zen-min dong dzai.
3 Van-veh tu z k'ao Dao sao dzao tih; sao dzao tih li-de meh iu ih-yang peh k'ao-dzah Dao dzao-dzen.
4 Sen-min z dzai Dao-tih li-de; tseh sen-min dziu-z zen-tih kwang.
5 Kwang tsao dzai heh-an li; heh-an bien peh teh-ts kwang.
6 Iu ih-ko zen z Zen-min ts'ai-lai-tih min-z kyao

| 1879 年杭州話約翰福音拼音版本。

3.8.2.5 蘇州話譯本（Soochow colloquial）

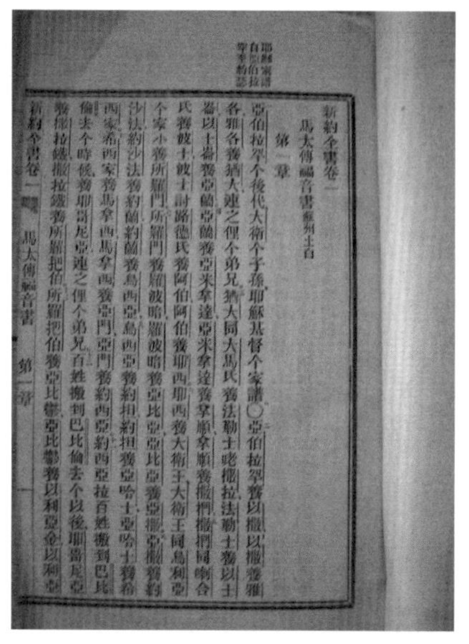
新約全書卷一
馬太傳福音書蘇州土白
第一章
亞伯拉罕个後代大衛个子孫耶穌基督个家譜〇亞伯拉罕養以撒以撒養雅
各雅各養猶大連之俚个弟兄猶大同大馬氏養法勒士咾撒拉法勒士養以士
崙以士崙養亞蘭亞蘭養亞米拿達亞米拿達養拿順拿順養撒們撒們同喇合
氏養波士波士討路德氏養阿伯阿伯養耶西耶西養大衛王大衛王同烏利亞
个家小養所羅門所羅門養羅波暗羅波暗養亞比亞亞比亞養亞撒亞撒養約
沙法約沙法養約蘭約蘭養烏西亞烏西亞養約担約担養亞哈士亞哈士養希
西家希西家養馬拿西馬拿西養亞門亞門養約西亞約西亞拉百姓擄到巴比
倫去个時候養耶哥尼亞連之俚个弟兄百姓擄到巴比倫去个以後耶哥尼亞
養撒拉鐵撒拉鐵養所羅把伯所羅把伯養亞比鬱亞比鬱養以利亞金以利亞
新約全書卷一 馬太傳福音書 第一章

1892 年蘇州話新約漢字版本。

蘇州位於太湖東岸，譯本只有漢字印刷的版本，早期譯本大多是根據上海話譯本重譯的。最早的蘇州話譯本，是 1879 年出版的福音書和使徒行傳，由美國南長老會傳教士戴維思翻譯，美國聖經公會出版。1880 年，由美國聖經公會出版了另一部福音書和使徒行傳，是根據上海話譯本編譯的，譯者分別是費啟鴻（George F. Fitch）和潘慎文。1881 年出版蘇州話新約，1882 年修訂再版，1908 年出版舊約，由費啟鴻、潘慎文和戴維思翻譯。蘇州話譯本至 1940 年尚見出版。

3.8.2.6 台州話譯本（Taichow colloquial）

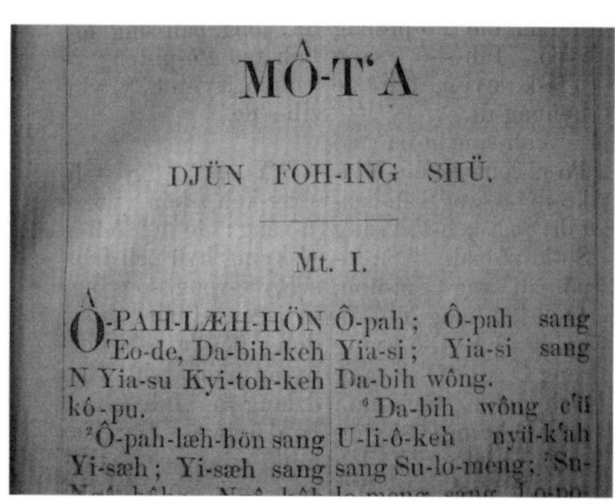
MÔ-T'A
DJÜN FOH-ING SHÜ.
Mt. I.
Ô-PAH-LÆH-HÖN 'Eo-de, Da-bih-keh N Yia-su Kyi-toh-keh kô-pu.
2 Ô-pah-læh-hön sang Yi-sæh; Yi-sæh sang
Ô-pah; Ô-pah sang Yia-si; Yia-si sang Da-bih wông.
6 Da-bih wông c'ü U-li-ô-keh nyü-k'ah sang Su-lo-meng;
7 Su-

1880 年台州話馬太福音拼音版本。

台州位於浙江省東部台州灣入口處，譯本是羅馬拼音版。1880 年出版的馬太福音是最早的版本，譯者是內地會傳教士路惠理（W. D. Rudland）。1881 年的新約也是由內地會出版，在 1897 年由英國聖經公會修訂新約出版。1904 年新約及詩篇預備印刷，同年摩西五經完成初稿，接著數年陸續出版，主要由路惠理和湯姆普（C. Thompon）先後翻譯，1909 年出版新約修訂本，全本聖經在 1914 年出版。

3.8.2.7 溫州話譯本（Wenchow colloquial）

溫州話通行於浙江省溫州地區，譯本以羅馬拼音字母排印。1892 年首次在上海出版馬太福音，譯者是美國偕我公會傳教士蘇慧廉（William E. Soothill），1894 年出版福音書和使徒行傳。1902 年，新約全書由溫州內地會印刷，英國聖經公會出版。

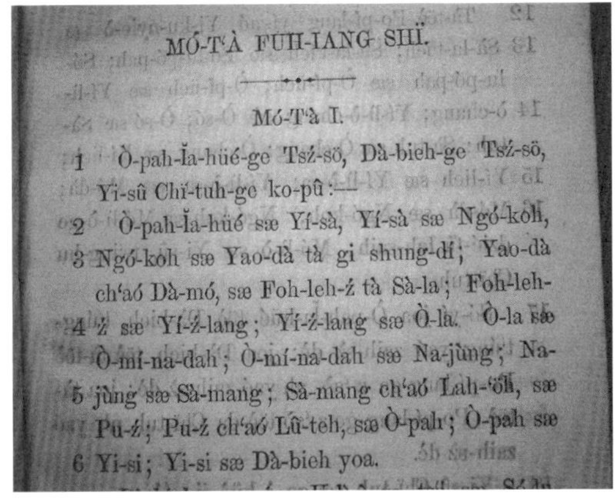

MÓ-T'À FUH-IANG SHÏ.

Mó-T'à I.

1 Ò-pah-ĭa-hüé-ge Tsź-sö, Dà-bieh-ge Tsź-sö,
Yi-sû Chĭ-tuh-ge ko-pû:—
2 Ò-pah-ĭa-hüé sæ Yí-sà, Yí-sà sæ Ngó-koh,
3 Ngó-koh sæ Yao-dà tà gi shung-dí; Yao-dà
ch'aó Dà-mó, sæ Foh-leh-ź tà Sà-la; Foh-leh-
4 ź sæ Yí-ź-lang; Yí-ź-lang sæ Ò-la. Ò-la sæ
Ò-mí-na-dah; Ò-mí-na-dah sæ Na-jùng; Na-
5 jùng sæ Sà-mang; Sà-mang ch'aó Lah-'öh, sæ
Pu-ź; Pu-ź ch'aó Lû-teh, sæ Ò-pah; Ò-pah sæ
6 Yi-si; Yi-si sæ Dà-bieh yoa.

| 1892 年溫州話馬太福音拼音版本。

3.8.3 閩語系譯本

「閩」是福建省的簡稱，閩語也見於浙江省南部和江西、廣西、江蘇三省的個別地區。閩語相當複雜，內部分歧極大，通行於福建省北部和台灣部分地區的稱為「閩北話」，通行於福建省南部、廣東省潮州汕頭一帶、海南島、台灣部分地區的稱為「閩南話」。

3.8.3.1 廈門話譯本（Amoy colloquial）

在閩語中最早出版的聖經是廈門話譯本。廈門話在福建省南部和台灣通行，譯本主要是羅馬拼音文字版本（近年有台語漢字版本），既有廈門腔，也有漳州腔。當時傳教士把羅馬拼音法推行，例如打馬字（John Van Nest

Talmage）於 1852 年在廈門刊行一本廈門腔羅馬拼音的初學指南。聖經翻譯的工作最初在廈門進行，由於台灣地區使用的閩南語（簡稱「台語」）與廈門話十分相近，隨著新教傳教士在台灣的工作，台語聖經也出現。

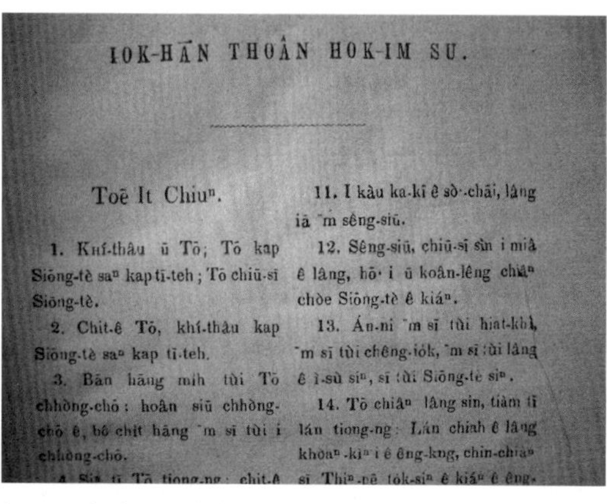
IOK-HÃN THOÂN HOK-IM SU.

Toē It Chiu^{n}.

1. Khí-thâu ū Tō; Tō kap Siōng-tè sa^{n} kap tī-teh; Tō chiū-sī Siōng-tè.

2. Chit-ê Tō, khí-thâu kap Siōng-tè sa^{n} kap tī-teh.

3. Bān hāng mih tùi Tō chhòng-chō: hoân siū chhòng-chō ê, bô chit hāng ˜m sī tùi i chhòng-chō.

11. I kàu ka-kī ê sò·-chāi, lâng iā ˜m sêng-siū.

12. Sêng-siū, chiū-sī sìn i miâ ê lâng, hō· i ū koân-lêng chiâ^{n} chòe Siōng-tè ê kiá^{n}.

13. Án-ni ˜m sī tùi hiat-khì, ˜m sī tùi chêng-iók, ˜m sī tùi lâng ê ì-sù si^{n}, sī tùi Siōng-tè si^{n}.

14. Tō chiâ^{n} lâng sin, tiàm tī lán tiong-ng: Lán chiah ê lâng khòa^{n}-ki^{n} i ê êng-kng, chin-chiâ^{n}

1852 年廈門話約翰福音拼音版本。

1852 年最先出版《約翰傳福音書》（*Iokhan thôan hok im su*），由羅啻（Elihu Doty）翻譯，英國聖經公會在廣州出版。其他新約經卷分別從 1853 年至 1872 年出版，譯者有胡理敏（Alvin Ostrom）、約翰．施敦力和打馬字等。以上譯者除了施敦力是倫敦會傳教士外，其餘三位是美國歸正教會傳教士。1873 年，新約在格拉斯哥出版，名為《咱的救主耶穌基督的新約》（*Lán ê Kiù- chú Iâ Ki-tok ê sin-iok*），除了上述譯者之外，其他譯者大多是英國長老會傳教士，包括倪為霖（William Macgregor）、宣為霖（William Sutherland Swanson）、高休（Hugn Cowie）和馬雅各（James Laidlaw Maxwell）等。至於舊約方面，美部會傳教士打馬字已在 1853 年出版路得記，約翰．施敦力也在 1873 年出版詩篇，但整本舊約譯本要直至 1884 年才完成，名為《舊約的聖經》（*Kū Iok ê Sèng Keng*），是以深文言《委辦本》為基礎，由傳教士聯合翻譯，在馬雅各監督下，由英國聖經公會出版。

1885 年，英國長老教會、美國歸正教會、倫敦會及加拿大長老教會（在台灣北部設教）組成了委員會修改廈門話譯本，最初選任馬雅各為祕書，不久改由巴克禮（Thomas Barclay）接任。他們刊行了修訂版單冊聖經，在 1885 至 1889 年間出版，修訂者有汲禮蘭（Leonard Willianm Kip）、麥嘉湖（John Macgowan）、涂為霖（William Thow）、打馬字、倪為霖、甘為霖（William Campbell），以及本地同工等。1893 年，委員會解散。

到了二十世紀初，在台灣最重要的譯本是由巴克禮與三名中國學者翻譯，於 1916 年出版的新約。巴克禮在七十三歲時再開始翻譯舊約，終於在 1930 年完成，1933 年出版新舊約全書。這部在台灣稱為《台語羅馬字聖經》（*Amoy Romanized Bible*）的譯本，是用羅馬拼音寫成的台語聖經，而且台語發音極為正確。1965 年，台灣聖經公會重印了新約附詩篇，紀念長老會在台灣傳教百週年。

至於在台灣本土翻譯的閩南語譯本，則要待二十世紀中葉才出現。1960 年代，天主教會邀請兩位留日的中國籍神父高積煥和陳邦鎮著手翻譯《四福音書》，這部譯本由天主教瑪利諾修會教士和新教聖經學者共同合作，1966 年 7 月完成，然後把譯本交由聖經公會邀請基督教聖經學者進行校譯，於 1967 年出版了台語羅馬字版《四福音書》，後又增譯成新約，於 1972 年完成，由台灣天主教會與新教長老會聯合出版，1975 年出版修訂本。一般稱這部聖經為「高陳台灣白話聖經譯本」（或稱「紅皮聖經」）。然而，由於台灣政府在 1970 年代禁止台語的通行，甚至在 1975 年查禁台語和泰雅語的聖經，並沒收這部譯本，這影響了台語聖經的流通。在 1987 年有另一部路加福音的台語譯本出版，合併了中文和台語羅馬字的字體。然而，直至 1990 年代解禁後，台語聖經才有較多流傳。近年，除了羅馬字版本外，台灣聖經公會也出版台語漢字版聖經。

3.8.3.2　福州話譯本（Foochow colloquial）

福州話通行於福建省福州地區，譯本分別以漢字、羅馬拼音文字（另稱「榕腔拼音本」）和國語注音字母刊行。漢字版本的譯本，最早是由懷

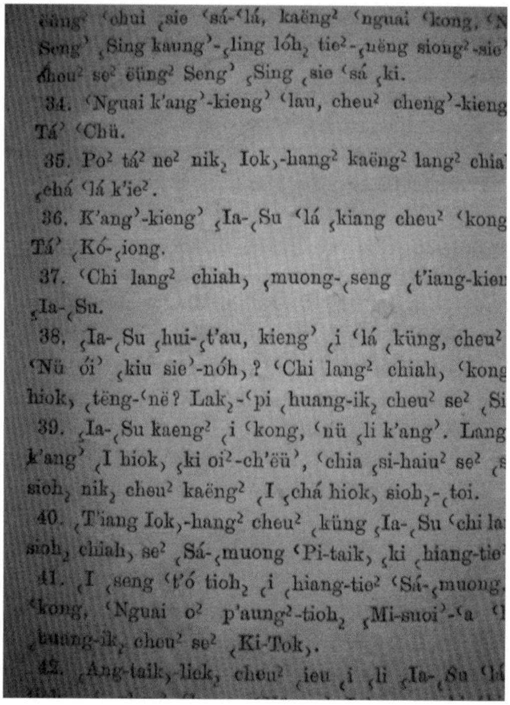

ëüng^2 ‘chui ꜀sie ‘sá-‘lá, kaëng^2 ‘nguai ‘kong, ‘N
Seng’ ꜀Sing kaung’-꜀ling lóh$_2$ tie^2-꜀uëng siong^2-sie’
chou^2 se^2 ëüng^2 Seng’ ꜀Sing ꜀sie ‘sá ꜀ki.
34. ‘Nguai k'ang’-kieng’ ‘lau, cheu^2 cheng’-kieng
Tá’ ‘Chü.
35. Po^2 tá^2 ne^2 nik$_2$ Iok꜁-hang^2 kaëng^2 lang^2 chia’
꜀chá ‘lá k'ie^2.
36. K'ang’-kieng’ ꜀Ia-꜀Su ‘lá ꜀kiang cheu^2 ‘kong
Tá’ ꜀Kó-꜀iong.
37. ‘Chi lang^2 chiah꜁ ꜀muong-꜀seng ꜀t'iang-kien
꜀Ia-꜀Su.
38. ꜀Ia-꜀Su ꜀hui-꜀t'au, kieng’ ꜀i ‘lá ꜀küng, cheu^2
‘Nü ói’ ꜀kiu sie’-nóh꜁? ‘Chi lang^2 chiah꜁ ‘kong
hiok꜁ ꜀tëng-‘në? Lak$_2$-‘pi ꜀huang-ik$_2$ cheu^2 se^2 ꜀Si
39. ꜀Ia-꜀Su kaeng^2 ꜀i ‘kong, ‘nü ꜀li k'ang’. Lang
k'ang’ ꜀I hiok꜁ ꜀ki oi^2-ch'ëü’, ‘chia ꜀si-haiu^2 se^2 ꜀s
sioh$_2$ nik$_2$ cheu^2 kaëng^2 ꜀I ꜀chá hiok꜁ sioh$_2$-꜀toi.
40. ꜀T'iang Iok꜁-hang^2 cheu^2 ꜀küng ꜀Ia-꜀Su ‘chi la
sioh$_2$ chiah꜁ se^2 ꜀Sá-꜀muong ‘Pi-taik꜁ ꜀ki ꜀hiang-tie
41. ꜀I ꜀seng ‘t'ó tioh$_2$ ꜀i ꜀hiang-tie^2 ‘Sá-꜀muong,
‘kong, ‘Nguai o^2 p'aung^2-tioh$_2$ ꜀Mi-suoi’-‘a ‘
꜀huang-ik$_2$ cheu^2 se^2 ꜀Ki-Tok꜁.
42. ꜀Ang-taik꜁-lick꜁ cheu^2 ꜀ieu ꜀i ꜀li ꜀Ia-꜀Su ‘lá

| 1881 年福州話約翰福音拼音版本。

德（Moses C. White）翻譯的馬太福音和溫敦（William Welton）的馬可福音，於 1852 年出版。1854 年出版了弼來滿（L. B. Peet）的創世記（最早出版的舊約經卷），及麥利和（Robert Samuel Maclay）的約翰福音。1856 年，美國聖經公會和英國聖經公會各自出版新約全書，前者是由弼來滿、鮑德溫（Cabeb C. Baldwin）、盧公明（Justus Doolittle）與麥利和翻譯的，後者則是溫敦的新約譯本。在 1866 年至 1888 年，舊約譯本陸續分冊出版，分別由胡約翰（John Richard Wolfe）、伍定（S. F. Woodin）、鮑德溫、羅為霖等傳教士翻譯。1891 年，英國聖經公會與美國聖經公會聯合出版全本聖經的修訂本，由來自多個差會組成的委員會合譯，1909 年修訂再版。

至於福州土白的羅馬字譯本，分別有 1881 年福州大英聖書公會的約翰福音、1886 年的約翰福音、1889 年的馬可福音和馬太福音、1892 年的詩篇和箴言、1892 至 1893 年的創世記和出埃及記、1894 年的約書亞記和箴言。1890 年，大英聖書公會在倫敦出版新約，舊約則於 1902 至 1905 年間在福州出版。

在 1921 至 1925 年間，在上海出版的福音書和使徒行傳福州話譯本，是以國語注音字母版本刊行的。

3.8.3.3 邵武話譯本（Shaowu colloquial）

邵武話通行於福建省邵武市，譯本以羅馬拼音字母排印，1891 年由美部會在福州出版雅各書，譯者是美部會傳教士和約瑟（James E. Walker）。

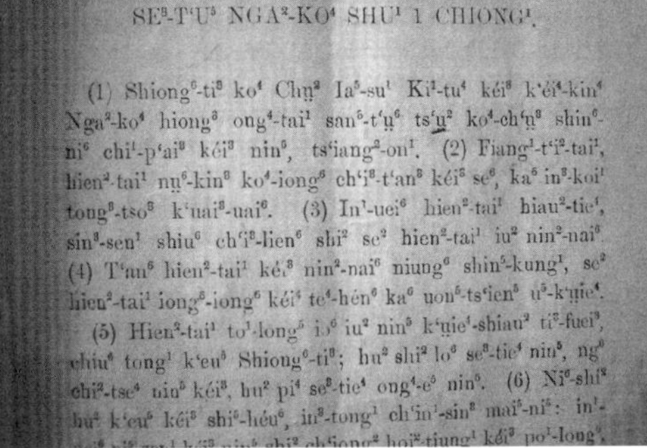

SE^3-T'U^5 NGA^2-KO^4 SHU^1 1 CHIONG^1.

(1) Shiong^6-ti^3 ko^4 Chṳ^2 Ia^5-su^1 Ki^1-tu^4 kéi^3 k'éi^4-kin^4
Nga^2-ko^4 hiong^3 ong^4-tai^1 san^5-t'ṳ^6 ts'ṳ^2 ko^4-ch'ṳ^3 shin^6-
ni^6 chi^1-p'ai^3 kéi^3 nin^5, ts'iang^2-on^1. (2) Fiang^1-t'i^2-tai^1,
hien^2-tai^1 nṳ^6-kin^3 ko^4-iong^6 ch'i^3-t'an^3 kéi^3 se^6, ka^6 in^3-koi^1
tong^3-tso^3 k'uai^3-uai^6. (3) In^1-uei^6 hien^2-tai^1 hiau^2-tie^1,
sin^3-sen^1 shiu^6 ch'i^3-lien^6 shi^2 se^2 hien^2-tai^1 iu^2 nin^2-nai^6.
(4) T'an^6 hien^2-tai^1 kéi^3 nin^2-nai^6 niung^6 shin^5-kung^1, se^2
hien^2-tai^1 iong^6-iong^6 kéi^4 te^4-hén^6 ka^6 uon^5-ts'ien^5 u^5-k'ṳie^4.
(5) Hien^2-tai^1 to^1-long^5 io^6 iu^2 nin^5 k'ṳie^1-shiau^2 ti^3-fuei^3,
chiu^6 tong^1 k'eu^5 Shiong^6-ti^3; hu^2 shi^2 lo^6 se^3-tie^4 nin^5, ng^6
chi^2-tse^4 nin^5 kéi^3, hu^2 pi^4 se^3-tie^4 ong^4-e^5 nin^5. (6) Ni^6-shi^2
hu^2 k'eu^5 kéi^3 shi^6-héu^6, in^3-tong^1 ch'in^1-sin^3 mai^5-ni^5: in^1-

1891 年邵武話雅各書拼音版本。

3.8.3.4 興化話譯本（Hinghua colloquial）

興化話通行於福建省，譯本以羅馬拼音文字排印。1892 年首次在福州出版約翰福音，譯者是美以美會傳教士蒲魯士（W. N. Brewster）和他的同工，跟著陸續出版其他新舊約經卷，大部分是蒲魯士從福州話譯為興化土白。1900 年，新約全書出版。1912 年，在蒲魯士和其他中國助手的努力下，以文言譯本為基礎，修訂和出版了全本聖經。1934 年，美國聖公會出版新約與詩篇修訂本，也是由外國傳教士佳邇遜（F. Stanley Carson）、郜溫柔（Winfred B. Cole）和中國信徒合譯的。

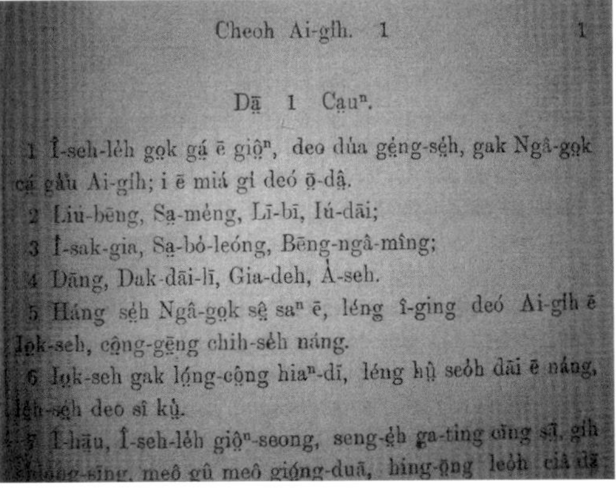

Cheoh Ai-gíh. 1　　1

Dā̤ 1 Ca̤uⁿ.

1 Î-seh-lèh go̤k gá̤ ē giô̤ⁿ, deo dúa gé̤ng-sé̤h, gak Ngâ-go̤k
cá gáu Ai-gíh; i ē miá gi deó ō̤-dâ̤.
2 Liu-bēng, Sa̤-méng, Lī-bī, Iú-dāi;
3 Î-sak-gia, Sa̤-bó-leóng, Bēng-ngâ-mîng;
4 Dāng, Dak-dāi-lī, Gia-deh, Á-seh.
5 Háng sé̤h Ngâ-go̤k sé̤ saⁿ ē, léng î-ging deó Ai-gíh ē
lo̤k-seh, cô̤ng-gē̤ng chih-sèh náng.
6 Io̤k-seh gak ló̤ng-cō̤ng hiaⁿ-dī, léng hṳ̂ seóh dāi ē náng,
lé̤h-sé̤h deo sî kṳ̂.
7 Î-hāu, Î-seh-lèh giô̤ⁿ-seong, seng-é̤h ga-ting cūng sī, gíh

1896 年興化話出埃及記拼音版本。

3.8.3.5 建寧話譯本（Kienning colloquial）

建寧話通行於福建省北部，不過屬於贛方言，譯本以羅馬拼音字母排印。建寧話聖經翻譯的背後，有一個動人的故事。

19 世紀末，英國聖公會女部（Church of England Zenana Missionary Society）的女傳教士來到建寧，這個差會剛在 1880 年於印度成立，注重在婦女中傳教。該會成立後不久即傳入中國，在建寧這處小地方建立教會。這羣女傳教士考慮以當地方言翻譯一本聖經，結果於 1895 年完成建寧話的新約稿本。那是由布萊爾（L. J. Bryer）女士翻譯，聖公會女部的女傳教士紐科姆（B. Newcome）等編輯，是少數完全由女傳教士翻譯的譯本。

然而，這一年正是那地的多事之秋，當地人對外洋人的抗拒愈來愈嚴重。結果就在 1895 年 8 月 1 日，發生嚴重的排外衝突，有十一名與聖公會女部有關的人被殺，另有多人身受重傷。當時，這羣傳教士正在一條小村落舉行祈禱研經聚會。在 7 月 31 日聚會結束時，他們奉獻自己。幾小時之後，這羣傳教士就面對殺戮。

湊巧的是，就在這一天，英國聖經公會收到當地殉道者之一的斯圖爾特（Robert Stewart）牧師早前寄出的信函，懇求他們協助出版建寧話譯本。結果，這部譯本後來的出版，正是由那些受難者的朋友所捐獻，以紀念一羣殉道者，而監印的人，也是其中一位殉道女傳教士的姊妹。結果在 1896 年，建寧話譯本首次在寧波出版馬太福音，同年英國聖經公會以羅馬拼音字母出版新約

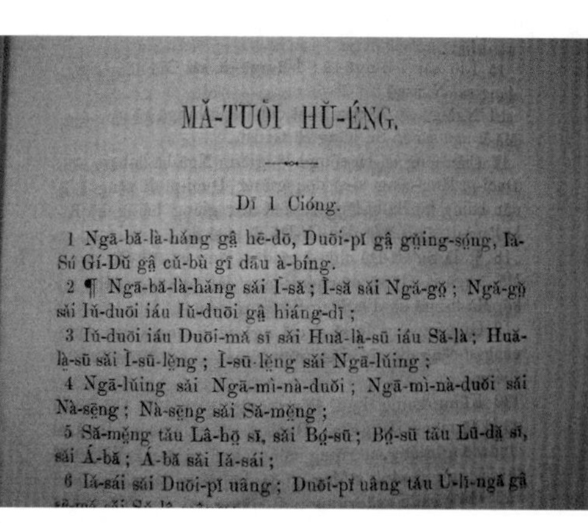

MĂ-TUŎI HŬ-ÉNG.

Dĭ 1 Cióng.

1 Ngā-bă-là-hăng gậ hē-dō, Duōi-pĭ gậ gṳ̆ing-sṳ́ng, Iă-Sú Gí-Dŭ gậ cŭ-bù gĭ dāu à-bíng.

2 ¶ Ngā-bă-là-hăng săi Ĭ-să; Ĭ-să săi Ngă-gṳ̆; Ngă-gṳ̆ săi Iŭ-duōi iáu Iŭ-duōi gậ hiáng-dĭ;

3 Iŭ-duōi iáu Duōi-mă sĭ săi Huă-lạ-sū iáu Să-là; Huă-lạ-sū săi Ĭ-sū-lẹ̆ng; Ĭ-sū-lẹ̆ng săi Ngā-lŭing;

4 Ngā-lŭing săi Ngā-mì-nà-duŏi; Ngā-mì-nà-duŏi săi Nà-sẹ̆ng; Nà-sẹ̆ng săi Să-mẹ̆ng;

5 Să-mẹ̆ng tău Lâ-hṳ̣ sĭ, săi Bṳ̣́-sū; Bṳ̣́-sū tău Lū-dặ sĭ, săi Á-bă; Á-bă săi Iă-sái;

6 Iă-sái săi Duōi-pĭ uâng; Duōi-pĭ uâng tău Ŭ-lĭ-ngā gậ

1896 年建寧話新約拼音版本。

全書。跟著在數年之後，出版了創世記和出埃及記（1900 年）、但以理書和詩篇（1905 年）與以賽亞書（1912 年）。

由於這是方言的譯本，而且是福建省細小地方的方言，故此當 20 世紀初官話或國語普遍盛行之後，方言譯本的價值逐漸消失，跟著已不見這類譯本的出版。然而，在譯本背後，仍然有讓人感動的精神。

3.8.3.6　建陽話譯本（Kienyang colloquial）

建陽話通行於福建省北部，譯本以羅馬拼音字母排印。1898 年，首次在福州出版馬可福音建陽話譯本，由英行教會傳教士菲利普斯（H. S. Phillips）夫婦翻譯。1900 年，英國聖經公會在福州出版馬太福音。

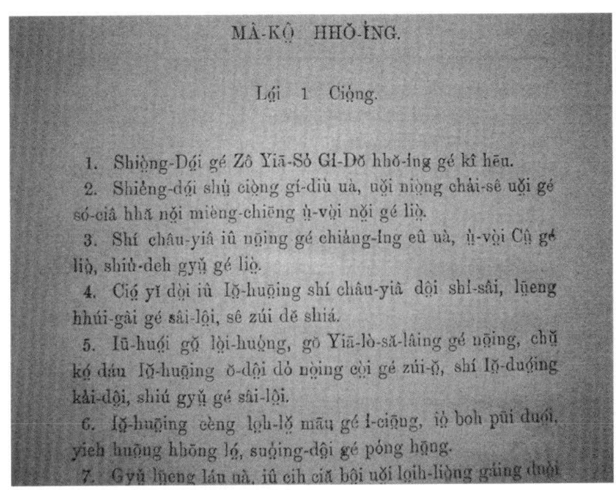

MÂ-KỘ HHŎ-ÌNG.

Lợi 1 Ciộng.

1. Shiộng-Dợi gé Zô Yiā-Sò Gī-Dŏ hhŏ-ìng gé kî hēu.
2. Shiẻng-dợi shụ̂ ciộng gí-diù uà, uợi niộng chải-sê uợi gé só-ciâ hhă nợi mièng-chiēng ụ̀-vợi nợi gé liộ.
3. Shí châu-yiâ iû nợing gé chiảng-ìng eû uà, ụ̀-vợi Cụ̂ gé liộ, shiù-deh gyụ̂ gé liộ.
4. Ció yī dợi iù Lộ-huợing shí châu-yiâ dợi shī-sâi, lụeng hhúi-gài gé sâi-lợi, sê zúi dě shiá.
5. Iū-huợi gộ lợi-huộng, gō Yiā-lò-să-lâing gé nợing, chụ̌ kợ dáu Lộ-huợing ŏ-dợi dò nợing cợi gé zúi-ộ, shí Lộ-duợing kải-dợi, shiú gyụ̂ gé sâi-lợi.
6. Iộ-huợing cèng lọh-lộ māu gé ī-ciộng, iộ boh pūi duợi, yieh huộng hhōng lợ, suợing-dợi gé póng hộng.
7. Gyụ̌ lụeng láu uà, iû cih ciă bợi uởi lọih-liộng gáing duợi

1898 年建陽話馬可福音拼音版本。

3.8.3.7　汀州話譯本（Tingchow colloquial）

汀州話通行於福建省汀州府，由於汀州府居住了相當多客家人，故此汀州話實際上結合了官話和客家話的特徵。汀州話譯本以羅馬拼音字母排印。1919 年出版馬太福音，由倫敦會數名女傳教士休斯（C. R. Hughes）小姐和雷尼（E. R. Rainey）小姐等翻譯，她們在施約瑟淺文言譯本的基礎上翻譯。

3.8.4 廣東地區通行的方言譯本

在廣東地區通行的方言譯本包括客家話和粵語兩系。客家是漢族的支系，相傳是在西晉至南宋年間數次南遷中流徙至贛、閩、粵等地，因而被稱為「客家」，以別於原地的居民。客家話通行於廣東省及鄰近地區。至於廣州話（通稱「廣東話」）屬粵語系，通行於廣東省地區，亦是海外華人的主要方言之一。

3.8.4.1 客家話譯本（Hakka colloquial）

客家話譯本早期主要以羅馬拼音文字版本印行，後期以漢字版本印行，譯者大多是德國巴色會（Basel German Evangelical Missionary Society）傳教士。最早以羅馬拼音字母印行的客家話譯本是巴色會傳教士黎力基（Rudolph Lechler）和一名中國信徒以文言譯本為基礎，按照客家話拼音文字，翻譯馬太福音，1860 年由巴色會在柏林出版。接著在黎力基與韋腓立（Philip Winnes）等同工的努力下，路加福音於 1865 年在香港出版，馬太福音和路加福音修訂本於 1866 年在瑞士巴塞爾出版，傳教士畢安（Charles P. Piton）翻譯的使徒行傳與馬可福音合併，於 1874 年出版，某些書卷以後也經黎力基修訂再版。

畢安於 1864 年來華，先後在香港、廣東客家地區傳教。畢安在中國同工的協助下，翻譯了新約書卷出版，部分是以漢字印刷的，例如 1881 年的路加福音，最後於 1883 年出版第一部客家話新約全書（漢字版本），1886 年開始出版舊約經卷（漢字版本）。黎力基和畢安在晚年仍然孜孜不倦地修訂聖經，他們最後合作修訂的版本是 1892 年的路加福音修訂版（羅馬拼音字版本）。

除了 1874 年的版本外，以前的客家話譯本都是基於深文言譯本翻譯，從 1874 年的版本開始，客家話譯本是基於本土方言翻譯的。1885 年，大英聖書公會支持出版舊約客家土白漢字譯本，1886 年由畢安翻譯創世記和出埃及記，在 1886 至 1905 年間出版舊約經卷的漢字版本。1906 年大英聖書公會出版新約修訂本，由顏瓊林、古斯曼（G. Gussman）、艾伯特（W. Ebert）翻譯。

1916 年，整部客家話聖經完成，以漢字印刷，附上彩色地圖，由瑞牧師（Otto Schltze）出版。此後，客家話聖經有少量的福音書修訂版本面世，例如 1933 年由顏瓊林等修訂的馬太福音、1958 年為馬來西亞西部操客家話人士出版的路加福音，以及 1965 年台灣出版了以國語（漢字）和客家話（羅馬拼音字）並排的約翰福音單行本。此外，其他傳教士和中國同工也翻譯了客家話聖經，於 1905 年出版了一部四福音和使徒行傳的浸禮宗版本，1917 年出版新約。

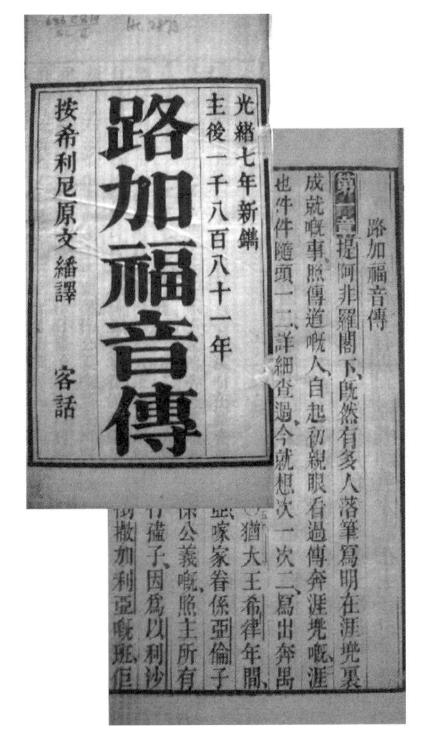
光緒七年新鐫
主後一千八百八十一年
路加福音傳
按希利尼原文繙譯
客話

路加福音傳

1881 年客家話路加福音封面和首頁書影，是第一本以漢字印刷的客家話聖經。

台灣聖經公會在 1984 年成立客家話翻譯委員會，開始翻譯客家話的新約，翻譯者除了一位加拿大宣教師外，尚有客家傳道人和長執。1993 年完成「客語聖經—新約附詩篇」，1995 年出版箴言。

客家話譯本另有一類，是在廣東省東北部地區所用的五經富方言（Wukingfu dialect）。這類譯本最早是由英國長老會傳教士在 1910 年出版的聖經選輯，1916 年出版新約，1918 年再版，1924 年修訂，主要是羅馬拼音的版本。

3.8.4.2 廣東話譯本（Canton colloquial）

廣東話（廣州話）譯本大多是用漢字印刷的，只有部分版本是用羅馬拼音文字。1862 年，美國長老會傳教士丕思業（Charles F. Preston）的馬太福音與約翰福音譯本同時分別出版。禮賢會傳教士呂威廉（Wilhelm Louis）於 1867 年出版路加福音。1868 年成立了一個委員會，以《公認經文》為基礎，翻譯了某些書卷出版，最後在 1877 年出版了新約，1886 年修訂再版。舊約在 1894 年完成，由那夏禮（Henry V. Noyes）和香便文（B. C. Henry）翻譯，他們在 1895 年也修訂了新約。1926 年，英國聖經公會和美國聖經公會聯合修訂了新約出版，1937 年出版創世記。1938 年在大英聖書公會和美華聖經會的支持下，舊約全書的修訂本出版。1959 年，香港聖經公會也出版了廣東話聖經，以後一再出版，近年仍有廣東話聖經的出版，是少數仍然出版和使用的方言聖經。

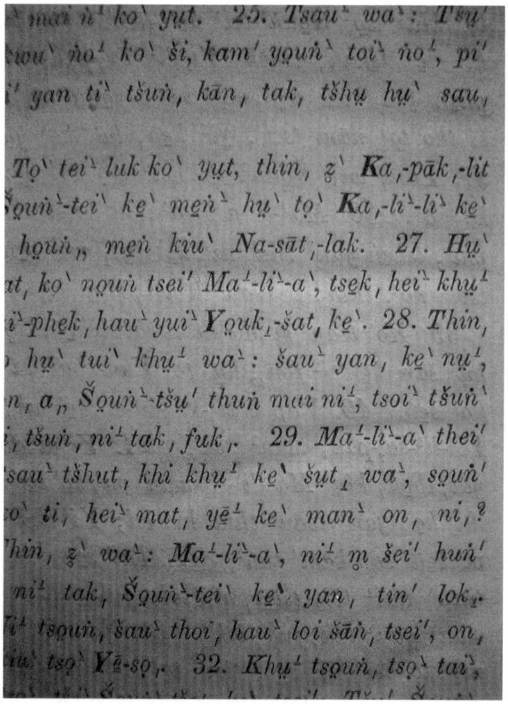
mai n̍ ko` yụt. 25. Tsau wa: Tšụ'
wu` n̍o ko` ši, kam' yọun` toi n̍o, pi'
i' yan ti` tšun, kān, tak, tšhụ hụ` sau,

Tọ` tei luk ko` yụt, thin, z` Ka,-pāk,-lit
Šọun-tei` kẹ` mẹn hụ` tọ` Ka,-li-li kẹ`
họun, mẹn kiu` Na-sāt,-lak. 27. Hụ`
at, ko` nọun tsei' Ma-li-a`, tsẹk, hei khụ
i-phẹk, hau yui Yọuk,-šat, kẹ`. 28. Thin,
hụ` tui` khụ wa: šau yan, kẹ` nụ,
n, a, Šọun-tšụ' thun mai ni, tsoi tšun`
i, tšun, ni tak, fuk,. 29. Ma-li-a` thei'
sau tšhut, khi khụ kẹ` šụt, wa, sọun'
o` ti, hei mat, yē kẹ` man on, ni,?
hin, z` wa: Ma-li-a`, ni m̥ šei' hun'
ni tak, Šọun-tei` kẹ` yan, tin' lok,.
i tsọun, šau thoi, hau loi šān, tsei', on,
iu tsọ` Yē-sọ,. 32. Khụ tsọun, tsọ tai,

1867 年廣州話路加福音羅馬拼音版本，在香港出版。

廣東話聖經也有羅馬字的譯本，早期大多是單卷的版本，包括路加福音（1867 年）及以後多卷福音書版本、創世記（1900 年）。1913 年出版新約全書，1915 年出版聖經全書，在上海出版，橫濱印刷。

3.8.4.3 汕頭話譯本（Swatow colloquial）

汕頭話雖屬閩語系，但由於汕頭位於廣東省東北部，南臨南海，北濱韓江口，為閩西、粵東出海的要道，故此可歸入廣東地區的譯本中。

汕頭話譯本包括漢字版本和羅馬拼音字版本（另稱「潮語拼音本」）。汕頭話譯本最早的漢字版本是1875年出版的路得記，由帕特里克（S. B. Partridge）翻譯，以後出版了部分新約書卷。漢字版本主要由浸禮宗傳教士翻譯，在汕頭或福州出版，或多或少依循高德的譯本，參與者還有耶士謨（William Ashmore）和斐姑娘（Adela M.Fielde）。1898年出版由帕特里克和美國浸禮會傳教士耶琳（W. Ashmore Jr.，耶士謨的兒子）翻譯的新約全書，1922年出版了全本漢字版本的聖經。

至於羅馬拼音字版本較多，最早的是1877年的路加福音，由英國長老會傳教士卓威凜（W. Duffus）譯自深文言《委辦本》。1887年，大英聖經公會建議出版新的拼音版本，由汕頭的英國長老會傳教士翻譯，結果由卓威凜、汲約翰和安飽德等人最早於1888年出版創世記，接下來陸續翻譯和出版了其他書卷。1905年，出版全本新約。

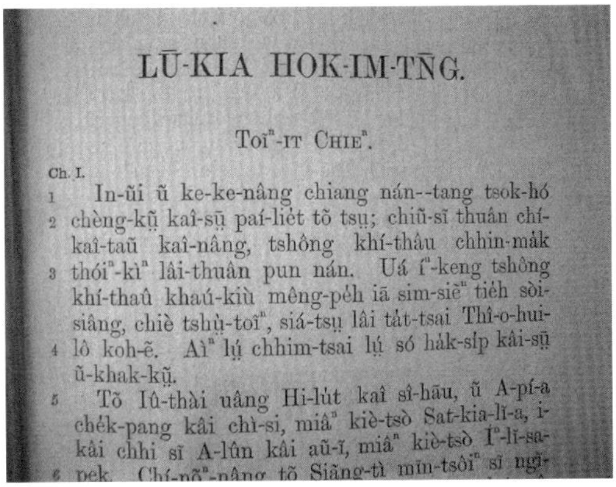
LŪ-KIA HOK-IM-TN̄G.

Toĩ^{n}-IT CHIE^{n}.

Ch. I.
1 In-ũi ũ ke-ke-nâng chiang nán--tang tsok-hó
2 chèng-kṳ̃ kaî-sṳ̃ paí-liėt tõ tsṳ; chiũ-sĩ thuân chí-
kaî-taũ kaî-nâng, tshông khí-thâu chhin-mák
3 thóĩ^{n}-kì^{n} lâi-thuân pun nán. Uá ĩ^{n}-keng tshông
khí-thaû khaú-kiù mêng-pėh iã sim-siẽ^{n} tiėh sòi-
siâng, chiè tshṳ̀-toĩ^{n}, siá-tsṳ lâi tåt-tsai Thî-o-hui-
4 lô koh-ẽ. Aì^{n} lṳ́ chhim-tsai lṳ́ só hák-sip kâi-sṳ̃
ũ-khak-kṳ̃.
5 Tõ Iû-thài uâng Hi-lút kaî sĩ-hãu, ũ A-pí-a
chék-pang kâi chì-si, miâ^{n} kiè-tsò Sat-kia-lĩ-a, i-
kâi chhi sĩ A-lûn kâi aũ-ĩ, miâ^{n} kiè-tsò Ĩ^{n}-lĩ-sa-
6 pek. Chí-nõ^{n}-nâng tõ Siãng-tì mĩn-tsôĩ^{n} sĩ ngĩ-

| 1877年汕頭話路加福音拼音版本。

3.8.4.4 海南話譯本（Hainan colloquial）

海南島位於廣東省南部，位處南海中，隔瓊州海峽與雷州半島相望。海南話譯本都是用羅馬拼音文字印刷的。海南話馬太福音在1891年首次出

1891 年海南話馬太福音拼音版本。

版，由丹麥的傳教士耶邁生（C. C. Jeremiassen）翻譯，接著陸續出版的有約翰福音（1893 年）、路加福音（1894 年）、馬可福音（1895 年），1899 年出版了創世記、哈該書至瑪拉基書、四福音合參、使徒行傳、加拉太書至腓利門書、雅各書至猶大書，1902 年修訂了馬可福音。1914 年和 1916 年，美國長老會女傳教士郝小姐（K. L. Schaeffer，她的名字在中文檔案只被稱為「郝小姐」，並不知全名為何）在官話《和合本》的基礎上，先後出版了馬可福音、路加福音和使徒行傳。

3.8.4.5 三江話譯本（Sankiang colloquial）

耶穌降世一千九百零四年 大美國聖經會托印
馬太福音
三江土話
大清光緒三十年歲次甲辰 上海美華書局擺板
馬太福音三江話

三江話馬太福音的封面和首頁書影，1904 年在上海印行。

三江話通行於廣東省西北部，譯本是漢字版本。美國長老會的女傳教士醫生車姑娘（Eleanor Chestnut，她的名字在中文檔案只被稱為「車姑娘」，並不知全名為何）於 1904 年翻譯出版的馬太福音，1905 年出版馬可、路加和約翰等福音書。1905 年 10 月 29 日，在廣東省北部的連州發生清末廣東省最大的教案，車姑娘在屠殺中殉道。此後，三江話也沒有其他譯本出現。

3.8.5 其他地區的方言譯本

3.8.5.1 漢口話（Hankow colloquial）

在中國其他地區的方言譯本，迄今發現極少。只知在地處漢江注入長江之口的漢口（Hankow），在1921年由倫敦會傳教士巴德巽（J. L. H. Paterson）以王照官話字母翻譯了馬可福音，是少數以這種字母系統出版的譯本之一。

新教中文聖經譯本概覽

<table>
<tr><th colspan="2">語體</th><th>文字體例</th><th>最早出版的書卷和年份</th><th>最早新約出版年份</th><th>最早完整聖經出版年份</th></tr>
<tr><td colspan="2">文言（文理）</td><td>漢字</td><td>馬太福音（馬殊曼譯本）和使徒行傳（馬禮遜譯本）/ 1810</td><td>1814</td><td>1822</td></tr>
<tr><td colspan="2">淺文言（淺文理）</td><td>漢字</td><td>詩篇 / 1880</td><td>1885</td><td>1902</td></tr>
<tr><td rowspan="9">官話（國語、白話）</td><td rowspan="2">南京官話</td><td>漢字</td><td>馬太福音 / 1854</td><td>1857</td><td>—</td></tr>
<tr><td>羅馬拼音文字</td><td>路加福音 / 1870</td><td>—</td><td>—</td></tr>
<tr><td>北京官話</td><td>漢字</td><td>馬可福音 / 1862</td><td>1872</td><td>1878</td></tr>
<tr><td>山東話</td><td>羅馬拼音文字</td><td>路加福音和約翰福音 / 1892</td><td>—</td><td>—</td></tr>
<tr><td>天津話</td><td>漢字 / 注音並排</td><td>新約經文選篇 / 1917</td><td>—</td><td>—</td></tr>
<tr><td rowspan="2">膠東話</td><td>王照官話字母</td><td>馬可福音 / 1918</td><td>—</td><td>—</td></tr>
<tr><td>國語注音文字</td><td>馬太福音 / 1920</td><td>—</td><td>—</td></tr>
<tr><td>直隸話</td><td>王照官話字母</td><td>路加福音 / 1925</td><td>—</td><td>—</td></tr>
<tr><td rowspan="5">吳語系</td><td rowspan="2">上海話</td><td>漢字</td><td>約翰福音 / 1847</td><td>1870</td><td>1908</td></tr>
<tr><td>羅馬拼音文字</td><td>約翰福音 / 1853</td><td>1871</td><td>—</td></tr>
<tr><td rowspan="2">寧波話</td><td>羅馬拼音文字</td><td>路加福音 / 1852</td><td>1868</td><td>1901</td></tr>
<tr><td>漢字</td><td>約翰福音 / 1894</td><td>—</td><td>—</td></tr>
<tr><td>金華話</td><td>羅馬拼音文字</td><td>約翰福音 / 1866</td><td>—</td><td>—</td></tr>
</table>

語體		文字體例	最早出版的書卷和年份	最早新約出版年份	最早完整聖經出版年份
吳語系	杭州話	漢字	新約選集 / 1877	—	—
		羅馬拼音文字	約翰福音 / 1879	—	—
	蘇州話	漢字	福音書和使徒行傳 / 1879	1881	1908
		羅馬拼音文字	馬可福音 / 1891	—	—
	台州話	羅馬拼音文字	馬太福音 / 1880	1881	1914
	溫州話	羅馬拼音文字	馬太福音 / 1892	1902	—
閩語系	廈門話	羅馬拼音文字	約翰福音 / 1852	1873	1884
	福州話	漢字	馬太福音和馬可福音 / 1852	1856	1891
		羅馬拼音文字	約翰福音 / 1881	1890	1905
		國語注音字母	馬可福音 / 1921	—	—
	邵武話	羅馬拼音文字	雅各書 / 1891	—	—
	興化話	羅馬拼音文字	約翰福音 / 1892	1900	1912
	建寧話	羅馬拼音文字	馬太福音 / 1896	1896	—
	建陽話	羅馬拼音文字	馬可福音 / 1898	—	—
	汀州話	羅馬拼音文字	馬太福音 / 1919	—	—
廣東地區通行的方言	客家話	羅馬拼音文字	馬太福音 / 1860	—	—
		漢字	路加福音 / 1881	1883	1916
	客家話/五經富話	羅馬拼音文字	聖經選輯 / 1910	1916	—
	廣州話	漢字	馬太福音和約翰福音 / 1862	1877	1894
		羅馬拼音文字	路加福音 / 1867	1913	1915
	汕頭話	漢字	路得記 / 1875	1898	1922
		羅馬拼音文字	路加福音 / 1877	1905	—
	海南話	羅馬拼音文字	馬太福音 / 1891	—	—
	三江話	漢字	馬太福音 / 1904	—	—
其他地區的方言	漢口話	王照官話字母	馬可福音 / 1921	—	—

建議閱讀書目

本段的討論主要參考以下首兩部譯本目錄：

Darlow, T. H. and H. F. Moule, eds. *Historical Catalogue of the Printed Editions of Holy Scripture in the Library of the British and Foreign Bible Society, compiled by T. H. Darlow and H. F. Moule*. 2 vols. London: Bible House, 1903 ~ 1911.

Nida, Eugene A., rev. ed. *The Book of a Thousand Tongues*. London: United Bible Societies, 1972.

游汝杰：《聖經方言譯本書目考錄》。載《基督教與中國文化叢刊》第三輯，2000 年。湖北教育，頁 80 ~ 131。這是近代討論中國方言聖經的論文。

3.9 少數民族語言譯本

除了漢族外，中國還有 55 個少數民族，其中回族和滿族使用漢語，其餘 53 族均使用本族的語言。基督教傳教士在十九世紀已經在這些少數民族中工作，而他們的譯經工作在雲貴地區的少數民族中最見果效，其次是西北邊陲的藏滿蒙等族。由於部分少數民族沒有書寫語言，傳教士為了翻譯聖經，甚至為他們創造了文字，對少數民族的文化流傳作出貢獻。

以下所述，主要是在中國境內少數民族的聖經翻譯概況。

3.9.1 西南少數民族語言譯本

西南地區少數民族語言中曾翻譯成為聖經的，屬藏緬語族的有彝語、納西語、拉祜語、東傈僳語、西傈僳語、柯波語、喇家語；屬苗瑤語族的有花苗語、川苗語、黑苗語；此外還有仲家語、哈尼語、傣族語、善語、北景頗語、安南語等。由於傳教士要到二十世紀初才廣泛深入西南少數民族地區傳教，所以這地區的譯本都是屬於二十世紀之後的，而且多數是聖經書卷單行本，譯者都是在這地區傳教的傳教士。在 1949 年以前，中國少數民族只有 21 族擁有自己的文字，部分更是由傳教士創製的，其中以雲南少數民族地區的語文佔最多。傳教士在這地區先後創製的文字有景頗文、載瓦文（景頗族載瓦支系文字）、苗文、西傈僳文、東傈僳文、拉祜文和佤文等七種，其中除了東傈僳文和載瓦文未能推廣外，其餘都在基督教的傳播上起了一定的作用。

現存最早翻譯的西南少數民族聖經是仲家語譯本。仲家是布依族的舊稱，主要分佈在貴州省南部，約 250 萬人，屬百越的一支。仲家語的馬太福音譯本是由內地會傳教士陳克拉克翻譯的，1904 年由英國聖經公會在上海出版，以後再沒有仲家語的譯本。

喇家語譯本是另一項較早期的譯經工作。1912 年出版的馬可福音，由內地會傳教士郭秀峯（A. G. Nicholls）和張爾昌（Gladstone Porteous）翻譯，英國聖經公會出版，在橫濱印刷。接著的喇家語譯本是 1936 年的約翰福音，由內地會傳教士畢克施（T. A. Binks）翻譯。

由於內地會傳教士在傈僳族中的工作頗有成效，故此傈僳語也擁有較多譯本。傈僳族主要分布在雲南省怒江、瀾滄江流域，人口約五十七萬。傈僳族按衣服裝束分為三族，語言則分為東傈僳語和西傈僳語。最早出版的譯本是東傈僳語譯本，由郭秀峯和梅懷仁（G. E. Metcalf）於 1912 年出版的馬太福音，英國聖經公會出版，在橫濱印刷。以後陸續出版的東傈僳語譯本，包括路加福音（1917 年）、使徒行傳（1928 年）、約翰福音（1936 年）和新約（1951 年），主要是由梅懷仁翻譯的。西傈僳語則是採用內地會傳教士富能仁（J. O. Fraser）設計的拼音字體印刷，最早於 1921 年出版的馬可福音也是由富能仁翻譯的，他也在 1923 年翻譯出版了約翰福音。接著出版的西傈僳語聖經是路加福音（1930 年）、馬可福音修訂本（1932 年）、新約（1938

年）、新約附詩篇（1950 年）、全本聖經（1968 年），都是由內地會傳教士翻譯的。不過，若論譯經成果最豐富的，則非苗語莫屬。苗族人口 700 餘萬，分布在貴州、雲南、湖南、廣西、四川、廣東等省。苗語屬漢藏語系苗瑤語族苗語支，分不同地區的方言。與傈僳族一樣，苗族按衣服裝束分為川苗、黑苗、花苗和白苗等。貴州西部地區花苗族的花苗語是最早翻譯聖經的語言，1907 年由英國循道會傳教士柏格理（Samuel Pollard）和一名中國牧師李司提反（Stephen Lee）翻譯了馬可福音出版。柏格理極具語言天賦，他一生致力於苗族傳教和文化工作。苗族本來是沒有文字的，柏格理與漢族信徒和苗族信徒一起研究，以拉丁字母為基礎，結合苗族衣服上的符號花紋，創立了一套簡明易學的拼音文字。苗族人稱這套文字為「老苗文」，或稱「柏格理苗文」（Pollord script），以這為翻譯聖經的基礎，編寫讚美詩。花苗語的譯經工作，由英國聖經公會、蘇格蘭聖經公會和內地會支持，1917 年出版新約，是在西南少數民族語言中最早完成的。1936 年，王樹德（W. H. Hudspeth）和郭秀峯修訂新約再版。

花苗語馬太福音，以柏格理字體印刷，1912 年在上海出版。

四川南部與貴州接壤地區川苗族的苗語是接下來較早的譯本，

1922 年出版了由循道會傳教士張道惠（H. Parsons）翻譯的馬可福音（1938 年由一名花苗教師修訂）。川苗語只有這一部馬可福音，相比之下，貴州地區黑苗族的黑苗語譯本便較多。1928 年，內地會傳教士胡致中（M. H. Hutton）和一名苗族教師翻譯了馬太福音。胡致中以後翻譯了其他福音書、使徒行傳和羅馬書單行本，並且在 1934 年出版了新約全書。

在泰國北部、寮國、越南等地有從中國移居的苗族，一般稱為白苗。白苗語的譯本是在 1950 年代之後開始的，主要由海外基督使團（前身是內地會）傳教士翻譯，也有天主教的譯本。

1983 年，雲南省基督教兩會開始為西南少數民族印刷聖經和讚美詩。1983 年底，該會印了傈僳文新約聖經和讚美詩。1984 年，印了苗文聖經和讚美詩。1985 年，重印苗文聖經和讚美詩，又出版了拉祜文聖經和聖詩。此外，也印了彝族（黑彝）讚美詩。這些新約聖經譯本都是依據從前傳教士翻譯的版本重新印刷發行的，除了供應雲南省外，也供應貴州少數民族信徒的需要。愛德印刷所自 1987 年開始，至少已出版了多個少數民族語的《聖經》，其中大多集中在西南貧困的雲南省，包括傣族、景頗族、拉祜族、傈僳族、苗族和彝族等。

3.9.2 藏語譯本

中國境內的藏族大部分居住在西藏、西康、青海等地。藏語通行於中國的西藏、青海、四川、甘肅、雲南與中印邊境，分為文言和白話兩種語體，文言主要在僧侶中使用，白話則分為不同的方言，方言之間差別較大。

1860 年，海愛德（A. W. Heyde）出版新教第一部藏文福音書合參本，譯者是摩拉維亞差會傳教士吉斯克（Heinrich A. Jäeschke）。吉斯克是一位深具

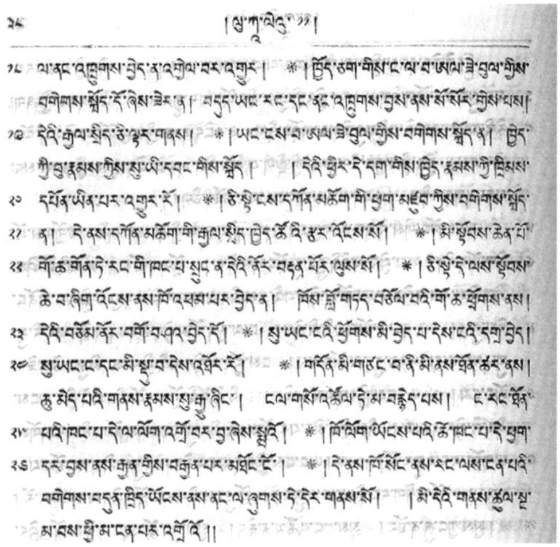

語言天分的傳教士，特別著重於以通用的語言來翻譯聖經，他在十九世紀末撰寫的藏文文法著作，在近年仍有再版。1862 年吉斯克出版使徒行傳，1865 年出版羅馬書和歌羅西書，1866 年出版馬太福音，1875 年出版新約全書（缺希伯來書和啟示錄）。新約是由吉斯克在海愛德和一位喇嘛協助下完成的。

藏文新約聖經，1913 年英國聖經公會在上海出版。

1883 年，由海愛德和雷思羅（F. A. Redslob）修訂的福音書在柏林出版。1885 年，新約（使徒行傳至啟示錄）出版。傳教士在 1901 至 1903 年間組成了委員會，修訂新約藏文譯本。

舊約藏文譯本的出版有創世記和出埃及記前二十章（1881 年）、申命記（1890 年）、創世記和出埃及記（1905 年）、詩篇（1906 年）、利未記至申命記（1907 年）、約書亞記（1912 年）、士師記至撒母耳記下（1924 年）、歷代志（1926 年）、列王紀與歷代志（1930 年）、以賽亞書和耶利米書（1935 年）。舊約譯本的翻譯工作雖已完成，卻沒有付印。

天主教傳教士也翻譯了約翰福音，1898 年在香港出版。

3.9.3 滿州語譯本

滿族主要分布在吉林、遼寧、黑龍江三省，其餘散居河北、新疆、甘肅等地。滿語屬阿爾泰語系滿—通古斯語族滿語支，1599 年由清太祖努爾哈赤命額爾德尼和噶蓋二人參照蒙古文字母創製而成。1632 年清太宗皇太極命達海對這種文字加以改進，自此以後，清朝國書是滿漢文並列。辛亥革命後，基本上不再使用滿文。

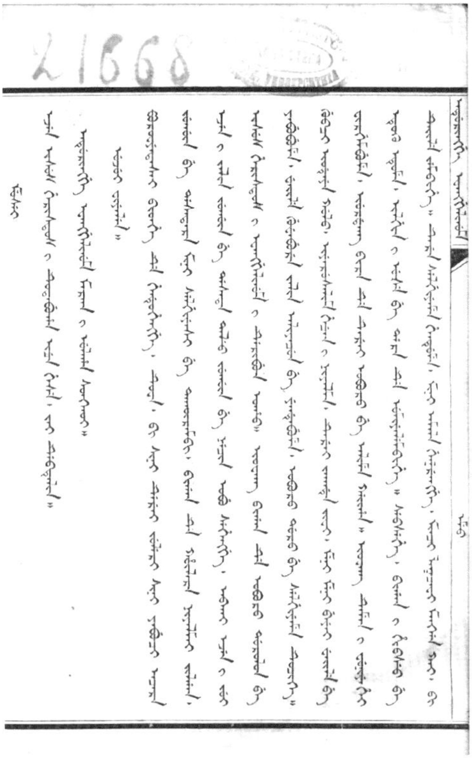

在 1822 至 1835 年間，俄羅斯正教會翻譯和出版了滿州話聖經。第一部滿文譯本是 1822 年在聖彼得堡出版的馬太福音。由斯捷凡．利波夫佐夫（Stepan Vaciliyevich Lipovstov）在英國聖經公會的資助下，把新約翻譯成為滿州話，起初出版單卷，最後完成整部新約。1835 年出版的新約全書，也是在聖彼得堡印行，由英國聖經公會的代理博羅（George Borrow）在十個月內完成審閱和出版。雖然天主教耶穌會士賀清泰在 19 世紀初也翻譯過一部滿州話聖經（參本書 3.2.3 章），但由於沒有出版，因此利波夫佐夫的譯本是最早出版的滿州話聖經。

| 19 世紀初正教會的滿州話譯本。

3.9.4　蒙古語譯本

基督教在蒙古的傳教工作，據記載可以追溯至六世紀的景教傳教士，在元朝期間，景教和天主教傳教士在蒙古人之間也有工作。到了十九世紀，天主教傳教士在蒙古南部也有工作。

現存最早的蒙古語譯本是書面語，由俄羅斯聖經公會於 1819 年出版的馬太福音和約翰福音。新約在 1827 年出版，不過這部譯本顯然沒有廣泛流傳。

1840 年倫敦會差派傳教士施德華（Edward Stallybross）和史維廉（William Swan）學習蒙古語及翻譯舊約聖經，是到蒙古最早的新教傳教士。他們在布里亞特蒙古族人中傳教，直到 1841 年俄羅斯政府禁止工作為止。據記載，他們在被禁止工作之前，已經與余召南（Robert Yuile）把聖經翻譯成為標準的蒙古文。他們的譯本屬於蒙古書面語，1836 年分別出版摩西五經和詩篇，1840 年出版舊約，1846 年出版新約。這部譯本於 1880 年在聖彼得堡重印，到了民初仍在使用。

另一部較後期的蒙古文書面語譯本，是由瑞典傳教士拉遜（F. A. Larson）和安布萊（A. F. Amblad，音譯）修訂以前的譯本，並於 1911 年出版。

由於蒙古部落分散各地，各部有不同的名稱，但各地蒙古方言的差別卻很小，大致上可以彼此溝通。蒙古方言的譯本主要有卡爾梅克語、布里亞特語和喀爾喀語的版本。

卡爾梅克人（Kalmuk）舊稱「喀爾木人」，是指居住在高加索東北部和中國新疆北部的蒙古族人。卡爾梅克語譯本最早是 1815 年出版的馬太福音，1827 年出版新約全書。到了 1887 年再次翻譯福音書出版，1894 年出版使徒行傳至啟示錄。

布里亞特人（Buriat）是指居住在俄羅斯東南部的蒙古人。1817 年兩名布里亞特蒙古學者在聖彼得堡翻譯布里亞特蒙古語新約，是早期的蒙古文譯本，供居於西伯利亞約數十萬的布里亞特人使用。1909 年，一名布里亞特裔傳教士翻譯了馬太福音，經伊爾庫次克的俄羅斯東正教會的翻譯委員會審閱後，在俄羅斯境內印行。1912 年，出版馬可福音。

喀爾喀蒙古（Khalkha Mongol）語屬阿爾泰語系蒙古語族，喀爾喀蒙古人是對居於大漠南北蒙古人的統稱。蒙古文的喀爾喀語譯本最先出版的是馬太福音，於 1872 年在北京出版，由一名蒙古喇嘛翻譯，然後經艾約瑟和施約瑟修訂。

3.9.5　台灣山胞方言譯本

台灣語譯本包括從中國本土移居台灣客籍人士所用的閩語（台語泛指流通於台灣地區的閩南方言）譯本，以及山胞土著所用的土語譯本。對於閩語譯本，在前文已有介紹（參本書 3.8 章關於閩語系聖經的闡述），至於後者的概況則如下。

最早的台灣方言譯本是新港語譯本。1627 年，荷蘭傳教士干治士（或稱「侃弟牛斯」，Georgius Candidius，日月潭的西名“candideuce”即是取自他的名字）來到台灣的新港社（今台南新市鄉附近）部落，開始對平埔族傳教。隨後，在這段時期前來台灣的荷蘭傳教士共有二十多人。傳教士運用羅馬拼音文字拼寫平埔族語，成功地拼出「新港文書」（Sinkang manuscripts，俗稱「紅毛字」），是台灣史上第一個羅馬字書寫系統。1661 年，荷蘭改革宗教會（Dutch Reformed Church）傳教士倪但理（Daniel Gravius）運用羅馬拼音文字，翻譯了新港話的馬太福音和路加福音，以黑體字的荷蘭文和羅馬拼音的新港文兩欄對照，在阿姆斯特丹出版。這個版本現今僅存扉頁、序言和馬太福音的殘片，保存在萊頓大學（University of Leyden）圖書館。可惜，這個版本並沒有在台灣流傳，因為鄭成功剛好在這一年率軍登陸鹿耳門，包圍熱蘭遮城，翌年便把荷蘭人驅逐離開台灣，也結束了荷蘭傳教士在台灣的三十多年工作歷史。雖然當時傳教士已經翻譯了其他經卷為新港話，卻也再沒有出版。1881 年，在台灣南部傳教的英國長老會牧師甘為霖把倪但理所譯的馬太福音複印，在倫敦出版。除了原書的扉頁外，在這部重印本上也註明書題：「馬太福音傳全書　臺灣番話新港腔　順治十七年和蘭國教師倪但理譯　光緒十四年英國教師甘為霖復印」，加上英文序言，以及倪但理原書序言的荷蘭文原文與英文譯文對照。馬太福音的經文除了按照左邊荷蘭文、右邊新港文的對照方式呈現外，頁底還附上英文的譯註。同年，在倫敦也重印了另一部只有新港文的版本。

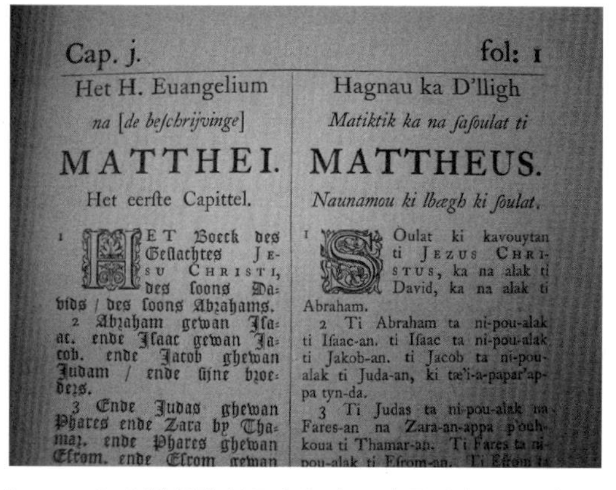

Cap. j. fol: 1

Het H. Euangelium *na [de beſchrijvinge]* MATTHEI. Het eerſte Capittel.	Hagnau ka D'lligh *Matiktik ka na ſaſoulat ti* MATTHEUS. *Naunamou ki lbægh ki ſoulat.*
1 HET Boeck des Geſlachtes JESU CHRISTI, des ſoons Davids / des ſoons Abrahams.	1 SOulat ki kavouytan ti JEZUS CHRISTUS, ka na alak ti David, ka na alak ti Abraham.
2 Abraham gewan Iſaac. ende Iſaac gewan Jacob. ende Jacob ghewan Judam / ende ſijne broeders.	2 Ti Abraham ta ni-pou-alak ti Iſaac-an. ti Iſaac ta ni-pou-alak ti Jakob-an. ti Jacob ta ni-pou-alak ti Juda-an, ki tæ'i-a-papar'appa tyn-da.
3 Ende Judas ghewan Phares ende Zara by Thamar. ende Phares ghewan Eſrom. ende Eſrom gewan	3 Ti Judas ta ni-pou-alak na Fares-an na Zara-an-appa p'ouhkoua ti Thamar-an. Ti Fares ta ni-pou-alak ti Eſrom-an. Ti Eſrom ta

1888 年台灣新港話馬太福音，這是重印 1661 年的版本。

至於台灣山區語言譯本，始自 1950 年代。當時，台灣的聖經公會與教會在美國聖經公會的支持下，開始加強山胞語言的聖經翻譯事工。台灣原住民的聖經譯本是以羅馬拼音或國語拼音印行，主要是透過各地書局、佈道員、義務佈道員及基甸會合作銷售派送。

最早的原住民語言譯本，是台灣中部山區的布農語（Bunun）譯本。布農族分布在南投、高雄、台東、花蓮的山區。1951 年，聖經公會邀請胡文池牧師與布農教會牧長合作翻譯，出版布農語的馬太福音，接著印行了路加福音（1955 年）、使徒行傳（1959 年）、提摩太前後書（1962 年），最後完成出版了新約。1987 年開始翻譯舊約，到了 2000 年出版部分的舊約。

太魯閣（Taroko）位於臺灣東部，為中部橫貫公路的東端終點，峽口在花蓮縣秀林鄉富士村。太魯閣語是台灣中部山胞語言，最早是 1956 年浸信會傳教士柯饒富（Ralph R. Covell）翻譯的馬可福音，以後在本族傳道人的協助下，出版使徒行傳（1957 年）、哥林多前書（1960 年）、經文選篇（1962 年）

和新約全書（1963 年）。1988 年開始翻譯部分舊約，現已完成大部分舊約。

阿美語（Amis 或 Ami）譯本最早是 1957 年出版的雅各書，接著有馬可福音（1958 年）、使徒行傳和加拉太書（1963 年）、約翰福音（1965 年）、羅馬書（1966 年）、馬太福音（1970 年）和新約全書（1972 年，稱為 "Fangcalay Cudad"）。1997 年，在阿美族傳道人顏武德和陳約翰與台灣聖經公會的合作下，出版阿美語新舊約全書，成為台灣原住民語系第一本全譯本聖經。

排灣族（Paiwan）居住在台灣中央山脈以南到恆春半島東南方的山區和海岸區。排灣語最早的譯本是 1959 年出版的馬可福音，以後出版使徒行傳（1961 年）、約翰福音（1965 年）、羅馬書（1967 年）、以弗所書（1967 年）和登山寶訓（1969 年）。1993 年完成新約和部分舊約的排灣語聖經（Kai Nua Cemas）。

泰雅爾語（Tayal）是台灣東北部山胞的語言，最早的譯本是由加拿大傳教士穆克理（C. Mcgill）與本地人合譯，以後加入該族牧長協助，1964 年出版馬可福音，1970 年出版使徒行傳和哥林多前書。1974 年，中文與泰雅爾語注音對照的新約出版，1989 年修訂，並開始以羅馬拼音翻譯部分舊約。

雅美語（Yami）是台灣蘭嶼族人的語言（現稱「達悟語」），最早的譯本是加拿大獨立女傳教士魏克琳（Grace Wakelin）翻譯的馬可福音，1970 年出版。1987 年，台灣聖經公會聘請雅美族傳道人與傳教士一同合作，在 1994 年出版的羅馬拼音新約全書。

魯凱族（Rukai）是台灣地區原住民，居屏東、高雄、臺東山地。魯凱語聖經於 1958 年以注音試譯部分新約聖經故事，1988 年成立聖經翻譯委員會，開始翻譯新約，於 2001 年完成並出版。

3.9.6 其他語言譯本

阿拉伯文譯本和朝鮮文（高麗文）譯本，在中國曾作有限度的流傳。據記載在 1917 年後，中華續行委辦會設立了穆斯林工作特別委員會，後來印發了一萬份漢語和阿拉伯文合參的《登山寶訓》，以及十種經文摘錄，每種一萬份。英國聖經公會先後也出版了數次漢語和阿拉伯文合參的馬太福音和約翰福音單行本。

朝鮮文譯本早在 1884 年有橫濱印刷的《四福音書及使徒行傳》、1897 年奉天印刷的新約及 1911 年橫濱印刷的《聖經全書》。近年在東北近北韓邊境的朝鮮族，得到南韓教會的資助和支持，直接使用現有的韓文（即朝鮮語）聖經，省略了額外的翻譯工作。1982 年 6 月，遼寧省兩會出版朝鮮文《新舊約全書》共一萬本，供應給遼寧、吉林及黑龍江三省，大概是中國在文革後最早印行的非漢語聖經譯本。香港聖經公會近年有中文和其他語言的雙語譯本出版。

建議閱讀書目

本段的討論主要參考以下首兩部譯本目錄：

Darlow, T. H. and H. F. Moule, eds. *Historical Catalogue of the Printed Editions of Holy Scripture in the Library of the British and Foreign Bible Society, compiled by T. H. Darlow and H. F. Moule*. 2 vols. London: Bible House, 1903～1911.

Nida, Eugene A., rev. ed. *The Book of a Thousand Tongues*. London: United Bible Societies, 1972.

Covell, Ralph R. *The Liberating Gospel in China: The Christian Faith among China's Minority Peoples*. Grand Rapids, MI: Baker Books, 1995. 本書是對近代少數民族的福音工作有較完整的闡述。

龍黃惠玲編：《誰來關心我：中國少數民族概覽》。香港：世界華人福音事工聯絡中心，1992。簡介中國少數民族的情況。